[期货投资者教育系列丛书]

黄　　金

中国期货业协会　编

中国财政经济出版社

图书在版编目（CIP）数据

黄金/中国期货业协会编．—北京：中国财政经济出版社，2010. 10（2025.4重印）
（期货投资者教育系列丛书）
ISBN 978－7－5095－2532－6

Ⅰ. ①黄…　Ⅱ. ①中…　Ⅲ. ①黄金市场－期货交易－基本知识
Ⅳ. ①F830. 94

中国版本图书馆 CIP 数据核字（2010）第 196687 号

责任编辑：贾延平　耿　伟　胡　懿　　责任校对：王　英
封面设计：陈　瑶　　版式设计：孙俪铭

中国财政经济出版社 出版

URL：http：//www.cfeph.cn
E－mail：cfeph@cfeph.cn

社址：北京市海淀区阜成路甲 28 号　邮政编码：100142
发行处电话：88190406　财经书店电话：64033436
涿州汇美亿浓印刷有限公司印刷　各地新华书店经销
787×1092 毫米　16 开　17 印张　252 000 字
2010 年 12 月第 1 版　2025 年 4 月河北第 8 次印刷
定价：33.00 元
ISBN 978－7－5095－2532－6/F·2156
（图书出现印装问题，本社负责调换）
本社质量投诉电话：010－88190744

期货投资者教育系列丛书编委会

总 序 言

近年来，在党中央国务院的正确领导下，随着《国务院关于推进资本市场改革开放和稳定发展的若干意见》的深入贯彻落实，我国期货市场取得了稳步较快发展的良好局面。但是由于当前我国期货市场“新兴加转轨”的特征依然突出，市场制度和结构仍存在缺陷，风险防范和化解的自我调节机制尚未完全形成，市场主体发育不成熟，我国期货市场的整体波动和投机性仍较强，这些都对期货市场的改革发展提出了新的挑战。

与此同时，在新的市场环境和对外开放的条件下，随着我国期货市场规模的不断发展壮大，国内市场与国际市场的联系日趋紧密，影响期货市场运行的外部因素也更为多样化和复杂化，由美国次级债危机引发的国际金融市场动荡不安，国内外商品市场价格频繁而剧烈的波动，都增加了期货市场风险控制和日常监管的难度，给我国期货市场的稳定、健康的运行带来了新的挑战。

在这样一个新的形势下，期货市场的持续活跃和规范运作吸引了许多新的市场参与者，期货市场的开户数快速增长，特别是新入市的个人投资者比重较大且呈持续上升趋势。大宗商品和资产价格的频繁剧烈波动也使越来越多的企业开始意识到利用期货市场进行风险管理的重要性。但是由于对期货市场的交易特点和运行机制缺乏详细了解，同时风险意识淡薄，受期货高杠杆高回报的诱惑，而忽视了期货的高风险特征，导致了非理性投资行为上升，产生了不必要的损失。投资者是期货市场的重要主体，期货市场的发展离不开投资者的积极参与，特别是成熟投资者的参与。因此，在当前我国期货市场的快速发展时期，做好投资者教育工作更加意义深远。

做好投资者教育工作，既是保护投资者合法权益，促进期货市场稳步发展的客观需要，也是加强我国期货市场建设、促进市场稳定运行的关键环节。持续不断地开展行之有效的投资者教育活动，使投资者了解期货高杠杆、高风险的特点，了解期货市场的产品及交易规则，减少投资者的盲目性，特别是牢固树立“买者自负”的风险意识，从而理性的参与期货交易，增强投资者的自我保护能力，才是对投资者最好、最有效的保护。同时，通过投资者教育，有助于投资者客观、正确地认识和参与期货市场，可以进一步促进培育诚实守信、理性健康的市场文化，促进期货市场功能的有效发挥和市场的平稳有序运行。期货市场的投资者教育工作任重而道远，是一项长期的、系统性的工程，需要持之以恒地开展下去。

近年来，围绕投资者教育工作，期货市场的监管部门、自律组织与中介机构都深入进行了形式多样、内容丰富和卓有成效的大量工作。由中国期货业协会组织编写的这一套《期货投资者教育系列丛书》就是协会按照中国证监会的统一部署，贯彻落实期货投资者教育工作的重要措施之一。该丛书作为期货市场第一套系统介绍我国上市期货品种的投资者教育普及读物和中国期货业协会期货投资者远程教育学院课程的基础性教材，以广大普通投资者为服务对象，兼顾了现货企业等专业机构的需求。本套丛书在体例上采取简单明了的问答体例，在语言上深入浅出，通俗易懂，可读性强。在内容上，丛书以“风险教育”为主线，不仅对国内上市的期货品种基本知识和交易规则进行了详细的介绍，更从期货品种相关的现货生产、加工、贸易和消费等产业链的各个环节对该产品的特性进行了系统的介绍，从而使得投资者能够得到更加全面、深刻的理解。同时，丛书还选取了大量包括套期保值、套利交易等典型实务操作案例，作为投资者了解和学习该产品的辅助材料，充分体现了丛书的实用性和可操作性特点。衷心地希望本丛书的出版能够为期货投资者了解期货市场，树立风险意识，理性参与交易提供有益的帮助。

姜 洋

2010 年 3 月

目　录

第一章
了解黄金

【本章要点】

通过阅读本章，可以对投资对象——黄金的基本情况有一个全面和初步的了解。黄金为什么能够吸引投资者的关注，成为投资组合中的重要组成部分？不仅因为黄金本身具有独特的自然属性和金融属性，国际黄金市场颇具特色的运行方式也为广大投资者提供了良好的投资机会。了解黄金、熟悉黄金市场是投资黄金的第一步，也是把握现代金融市场脉搏的关键一步。

一、黄金的自然属性

1. 为什么人类不分种族和肤色都对黄金有着天然的喜爱？

在人类社会发展的历史进程中，黄金始终与尊贵相联系，代表着权势，映衬着人类文明的辉煌。尽管黄金不是价值最高的金属，它却获得了世界各地各个种族、各种肤色、各个时代人们的普遍而特殊的偏爱。在人类文明史上，黄金除了为帝王贵族所拥有外，还被认为是神灵才能拥有的神物，虔诚的信徒将黄金进献给其所崇拜的神灵，黄金成为铸造供奉器具和修饰保护神灵形象的不二之选。

这是公元前14世纪时埃及法老图坦卡门的黄金面具，面具与真人的面庞大小相称，由金箔制成，嵌有宝石和彩色玻璃。面具的前额部分饰有鹰神和眼镜蛇神，象征上、下埃及（上埃及以鹰神为保护神，下埃及以蛇神为保护神），下面垂着胡须，象征冥神奥西里斯。这个黄金面具是世界上最精美的艺术珍品之一，也是埃及古老文明的重要象征。

自然界中存在的黄金有着较高的纯度，通俗地讲就是以纯金的形式存在。全球已经开采和探明的黄金储量相对于其他有色金属如铜、铝、铅、锌而言极低，但是人类发现并利用黄金的历史，要比上述那些金属早几千年。这一切的决定性因素是黄金独特的自然属性。

2. 黄金的自然属性有哪些？

（1）具有高反射率，外观悦目，具有独特的金属光泽。黄金具有高反射率和低辐射率，反射性能在红外线区域内。人类瞳孔的构造以吸光为主，太强和太弱的光线都不会悦目。黄金本身不会发光，但只要有微弱的外来光线就可以反射出灿烂的黄色金属光泽，俗称金黄色。反射这种刺激人类视线的光泽是黄金的特性之一，而反射出来的金属光泽与人类的审美本能相吻合，所以黄金才能受到人类的普遍喜爱，这就是为什么黄金的主要用途之一是用来制造首饰。黄金与其他元素的合金还能改变反射波长，呈现出不同的颜色，如白色、黄色和玫瑰金等，18K金由于色彩和造型更加丰富尤其受到大众的喜爱。

（2）延展性好，易于加工，纯金很“软”。黄金的柔软性好，易锻造和延展。现在的技术可把黄金碾成0.00001毫米厚的薄膜，根据需要我们还可以把黄金拉成细丝，一克黄金可拉成长3.5千米、直径为0.0043毫米的细丝。黄金是现存金属中熔化后面积最大的金属。一盎司黄金，原本体积只有一元的硬币那样大，但熔化后，可以铺满5×5平方米的范围。黄金的厚度，最薄时可达0.000127毫米，也就是人类头发厚度的1/400。这个特性使黄金更易成为镀金，可随时电镀在任何物品上，使其应用范围更加广泛。在打造金器饰物之时，几乎任何凭空想象的形状均可以打造出来，黄金及其合金被广泛运用于电子工业等领域中。

延伸阅读：贴金佛

泰国曼谷的大皇宫后面有座卧佛寺，里面有一座著名的卧佛，是全泰国最大和最古老的卧佛。该卧佛身长46米，高15米。其侧卧之形态其实是佛祖涅磐时的姿态。卧佛由石膏塑成，贴上金箔，脚部和双眼镶有珍贵的云母片。许多当地人凡有病痛，都会向卧佛祈福。人们花20泰铢（约不到5块人民币）在寺内买一块金箔，然后到大卧佛身前的小佛身上贴金。人头痛就贴佛头，脚痛就贴佛脚，据当地人称百试百灵。

资料链接：关于K金

由于纯金非常柔软，制作首饰时难以镶嵌出精美的款式，镶嵌珍珠、宝石和翡翠后容易丢失，所以人们在纯金中加入少量银、铜、锌等金属以增加黄金的强度和韧性，采用这样的方式制作而成的黄金首饰称为饰金。确定饰金中金含量的制位称为"金位"(Karat)，按英语字头简称为"K"，因此，饰金又称为"K金"。

根据在首饰中添加的金属数量不同，K金中的黄金含量也不同。从理论上讲，纯度达到100%的黄金称为24K金，但实际上纯度为100%的黄金几乎不存在，所以我国规定：含量达到99.6%以上（含99.6%）的黄金才能称为24K金。如果将纯金分为24份，1份就是1K，1K的含黄金量是4.1667%。同样地，如果是18K金，含黄金量为18×4.1667%＝75%。国家规定低于9K的"黄金首饰"不能称之为黄金首饰。

K金可以根据需要配制成各种颜色，如黄金与铜等混合后是红色，称为红K金。在国际上流行的K金首饰各种颜色都有，有橘红色、香槟酒色、苹果绿色、黄色、红色、青色、乳白色、黑色等。以下是几类常见的彩色K金首饰系列：

（1）黄色系列的K金首饰。黄色系列的K金首饰（简称K黄），是黄金和银、铜的合金，按金的含量可以制成不同K数的K金系列首饰，主要有22K、18K、14K、10K和8K。亚洲人喜爱高K数的K金首饰，如22K和18K，欧美人喜欢14K金和10K金首饰。黄色K金系列首饰颜色的深浅，与K金中金的含量和银、铜的比例有关。18K黄金的颜色比14K、10K的黄金首饰颜色黄，而同样K数的黄金首饰，如果银比铜多黄色就浅，如果铜比银多黄色就深。

（2）白色系列的K金首饰。白色K金系列的黄金首饰（简称K白），呈略带青黄的白色，印记均标有WG印记，按组合可分以下两种：第一种以黄金为主，加入银、镍、锌组合的合金，在商界都直呼为K白金。18K的K金是由75%的黄金和25%的银、镍、锌组合而成。14K的K白金是由58.5%的黄金和41.5%的银、镍、锌组合而成的合金。第二种以黄金和钯为主，再加上铜、镍、锌组成的合金，在国际上采用按每种金属在K金中所占的份额作为称谓的依据，目前只有两个品种，一种是334K白金，是由3份钯金和4份铜、镍、锌组成的，另一种是226K白金，是由2份黄金、2份钯金和6份铜、镍、锌组成的。

（3）红色系列的K金首饰。红色系列的K金首饰是以黄金和铜为主，加入少量银的合金，颜色呈淡红色。

（4）彩色系列的K金首饰。彩色系列的K金首饰，是将不同颜色的K金压成薄片，按颜色不同相向排列，用锻压的方法，将薄片制在一起而成。

（3）抗氧化能力强，便于长期保存，耐腐蚀性强。黄金的化学稳定性极高，在空气中不被氧化，不会变色，在酸碱溶液中都极为稳定，具有极佳的抗变色性和抗化学腐蚀能力。使用14K金制作的假牙与人体口腔的结合度最好，而且非常耐用，4500 年前埃及人的金制假牙齿桥和远古墓葬中出土的黄金随葬品，至今依然保存完好，其外观依然呈现出良好的金属光泽。在航天航空及工业中黄金也有广泛的用途。

（4）良好的导电性和导热性。黄金是热和电的良导体，黄金及其合金可以广泛运用于电接触材料、电阻材料、焊接材料、测温材料和厚膜浆料，但是由于黄金非常昂贵，多被使用在高精尖的科学领域，如航空航天及其他高科技领域。

资料链接：黄金作为商品的主要用途

（1）首饰及日用品：除了加工制作首饰外，黄金还可以用于制造日用品，如镀金钟表、皮带扣、打火机、钢笔等。

（2）工业：黄金的化学、物理、电子性能优异，应用领域非常广，在电子、通讯、航空航天、化工等领域都有广泛的应用。例如，航天航空工业中的镀金玻璃就具有优越的反射可见光性能和良好的抗宇宙射线性能，对红外线的反射能力接近 100%。

（3）医疗：黄金在医疗上应用广泛，除直接作为入药配方外，还可广泛用于各种疾病的治疗。

（4）其他：随着科学技术的进步，黄金的应用领域也在不断拓展，在科研及生物技术开发等方面都有新的突破。

二、黄金——特殊的投资工具

1. 如何看待黄金投资？

（1）黄金的投资属性。黄金作为商品市场的特别分项，和股票、债券、外汇都是世界金融市场的主要投资品种，是构成国际金融市场的重要投资工具。在动荡的世界政治、经济形势下，黄金投资以其内涵显著的保值避险特点，正日益为更多的投资者所青睐，成为低利率时代的重要投资工具。黄金的投资属性由其金融属性决定。

①从安全性来看，黄金具有稳定的物理属性，是历史最长的金融产品之一，而且是规避通货膨胀风险的最佳选择。当一个国家或地区出现严重的通货膨胀或者金融危机时，黄金价格会随着通货膨胀的加剧而相应上涨，因此，进行黄金投资具有规避通货膨胀的作用。在资产组合中配比一定量的黄金对抵御由于经济危机、战争或自然灾害造成的资产减值能发挥重要的作用。

②从流动性来看，相对其他投资产品而言，黄金具有更强的变现能力，首先是认同性，其他资产，如房地产、证券、债券等，都有很强的区域性特征，难以在全球流通，但是黄金可以无障碍地在世界各地被接受；其次是可携带性，相对于其他商品而言，黄金单位价值非常高，体积小便于携带；再次是交易的连续性，由于全球黄金市场是24小时连续运转的，而且黄金的度量单位具有世界范围内的统一性，投资者可根据自己对市场的判断即时参与黄金市场投资，进行黄金买卖，无论进场或者出场都不受时间限制。因此，黄金投资的灵活性和变现能力大大强于其他投资工具。即使投资者手中持有的是非标准金（如黄金首饰），在需要进行融资时，黄金也是市场认可度很高的抵押物。

黄金的全球交易时间表

与其他大宗商品不同，国际黄金市场是一个跨越全球，连续24小时运转的市场，投资者可以24小时在世界各地的市场中不停交易。

以北京时间作为标准，表1-1、图1-1是全球主要黄金市场的交易时间。

表1-1

	悉尼	东京	中国香港	新加坡	苏黎世	伦敦（夏令）	伦敦（冬令）	纽约（夏令）	纽约（冬令）
开盘时间	07：30	08：30	09：00	09：00	15：00	15：30	16：30	20：20	21：20
收盘时间	14：30	14：30	17：00	16：00	23：00	23：30	00：30	03：00	04：00

资料来源：黄金评论网。

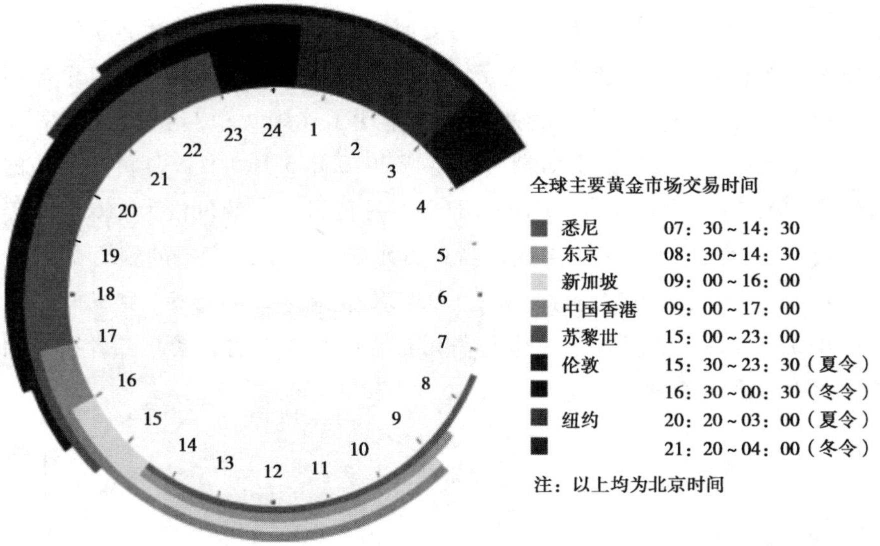

图 1－1 全球主要黄金市场交易时间

资料来源：黄金评论网。

从交易时间上看，北京时间上午 7 点至下午 3 点大致是亚洲交易时段，下午 3 点到晚上 8 点半大致是欧洲交易时段，晚上 8 点半到次日凌晨 3 点大致是美国交易时段。

③从投资性来看，进入 21 世纪以来，相对于一般大宗商品或者证券及债券等投资工具，黄金投资表现出良好的稳定性，黄金价格处于长期上行趋势之中，适合长期投资。特别是 2008 年全球金融风暴爆发后，全球金融市场剧烈动荡，包括股市、债市、房地产市场、金融衍生品市场等均出现了价格的大幅快速回落，只有黄金价格保持了长期上行趋势。长期来看，黄金作为一个投资品种，其长期持有的收益通常高于同期的银行存款利率，也高于很多投资工具。例如：从 1971 年至今，黄金价格上涨超过了 20 倍，平均年收益在 9% 左右，高于平均通货膨胀率，也高于同期道琼斯指数的增长率。

（2）黄金与外汇市场关系密切。尽管黄金已经被非货币化，但是黄金依然具有很强的货币属性，与其他普通商品的交易有根本的区别，黄金的交易多数是在银行间完成的，所以现货黄金的交易和报价系统与国际银行间外汇交易系统使用同一个平台。由于历史原因造成的黄金与美元直接紧密的关系使全球黄金价格最终都要以美元报价为基准，换句话说，无论哪个国家的黄金价格，经过质量调整以后都最直接体现了该国货币与美元的汇率（见图1-2）。例如，我国的上海期货交易所2010年5月5日6月黄金合约的收盘价为255.50元/克，当时美国COMEX6月黄金合约的价格为1165.90美元/盎司，一金衡盎司=31.104克，当天美元与人民币汇率中的银行买入价为1美元=6.815人民币，经过计算，COMEX金价为255.45元/克，两者相差仅为0.05元/克。正是由于黄金与美元有着如此紧密的联系，二者在长期价格变化中呈现出负相关的特点。

图1-2　美元指数与黄金价格走势对比

数据处理：经易黄金研究中心。

另一方面，黄金和外汇都是各国家和地区储备资产的重要组成部分。通常，一国的储备资产包括外汇、黄金储备和特别提款权等，其中外汇储备特别是美元储备所占的比例最大。外汇是信用货币，受到通货膨胀的影响，长期持有信用货币必须承担贬值的风险，而黄金实物性资产，能够有效地抵消通货膨胀对储备资产的冲击。以美元为例，2008 年年底爆发的金融危机导致货币市场流动性枯竭，为了保证市场的流动性，美国发行了巨量的美元投入市场，虽然流动性风险得到了控制，但是美元泛滥导致其币值大幅下跌，我国高达 2 万亿美元的外汇储备面临着很大的减值风险，而此时黄金表现出了很强的抗风险能力，由于黄金与美元具有负相关性，黄金价格在 2009 年达到了新的历史高点，此时黄金储备在维护储备资产价值中就显得尤为重要。此外，黄金储备往往对支持一国政府的币值稳定和国际信用以及恢复经济具有关键性的作用。

实践证明，研究世界主要货币的走势是进行黄金投资时必不可少的功课，因为黄金价格和外汇汇率的波动往往表现出较强的相关性，客观分析和预测外汇走势可以为分析和预测黄金价格走势提供重要依据。

2. 黄金投资与其他投资工具之间的关系如何？

（1）黄金与证券市场的关系。长期考察发现黄金价格与证券市场之间的相关性并不高，但是证券市场与黄金同属于周期性投资品种，两者之间存在着替代效应。我们都知道，如果把钱存在银行里，银行会给我们利息，这个利息在资本市场里就是最低的收益标准，而黄金是没有持有利息的，因此，在逐利的资本市场中，当宏观经济周期向好导致证券市场的收益增加时，资金会向证券市场流动，投资者持有黄金的兴趣大大降低，黄金被抛出套现，导致金价下跌，而在经济不景气时，证券市场的投资风险加大，资金纷纷撤离，为了规避风险而买入黄金，导致黄金价格上涨。例如：从 20 世纪 80 年代到 20 世纪末，美国股市经历了一轮大牛市，而同期黄金则经历了 20 年的熊市。从 2001 ~ 2005 年，美国股市走弱，同期黄金价格则大幅上涨，随后资产泡沫的膨胀导致全球各类资产的价格都大幅上涨，股市和黄金也都有不俗表现，直到 2008 年金融风暴，黄金的特殊属性使其脱颖而出，表现明显强于证券市场。2001 ~ 2009 年黄金价格与美国标准普尔指数走势对比见图 1 – 3。

图 1－3　黄金价格与美国标准普尔指数走势对比

数据处理：经易黄金研究中心。

（2）黄金与大宗商品市场的关系。由于美元具有国际清算货币的职能，在国际贸易中，大宗商品大多使用美元进行标价，因此，美元汇率与大宗商品价格变化往往表现出长期负相关关系，当美元上涨时，以美元标价的大宗商品价格下跌；反之，美元下跌，则大宗商品价格上涨，长期来看，黄金与诸多大宗商品具有正相关性。例如：2007 年美元指数的一路下滑与商品牛市相伴。CRB 指数和美元指数走势对比见图 1－4。

我们通常说的商品市场按照品种可以分为：能源与贵金属、基本金属和农产品三个大类，其中原油由于在生产生活中的重要地位和市场规模处于商品市场的核心，原油价格水平是通货膨胀的重要诱因，能够引发各类资产价格的变动，资金往往为了规避通胀风险而进入黄金市场。所以，作为规避风险、应对通货膨胀的投资工具，黄金与大宗商品价格，尤其是原油价格之间存在着长期的正相关关系。据国际货币基金组织估算，原油价格上升 5 美元/桶，全球经济增长率将下降 0.3 个百分点，而美国经济增长率将下降约 0.4 个百分点。油价的大幅上涨意味着通货膨胀预期增加，推动黄金价格上涨。

除原油外，黄金同其他大宗商品的价格走势也符合上述规律。1956 年美国商

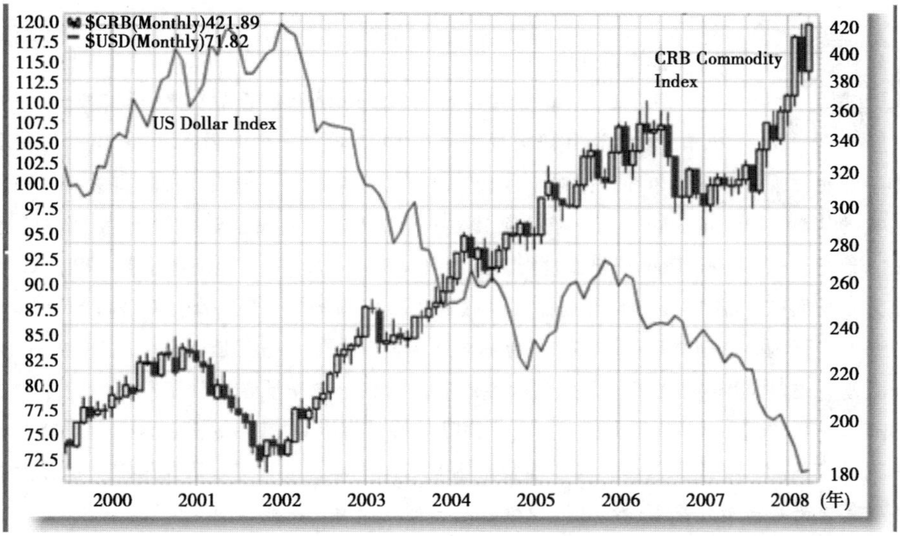

图 1－4　CRB 指数和美元指数走势对比

资料来源：stockcharts. com。

品研究局汇编的商品研究局期货价格指数（简称 CRB 指数）是衡量大宗商品价格走势的权威指标，黄金与 CRB 指数的走势呈现出显著的正相关关系（见图 1－5）。

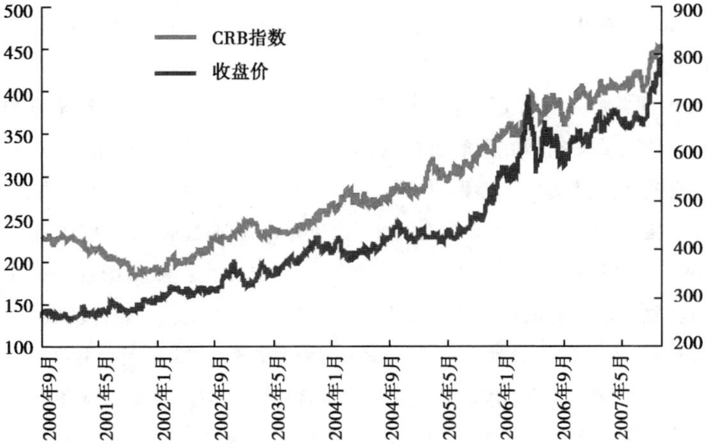

图 1－5　黄金价格与 CRB 指数的正相关关系

数据处理：经易黄金研究中心。

CRB 指数

CRB 是 Commodity Research Bureau 的缩写，是美国的一个民间机构，称为商品研究局。早在 1933 年，一个叫做 Milton Jiler 的美国年轻记者发现，尽管华尔街日报对于股票信息报道非常详细，但很少报道有关商品期货价格的信息。Milton Jiler 认为，有必要建立一个及时传播商品信息的媒介。带着这个想法，他同兄长 Harry Jiler 一起通过贷款建立了 CRB。1950 年，他们的小弟 Bill Jiler 也加入了该团队。CRB 最初的出版物就叫《期货市场服务》（Futures Market Service）。这是一份周刊，该刊物除了在第二次世界大战中暂停之外，一直延续至今。刊物发行非常成功，这与 CRB 建立了一个来源众多的信息网络，向交易者提供了很多有价值的信息有关。1939 年，CRB 又出版了第一个商品年鉴，售价 10 美元。它包含了所有交易所的商品交易的详细统计信息，同《期货市场服务》一样，该年鉴除了在第二次世界大战中暂停之外，一直延续至今，长期以来，它一直被称为“工业圣经”。

CRB 在信息服务中进行了很多创新活动，编制 CRB 指数就是其中的一项重要内容。最早进行这项开发工作的是 Bill，CRB 认为，市场需要一个能更好反应商品市场总体价格变动的指标，于是便在 1956 年开始着手编制并在 1957 年正式发布。最初的 CRB 指数由 28 个商品的价格所组成，其中 26 个来自期货市场（除 4 号糖和 6 号糖各取一个外，其余均为不同品种）。另外，CRB 指数除了在期货品种中已经选了小麦和棉花外，又在现货市场中各选了一个。自发布之后，CRB 指数就赢得了期货交易者的偏好，成为反映商品期货价格的主导指数。直至今天，CRB 期货价格指数仍然是世界范围内衡量商品期货价格变动的基准。

CRB 指数涵盖的商品都是原材料性质的大宗物资商品，而且其价格来自期货市场，及时性无与伦比，因而指数在反映世界商品价格的总体动态上有着特殊的作用。它不仅能够较好地反映出生产者物价指数（PPI）和消费者物价指数（CPI）的变化，甚至比 CPI 和 PPI 的指示作用更为超前和敏感，可以看作是通货膨胀的指示器。研究表明，CRB 指数是一种较好反映通货膨胀情况的指标，它与通货膨胀指数在同一个方向波动，同时，与债券收益率也在同一方向上波动，在一定程度上反映了经济发展的趋势。

为保持 CRB 指数的有效性，CRB 公司自 1961 年至 2005 年期间分别对 CRB 指数进行改了 10 次修改，根据市场情况用一些新品种替换老品种。自 1973 年开始，CRB 指数中已经不再含有现货品种，已经成为纯粹的商品期货指数。现在的 CRB 指数涵盖了三大类大宗商品，包括 19 个期货品种，分别是：

农产品：大豆、小麦、玉米、棉花、糖、冰冻浓缩橙汁、可可、咖啡、活牛、瘦肉猪。

能源类：原油、取暖油、汽油、天然气。

金属类：黄金、白银、铜、铝、镍。

各类商品的权重见表 1－2。

表 1－2　　CRB 指数中各品种权重分布

序　号	指数成分	权重（%）
1	铝	6
2	可可	5
3	咖啡	5
4	铜	6
5	玉米	6
6	棉花	5
7	原油	23
8	黄金	6
9	取暖油	5
10	生猪	1
11	活牛	6
12	天然气	6
13	镍	1
14	橘汁	1
15	白银	1
16	大豆	6
17	糖	5
18	无铅汽油	5
19	小麦	1

备注：排序以该商品英文名称首字母为准。

资料来源：CRB。

数据处理：经易黄金研究中心。

三、国际黄金市场发展历程

黄金市场并非与生俱来，黄金交易发展也经历了一个比较漫长的轨迹。作为人类社会发展过程中不可缺少的一个组成部分，黄金经历了君王专有、一般等价物、货币化、非货币化的发展历程。黄金市场也随着历史的变迁从无到有，从小到大。

1. 黄金从一开始就可以自由交易吗?

19 世纪以前——垄断时期。黄金简史告诉我们，黄金作为一般等价物——货币的历史非常悠久，而货币本身的一个重要职能就是流通手段，但是19 世纪以前，稀有的黄金基本上是帝王权贵独占的财富和权势的象征，或成为供奉器具和修饰保护神灵形象的材料。黄金矿山也属皇家所有，当时黄金是由奴隶、犯人在极其艰苦恶劣的条件下开采出来的。正是在这样的基础上，黄金孕育出了古埃及和古罗马文明。虽然公元前6 世纪就出现了世界上的第一枚金币，但一般平民很难拥有黄金，黄金在这个阶段主要发挥的是储备职能。16 世纪，殖民者为了掠夺黄金而杀戮许多地方的原驻民，毁灭文化遗产，在人类文明史上留下了血腥的一页。抢掠与赏赐成为黄金流通的主要方式，自由交易的市场交换方式难以发展，即使存在，也因黄金的专有性而限制了黄金的自由交易规模。

正是西方的航海探险推动了世界全球化的进程，黄金也从区域性货币转变成为世界货币，金本位制的诞生标志着黄金世界货币地位的确立，黄金站在了历史的巅峰。

2. 黄金是怎样成为货币的?

（1）19 世纪初至 20 世纪 30 年代——金本位时期。进入 19 世纪，淘金者先后在俄国、美国、澳大利亚、南非和加拿大等地发现了丰富的金矿资源，使黄金开采业迅速发展，黄金的地面存量大幅增加。到了 19 世纪后半叶，人类开采出来的黄金超过了过去 5000 年产量的总和。由于黄金供给量增加，更大范围地将黄金作为货币使用有了实物保障，黄金作为核心的、最终的支付手段得到全世界的普遍认同，成为真正的世界货币，全球货币体系进入了一个金本位时期。

作为货币的黄金具备了如下职能：流通手段、价值尺度、储备职能、支付手段和世界货币；金本位的建立意味着黄金从帝王专有，走向了广阔的社会，从狭窄的宫廷范畴进入了平常的经济生活，从特权华贵的象征演变为资产富有的象征。金本位制即黄金作为本位货币，或者核心货币，在国际上是硬通货，可自由进、出口，当国际贸易出现赤字时，可以用黄金支付；在国内，黄金可以做货币流通。在金本位制度下，黄金具有自由铸造、自由兑换、自由输出三大特点。

金本位制始于1816年的英国，到19世纪末，世界上主要的国家基本上都实行了“金本位”。1914年第一次世界大战时，全世界已有59个国家实行金本位制。金本位制虽时有间断，但大致延续到20世纪的20年代。由于各国的具体情况不同，有的国家实行金本位制长达100多年，有的国家仅有几十年的金本位制历史。在金本位时期，黄金的流动性增加。黄金市场的发展有了客观的社会条件和经济需求。各国中央银行虽都可以按本国货币平价规定的金价无限制地买卖黄金，但实际上仍是通过市场吞吐黄金，因此黄金市场得到一定程度的发展。我们也必须指出，当时的黄金市场是一个受到严格控制的官方市场，不是什么人或机构都可以参与的，直到第一次世界大战之前，世界上只有英国伦敦黄金市场是唯一的国际性市场。

20世纪初，第一次世界大战爆发严重地冲击了金本位制，随后的战争赔款和欧洲各国拖欠美国的债务沉重地打击了战后欧洲的经济。当时美国实行的孤立主义政策使欧洲难以从战争中恢复，最终导致世界收支体系崩溃、各国货币竞争性贬值、关税壁垒和国际性闭关自守。进入20世纪30年代，全球性经济危机的爆发导致金本位制彻底崩溃，各国政府为了稳定本国经济，纷纷加强了贸易管制，禁止黄金自由买卖和进出口，公开的黄金市场失去了存在的基础，伦敦黄金市场关闭。

（2）从大萧条到第二次世界大战。第一次世界大战以后的国际政治经济格局发生了巨大变革，美国从英国手中夺取了世界经济领袖的地位，却拒绝承担其应承担的责任，美国政府从霸权主义的政策出发，坚持要求其欧洲主要债务国清偿“一战”债务，而不是支持欧洲的经济复苏。到1923年，欧洲各国拖欠的美国债务达到280亿美元，而战败国德国所欠战争债务为600亿美元。无论是德国还是欧洲的其他国家都无法通过自身能力创造如此规模的财富来偿还如此庞大的债务。在此期间，美国为了恢复本国经济，采取美元贬值和低利率的货币政策，加上欧洲社会的动荡，大量黄金流入美国，到1941年美国正式参战时，其黄金储备已经达到227亿美元，是1934年的3倍，而在第二次世界大战结束时，美国的黄金库存已经达到全球的59%，到了1948年达到72%，并于1949年达到最高点，当时美国的黄金储备为248亿美元。按照1盎司黄金等于35美元的官价，当时美国的黄金储备超过2.2万吨。

3. 黄金从什么时候开始与美元产生紧密联系的？

20世纪40年代至70年代初——布雷顿森林系时期。第二次世界大战后的美国吸取了第一次世界大战的教训，没有采取强硬的债权国战略，转而通过建立国际货币基金组织（IMF）和世界银行，同时实施马歇尔计划来帮助欧洲恢复战后经济。为了确定美元的世界霸主地位，以美国为主的西方世界于1944年签署了《布雷顿森林协议》，建立了继金本位制后的人类第二个国际货币体系，旨在引导世界恢复在1934年放弃了的金汇兑本位制，布雷顿森林体系确立了美元和黄金的核心货币地位。在这一体系中，美元与黄金挂钩，美国承担以官价兑换黄金的义务，各国货币与美元挂钩，美元处于中心地位，起世界货币的作用。这实际是一种新金汇兑本位制，在布雷顿货币体系中，黄金无论在流通还是在国际储备方面的作用都有所降低，而美元则成为这一体系中的主角，但因为黄金是稳定这一货币体系的最后屏障，所以黄金的价格及流动都仍受到较严格的控制，各国禁止居民自由买卖黄金，市场机制难以有效发挥作用。直到1954年，关闭了15年的伦敦黄金市场在该体系建立10年后才得以恢复。

布雷顿森林货币体系的运转与美元的信誉和地位密切相关。20世纪60年代，美国深陷越南战争的泥潭，财政赤字巨大，国际收支状况恶化，美元的信誉受到极大的冲击。大量资本出逃，各国纷纷抛售自己手中的美元，抢购黄金，使美国黄金储备急剧减少，伦敦金价暴涨。

为了抑制金价上涨，保持美元汇率，减少黄金储备流失，美国联合英国、瑞士、法国、联邦德国、意大利、荷兰、比利时8个国家于1961年10月建立了“黄金总库”，八国央行共拿出2.7亿美元的黄金，由英格兰银行为黄金总库的代理机关，负责维持伦敦黄金价格，并采取各种手段阻止外国政府持美元外汇向美国兑换黄金。

20世纪60年代后期，美国扩大了侵越战争，国际收支进一步恶化，美元危机再度爆发。1968年3月的半个月中，美国黄金储备流出了14亿多美元，仅3月14日一天，伦敦黄金市场的成交量达到了350～400吨的破纪录数字。美国再也没有维持黄金官价的能力，经与黄金总库成员协商后，宣布不再按每盎司35美元官价向市场供应黄金，市场金价自由浮动，但各国政府或中央银行仍按官价结算，从此黄金开始了双价制阶段。双价制也仅维持了3年的时间，原因是美国国际收支仍不断恶化，美元不稳；此外，西方各国不满美国以己私利为原则，不顾美元危机拒不贬值，强行维持固定汇率。于是欧洲一些国家采取了请君入瓮的策略，既然美国拒不提高黄金价格，让美元贬值，他们就以手中的美元兑换美国的储备黄金。当1971年8月传出法国等西欧国家要以美元大量兑换黄金的消息后，美国于8月15日不得不宣布停止履行对外国政府或中央银行以美元向美国兑换黄金的义务。

1973年3月，因美元贬值再次引发了欧洲抛售美元、抢购黄金的风潮。西欧和日本外汇市场不得不关闭了17天。经过磋商最后达成协议，西方国家放弃固定汇率，实行浮动汇率。至此，布雷顿森林货币体系完全崩溃，从此也开始了黄金非货币化的改革进程，但从法律的角度看，国际货币体系的黄金非货币化到1978年才正式明确。国际货币基金组织在1978年以多数票通过批准了修改后的《国际货币基金协定》。该协定删除了以前有关黄金的所有规定，宣布：黄金不再作为货币定值标准，废除黄金官价，可在市场上自由买卖黄金；取消对国际货币基金组织（IMF）必须用黄金支付的规定；出售国际货币基金组织1/6的黄金，所得利润用于建立帮助低收入国家优惠贷款基金；设立特别提款权代替黄金用于会员国与IMF之间的某些支付等。

在这一时期，黄金价格一直受到国家的严格控制，国家对黄金市场的介入干预时有发生，黄金市场仅是国家进行黄金管制的一种调节工具，难以发挥市场资源配置作用，市场的功能发挥是不充分的。

从布雷顿森林体系建立到黄金退出国际货币体系的短短30年时间里，美国完成了从债权国战略向债务国战略的转变，美元取代了黄金，确立了其世界货币的地位。尽管黄金已经不再是本位货币，丧失了流通手段的职能，但其仍然保留了储备职能、支付手段和价值尺度等金融属性，相对于其他信用货币，其独一无二的实物资产特性决定了其在官方储备中的关键作用，仍然具有最终偿付手段的关键职能使其与美元保持着密切的联系。

4. 黄金是如何从货币转变成为投资工具的？

20 世纪 70 年代至今——黄金非货币化时期

《牙买加协议》的签署使得黄金正式进入非货币化的进程中，黄金走下了最终货币的圣坛，成为可以自由拥有和自由买卖的商品，其流动性大大增强，黄金交易规模增加，为黄金市场的发育、发展提供了良好的经济环境。尽管国际货币体系中黄金非货币化的法律过程已经完成，但是黄金在实际的经济生活中并没有完全退出金融领域，目前黄金仍作为一种公认的金融资产活跃在投资领域，充当国家或个人的储备资产。

各国放开黄金管制以后，不但实物黄金市场得以快速发展，黄金衍生品市场也迅速发展起来，黄金作为一种特殊商品的投资属性得到充分发挥。交易品种和投资手段的不断创新，几十倍、上百倍地扩大了黄金市场的规模，现在商品实物黄金交易额不足总交易额的 3%，90% 以上的市场份额是黄金金融衍生工具交易，而且世界各国央行仍保留了高达 3.4 万吨的黄金储备。

1999 年 9 月 26 日欧洲 15 国央行的声明中再次确认黄金仍是公认的金融资产。因此，我们不能单纯地将黄金市场发展的原因归结为黄金非货币化的结果，也不能把黄金市场视为单纯的商品市场，客观的评价是：在国际货币体制中黄金非货币化的条件下，黄金开始由货币属性主导的阶段向商品属性回归的阶段发展，国家放开了黄金管制，使市场机制在黄金流通及黄金资源配置方面发挥日益增强的作用。目前黄金仍是一种具有金融属性的特殊商品，所以不论是实物黄金市场，还是黄金衍生品市场都得到了发展。实物黄金交易与黄金衍生品交易在不同地区、不同市场中的表现和活跃程度有所不同。

延伸阅读的关键词：黄金简史、布雷顿森林体系、 牙买加协议 。

四、黄金的货币属性

1. 黄金是从什么时候成为货币的？

货币是本身拥有价值而能够固定地充当一般等价物的特殊商品。黄金因其耐久性、高密度以及外观上的诸多独特特性，很自然地成为财富和身份的象征，在社会生产和交换的规模化进程中开始扮演货币的角色。

在人类社会发展过程中，黄金作为货币的历史十分悠久，其中以中国为最早。据司马迁《史记·平淮书》记载："虞、夏之币，金有三等，或黄，或白，或赤"（黄、白、赤分别指金、银、铜），距今约 4000 年；班固《汉书·食货志》有"（姜）太公为周立九府圜法：黄金方寸，而重一斤……"至今也有 3000 多年。战国时期楚国的"黄缘"，距今已有约 2300 年历史，是目前我国发现的最早的黄金货币。郢爰与欧洲出土的古罗马亚历山大金币在同一时代。古代人类文明的区域性决定了当时黄金货币职能的区域化，但是无论东方还是西方，无论文明的发达程度，人们都不约而同地使用黄金作为货币充分证明了黄金天然的货币属性。

西方工业革命和航海时代的到来使黄金真正成为世界货币，也奠定了 18 世纪实行"金本位制"的基础。黄金在人类历史的这一短暂阶段完成了规模化和集中化，在文明的碰撞和融合中，完成了全球化认同的过程。在条件成熟后，英国于 1816 年首先开始实行金本位制。金本位制下的黄金既可作为国内的支付手段，用于流通结算，又可作为国际结算手段，自由地输出输入各国国境。实行金本位制的国家通过黄金的流动达到平抑通货膨胀和调节进出口贸易失衡的目的。新大陆的发现和东西方融合使黄金的供应量大幅增加，贸易全球化对黄金的需求得到满足，黄金从帝王专有开始走向广阔的社会；到 1914 年第一次世界大战开始时，已有 59 个国家实行了金本位制，黄金作为商品交换的一般等价物，成为商品交换过程中的媒介，社会流动性大大增加。金本位制是黄金货币属性表现的巅峰，对于世界经济，特别是国际贸易的发展曾经起过重大的促进作用，世界上主要国家实行金本位制的时间长者达 200 余年，较短者也有几十年。

马克思在《资本论》中写道，随着商品交换日益突破地域的限制，商品价值日益发展成为一般人类劳动的化身，货币形式也就日益转到那些天然适用于执行一般等价物这种社会职能的商品身上，即转到贵金属身上。

2. 黄金成为货币是历史的必然吗？

自从黄金成为货币以来，就没有一个天然物质能够取而代之，其他金属，如白银和铜等都只能以劣币的形式与黄金共同构成一个完整的货币体系，但是从价值而言则难以望其项背。从历史视角看，黄金有着货币的属性。马克思曾有一句名言：金银天然不是货币，但货币天然是金银。货币商品必须只能有纯粹量的差别，也就是说，必须能够随意分割，还能够随意把它的各个部分合并起来，黄金天然具有这种属性。作为一种特殊商品，黄金的货币属性在不同时期的全球货币体系发展过程中都得到了体现。

资料链接：黄金作为货币的历史回顾

黄金作为货币的历史已有3000多年。

★ 1717年，英国首先施行了金本位制，英镑按黄金固定了价格，但直到1816年，金本位制才正式在制度上给予确定。

★ 1867年，在巴黎召开的国际货币会议通过决议，承认黄金是世界货币的唯一形式，标志着金本位的国际货币制度建立。

★ 1870年，德国、瑞典开始实行金本位制。

★ 1880年，荷兰、法国开始实行金本位制。

★ 1897年，日本开始实行金本位制。

★ 1900年，美国、开始实行金本位制。

★ 1914年，世界上已有59个国家实行了金本位制。

★ 第一次世界大战爆发后，英国正式在1919年停止了金本位制度，但于1926年恢复使用金本位制度。

★ 1930年初，世界经济处于动荡时期迫使大部分国家放弃以黄金兑换货币的制度。

★ 英国在1931年、美国在1933年，只容许中央银行及各政府之间进行黄金交易活动，形成了美元可以在联邦储备局兑换黄金的兑换制度。

★ 1944年7月，各国签署了布雷顿森林协定，确立美元与黄金直接挂钩，其他国货币与美元挂钩（同美元保持固定汇率关系），即“双挂钩制度”。1盎司黄金兑换35美元，各国货币对美元的汇兑平价幅度限制在1%以内。

★ 1971 年 8 月 15 日，尼克松宣布美元贬值和美元停兑黄金。1 盎司黄金调整到 38 美元，汇兑平价幅度由 1% 扩大到 2.5%，标志着布雷顿森林体系崩溃。

★ 1973 年 2 月，美元第二次贬值，固定汇率制彻底瓦解。全球金融体系自 1973 年 3 月以后，以美元为中心的固定汇率制度就不复存在，而被浮动汇率制度所代替。

★ IMF 成员国于 1976 年 1 月达成《牙买加协议》，主要内容包括：浮动汇率合法化和黄金非货币化。

★ 以《牙买加协议》为基础的《国际货币基金协定》于 1978 年 4 月 1 日起生效后，黄金市场在各发达国家迅速发展起来。

★ 当前，黄金仍然是各国央行外汇储备中的重要部分，起着支持法定货币的发行、维护币值和汇率的稳定的作用。

★ 世界上持金量前 20 位国家（地区和国际组织）官方黄金储备就超过 3 万吨。

★ 黄金被认为是世界第五大公认结算手段。

延伸阅读的关键词：黄金简史、黄金的历史。

（1）统一国际货币体系形成前黄金的金融属性。在近代统一的国际货币体系形成之前，各国普遍实行金银复本位货币制度。在金银复本位货币制度下，政府规定金银之间的价值比率并按这一比率无限买卖金银。此时，黄金的金融属性充分体现在流通手段、价值尺度、储藏手段、支付手段和世界货币的职能上。

（2）金本位制下黄金的金融属性。黄金是货币历史上第一个，也是最后一个本身拥有价值而又固定充当一般等价物与价值尺度的实质性货币。黄金是本位货币，是国际硬通货，可自由进出口，可支付贸易赤字，可作为国内货币流通。黄金可以自由铸造、自由兑换、自由输出。在金本位时期，黄金的金融属性得到完全的表现。

（3）布雷顿森林体系中黄金的金融属性。第一次世界大战对金本位制带来很大的冲击；1933 年世界性经济危机时，黄金紧缺并且受到官方控制，“金本位制”彻底崩溃。各国纷纷加强了贸易管制，禁止黄金自由买卖和进出口，公开的黄金市场失去了存在的基础。

伴随着美国经济的崛起，美国主导建立了将美元与黄金挂钩的布雷顿森林体系。在布雷顿森林体系中，黄金的金融属性主要体现在其货币职能方面：第一，美元与黄金直接挂钩。第二，其他会员国货币与美元挂钩，即同美元保持固定汇率关系。黄金的金融属性既直接体现在财富储藏上，也间接通过美元成为国际清算的支付手段和各国的主要储备货币。

（4）牙买加协议体系下黄金的金融属性。随着美国的贸易逆差增大和黄金储备减少不断加剧，美国被迫停止美元与黄金的自由兑换。1973 年，美国再次宣布美元贬值，导致各国相继实行浮动汇率制以代替固定汇率制，黄金的金融属性有所削弱。

在 1978 年 4 月 1 日签署的《牙买加协议》生效后，历史进入黄金非货币化的进程中，黄金既不再是各国货币的评价基础，也不能用于官方之间的国际清算。《牙买加协议》使黄金失去了其最直接的金融属性——货币职能。尽管黄金不再在货币体系中发挥作用，但其仍保有较强的金融属性：黄金可以作为一种能突破地域限制和时空阻隔的国际公认资产，具有其独特的流通性和变现性，仍是重要的国家储备资产和战略资源。作为投资载体，黄金仍与金融活动保持着联系，在信用货币缺乏的情况下，变现黄金是最后的支付手段。

（5）当代市场条件下黄金的金融属性。虽然自 20 世纪 60 年代后期，黄金就逐渐被非货币化，但 30 年后，黄金的金融属性仍然在多次事件中凸显：1997 年的亚洲金融风暴，东南亚多国货币汇价急跌；2001 年的美国“9·11”事件，全球金融市场一片混乱；2002 年全球反恐和印巴紧张局势、2007 年 9 月以色列空袭叙利亚，2008 年金融风暴席卷全球，全球金融体系动荡，这些历史事件都推动黄金价格上升，成为众人瞩目的焦点。

进入 21 世纪后，黄金所具有的金融属性仍使其在国际金融体系中占据重要位置，很多国家仍把黄金作为重要的战略储备资产进行储存。尽管世界上已经没有一个国家仍在继续采用金本位制，但黄金作为货币商品的职能和作用不是人为力量可以消灭的。黄金在国际金融领域内的世界货币职能和储藏手段职能依然发挥着作用，许多国家仍在增加其官方黄金储备以加强其国际金融实力。

随着金融创新的不断深入发展，世界货币体系产生的动荡所波及的范围和造成的影响也在不断扩大，在全球金融系统遭受冲击，信用货币体系动荡不定的情况下，黄金金融属性的体现反映在它仍然是各国重要的外汇储备组成，同时也是金融市场中实现对冲保值、应对市场风险的有效手段。尤其是当一国经济出现危机时，黄金可以起到稳定经济的重要作用。在现代金融体系下，黄金甚至可能成为谋求国家利益和投资者利益的一种金融商品。

资料链接：布雷顿森林体系与黄金

布雷顿森林货币体系是指战后以美元为中心的国际货币体系。在布雷顿森林体系以前两次世界大战之间的20年中，国际货币体系分裂成几个相互竞争的货币集团，各国货币竞相贬值，动荡不定，因为每一经济集团都想以牺牲他人利益为代价，解决自身的国际收支和就业问题、呈现出一种无政府状态。

20世纪30年代世界经济危机和第二次大战后，各国的经济政治实力发生了重大变化，美国登上了资本主义世界盟主地位，美元的国际地位因其国际黄金储备的巨大实力而空前稳固。这就使建立一个以美元为支柱的有利于美国对外经济扩张的国际货币体系成为可能。

在这一背景下，1944年7月，44个国家或政府的经济特使聚集在美国新罕布什尔州的布雷顿森林，商讨战后的世界贸易格局。会议通过了《国际货币基金协定》，从此开始了国际货币体系发展史上的一个新时期。

布雷顿森林体系以黄金为基础，以美元作为最主要的国际储备货币。美元直接与黄金挂钩，各国货币则与美元挂钩，并可按35美元/盎司的官价向美国兑换黄金。在布雷顿森林体系下，美元可以兑换黄金和各国实行可调节的钉住汇率制，是构成这一货币体系的两大支柱，国际货币基金组织则是维持这一体系正常运转的中心机构，它有监督国际汇率、提供国际信贷、协调国际货币关系三大职能。

布雷顿森林体系的建立，在战后相当一段时间内，促进了国际贸易空前发展和全球经济越来越相互依存的时代。

从20世纪50年代后期开始，随着美国经济竞争力逐渐削弱，其国际收支开始趋向恶化，出现了全球性“美元过剩”情况，各国纷纷抛出美元兑换黄金，美国黄金开始大量外流。到了1971年，美国的黄金储备再也支撑不住日益泛滥的美元了，尼克松政府被迫于该年8月宣布放弃按35美元/盎司的官价兑换黄金的美元“金本位制”，实行黄金与美元比价的自由浮动。欧洲经济共同体和日本、加拿大等国宣布实行浮动汇率制，不再承担维持美元固定汇率的义务，美元也不再成为各国货币围绕的中心。这标志着布雷顿森林体系的基础已全部丧失，布雷顿森林体系终于完全崩溃。

3. 非货币化后，黄金的金融属性体现在哪些方面？

20世纪60年代末期，黄金逐渐被非货币化，不再充当一般等价物，我们已经不能再用黄金直接换回面包和IPad了，但其金融属性仍然体现在以下多个方面：

（1）国家储备。黄金仍然是各国储备的重要组成部分，欧元登上货币舞台后，世界各国对国际储备货币进行相应的调整，美元不再是唯一选择，如何确定黄金储备的合理规模以及利用其规避外汇储备的风险已成为各国金融首脑关注并讨论的焦点。近年来，美国国内金融风暴的冲击和连年对外战争的沉重负担导致美国政府发行了巨额国债，美元已经不堪重负，对美元币值稳定性的质疑使各国央行纷纷调整储备结构，希望通过多元化的储备抵消美元贬值对国家财富的影响，发展中国家的央行不约而同地增持黄金，《广场协议》的15个签约国也开始大幅削减售金规模，而美国从黄金非货币化以后就再没有抛售过一吨黄金。

截至2010年6月，全球主要国家的黄金储备情况见表1-3。

（2）对冲保值。这里所说的对冲，是指黄金作为投资组合的一个品种可以抵消部分美元贬值以及通货膨胀带来的风险。众所周知，美元和黄金及其他资产的价格变动在大部分时间里都呈现负相关关系，也就是通常所说的反向变动。因此，黄金可以作为其他资产的对冲保值，也可以引入投资组合中降低风险。

表 1-3　　世界官方黄金储备一览表（2010 年 6 月）

序　号	国家（地区）	黄金储备量（吨）
1	美国	8133.5
2	德国	3406.8
3	国际货币基金组织（IMF）	2966.8
4	意大利	2451.8
5	法国	2435.4
6	中国	1054.1
7	瑞士	1040.1
8	日本	765.1
9	俄罗斯	668.5
10	荷兰	612.5

数据来源：世界黄金协会。

（3）避险保值。东南亚金融危机中各国货币纷纷大幅贬值，黄金起到了稳定经济中流砥柱的作用。韩国政府在危急时刻发起了“献金救国”的运动，收集民间黄金 250 吨，铸成金锭后到国际市场上换取国家急需的外汇偿还外债，最终成功地解决了债务危机。可以说，东南亚金融危机从某种程度上激起了人们的黄金情结，人们开始普遍认为黄金绝非普通意义上的商品，认为其货币属性依旧存在，是风险来临时最有效的避风港。

不仅如此，在现代经济社会中，股票市场的动荡，地缘政治问题的频发，都是导致人们投资黄金的因素，这种避风港的使命是黄金与生俱来的。

（4）融资工具。这里所说的黄金融资一般包括黄金借贷、黄金租赁、黄金股票、黄金债券等。例如，对于产金企业来说，黄金借贷就是商业银行以黄金作为贷款，客户用黄金偿还的一种融资方式，俗称“借金还金”。这是在黄金具有货币和商品双重职能的基础上产生的黄金生产企业的融资方式，因黄金借贷利率远远低于货币贷款利率而受到黄金生产企业的青睐。

资料链接：关于黄金利率

在黄金投资中，投资者可以通过黄金市场相关的利率来进行利差交易。黄金利率包括黄金出借利率（GOFO）、伦敦银行同业拆放利率（LIBOR）和黄金租赁利率（GLR）。

（1）黄金出借利率（GOFO，全称 Gold Forward Offered Rates）是由伦敦黄金协会（The London Bullion Market Association，LBMA）每日伦敦时间上午 11 点在其官方网站（www. lbma. org. uk）公布的。GOFO 由其做市商成员：加拿大丰业银行、高盛公司商品部、加拿大皇家银行、摩根大通、法国兴业银行、汇丰银行和瑞银集团提供，代表了做市商会员用掉期借出黄金换美元的利率，GOFO 平均值提供了黄金远期交易的利率基准。

GOFO 期限一般有 1 个月、2 个月、3 个月、6 个月和一年，期限最多一年。各国央行时常有外汇头寸的调剂要求，所以产生了黄金与美元互换交易。各国预算都为一年，所以黄金出借期限一般上限为一年。

（2）伦敦银行同业拆放利率（LIBOR，全称 London Interbank Offered Rate），指伦敦银行同业拆放利率，是伦敦银行同业之间的短期资金借贷利率。它代表的是在伦敦的第一流银行借款给伦敦的另一家第一流银行资金的利率。现在 LIBOR 已经作为国际金融市场中大多数浮动利率的基准利率。

（3）黄金租赁利率（GLR，全称 Gold Lease Rate）由 www. kitco. com 网站每天公布。实际上，这是个衍生利率：Gold Lease Rate = LIBOR - GOFO。

【案例 1-1　　黄金跨域交易】

假设当前的现货黄金价格为 1200 美元/盎司，LIBOR 利率为 5%，GOFO 利率为 4%（期限为 1 年），一投资者从伦敦黄金协会做市商成员，如汇丰银行借入 1000 盎司黄金，并立即在市场卖出，获取 1200000 美元，存入银行。12 个月后，如果金价仍然为 1200 美元/盎司，那么，这个投资者的收支情况为：

收入：存款 1200000 美元，利息 60000 美元，合计：12600000 美元。

支出：金条的购入成本（支付给汇丰银行）1200000 美元，支付 GOFO 利率 48000 美元，合计 1248000 美元。

通过上述交易，这个投资者的收益为：1260000 - 1248000 = 12000（美元），为购买黄金成本的1%，投资进行上述交易的收益率为1%，这就是黄金租赁利率。从历史统计结果来看，黄金租赁利率扩大往往意味着黄金价格下降；反之，收窄意味着黄金价格上升。

（5）投资手段。黄金不仅仅可以作为饰品用来点缀生活，还是一种重要的投资工具。目前，黄金投资渠道有很多，主要包括以金条、金币为主的现货金投资、纸黄金、黄金 ETF、黄金期货、黄金现货远期交易等。投资者可以根据自身的实际情况选择不同的投资工具，参与到黄金市场中。

延伸阅读的关键词：金本位、布雷顿森林体系、黄金非货币化。

五、中国黄金市场发展历程

1. 中国黄金市场的发展经历了哪些曲折的历程？

中国发现和使用黄金的历史非常悠久，但是中国传统上是一个黄金贫瘠的国家，在长期的封建社会中，黄金的使用范围小，对整个社会经济的作用也不明显。黄金在中国主要用于首饰佩戴以及财富收藏，作为货币流通的情况并不多，尽管如此，中国人根深蒂固地认为黄金就是钱。

近现代中国黄金市场的出现可以追溯到20世纪的二三十年代。当时是中国社会动乱，内忧外患频生的时期，民众出于资产保值和增加安全性的强烈需要，一度把黄金投资推向了一个历史高峰。1917 年上海建立了独立的金业公会，1921 年成立了上海金业交易所，之后当时经济发达的北平、天津、武汉都建立了黄金交易机构，在一些证券交易市场内也设立了黄金交易部门。虽然当时银行利息很高，黄金并不生息，但民众仍然愿意选择黄金投资。那时即使上海社会下层的佣人们也总要千方百计购买黄金，但因其经济实力有限，只能购买金首饰，以备不时之需。当前民众藏金的理念很多还是由此时继承下来的，拥有资金实力的投资者，则入市“炒金”，利用买卖赚取价差盈利。在上海黄金市场最活跃的5年间（1926～1931年），黄金年交易量最高时曾达到近2万吨，中国成为当时世界上的第三大黄金市场。这个交易量即便放在今天，也可居世界各黄金市场交易量前列的位置。

这种辉煌并未长久持续下去，在抗日战争爆发后，政府加强了对市场金价的控制，投资者积极性也随之减少。在实行黄金管制后，黄金交易所停业，黄金市场也从此走向沉寂。

抗战胜利后，国内出现了一个相对稳定的时期。1946年3月，国民党政府决定重新开放黄金市场，当时国库外汇充裕，在这种繁荣的背景下，国民党政府决定实现黄金自由兑换，并放开了黄金价格，但是蒋介石在放开外汇市场的同时撕毁停战协议，发动了内战。随着内战的爆发，国内物价飞涨，引起了社会的恐慌，人们纷纷抢购黄金，从政府官员到部队军官，从大资本家到一般居民都纷纷抛售法定货币而抢购黄金，致使黄金价格飙升。1947年2月国民党政府不得不停止黄金自由兑换。

2. 新中国黄金市场是怎样从管制走向市场化的?

新中国成立以后百业待兴，恢复经济、建立稳定的货币体系是首要工作，但是人民币的发行受到了金银的有力挑战。饱受货币贬值之苦的民众不信任纸币，而更信任金银，对人民币疑虑重重，金价如脱缰野马一路飙升。新政府认识到为了树立人民币的权威，使人民币成为社会主导性的支付流通手段，就必须割断黄金与货币的联系，因而颁布了《金银管理办法》，禁止黄金自由买卖、允许人民储存金银和以金银向人民银行按牌价兑换人民币等，同时对生产出来的黄金实行了统收统配的管理。在这种严格的黄金管制之下，黄金投资活动也便无法存在了，这种情况一直延续了半个世纪之久。我们可以清楚地看到，从1949年开始的三四十年时间里，整个中国社会出现了一个“黄金断层”，这个断层整整影响了两代人。其间，老百姓几乎与黄金绝缘，只是很朴素的知道黄金很值钱，黄金很贵重，但无法接触到黄金，更谈不上对黄金的了解与认识，对黄金的重要作用和金融属性了解甚少，这个“黄金断层”实际上导致了整个社会对黄金普遍缺乏认识和漠视。

改革开放之后，中国黄金市场的发展也进入了一个崭新的时期，随着国家外汇环境逐渐宽松，长期禁锢的黄金市场也开始对老百姓开放。

1979 年，国家恢复了金币的生产与发行，1982 年恢复了黄金首饰的供应。1983 年，在加快金银生产的同时，国家颁发了新的金银管理条例，对金银产品的管理更加严格，但是随着改革开放的深入，当时执行的制度使黄金价格机制出现明显问题，固定价格导致国内黄金价格长期偏离国际金价，这就掀起了一股黄金走私潮，这一行为极大地撼动了黄金统收专营体制。据估计，当时大约有 30% 的黄金流入自由交易和民营市场。

1992 年，敢为人先的感王人在感王镇建起了全国第一家民营黄金市场，当时，市场的总营业面积达到了 2000 多平方米。在它的带动下，全国出现了一股兴办民营黄金市场的风潮，这中间产生了一系列矛盾，而解决这些矛盾最有效的办法是把黄金价格变动的主动权交还给市场。

1993 年，我国在放开黄金管制的条件基本成熟后，开始着手启动黄金市场化改革，但是，我国黄金市场化改革启动之后并未立即进行黄金管制政策的调整，而是在黄金管制的条件下进行了长达 6 年之久的体制内调整，直到 1999 年才开始黄金市场建设的实际推进，改革进入到体制创新阶段。在此期间，在黄金一般商品论的影响下，我国黄金市场的功能在很长一段时间里都是定位于一般商品市场，而并未对黄金市场的投资功能给予充分地认识。

2000 年底，经世界黄金协会资助，国务院经济发展研究中心有关专家完成了另一份我国黄金市场化改革的专题研究报告。该报告明确指出，我国黄金市场开放具有双重目标，即是“恢复和扩展黄金所具有的一般商品和金融商品功能的过程”。对市场交易主体，该报告明确提出：商业银行和银行间无形黄金市场在黄金流通中的重要作用日趋增加，有可能成为重要角色。2000 年 12 月 21 日，人民银行发言人称：“未经国务院授权及人民银行批准，任何单位和组织不得擅自筹建黄金交易市场；各种网上交易，各地正在筹备建立黄金市场的活动必须立即停止。”人民银行发言人要求停止黄金市场的筹建活动，意味着决策层已重新对中国黄金市场模式进行选择，是对黄金市场的重新定位，是我国黄金市场化改革的一次深化。

进入新世纪以后，我国黄金市场的模式选择发生了明显的变化，黄金投资开始成为我国黄金市场化改革的内容。中国人民银行直接介入了上海黄金市场的筹备工作，确定成立上海黄金交易所，并由中国人民银行进行直接领导。

2002 年 10 月 30 日，上海黄金交易所正式投入运行，使中国的黄金市场建设翻开了崭新的一页。上海黄金交易所虽是一个即期商品的交易市场，但特别吸收了 14 家商业银行为会员，为上海黄金交易所投资功能的发育准备了体制性条件，因此，上海黄金交易运行后黄金投资功能得以显现，商业银行已成为市场中买卖最为活跃的市场参与者。当时，上海黄金交易所有会员 108 家，而目前会员队伍不断发展壮大。2007 年，中国人民银行批准了上海黄金交易所吸收外资银行成为会员的申请，汇丰银行、渣打银行、加拿大丰业银行、UBS 瑞士银行以及法国兴业银行等 5 家外资银行获得了上海黄金交易所发放的首批外资会员牌照，中国黄金市场开放与中国市场与国际接轨又迈出了关键的一步。

2008 年 1 月 9 日，上海期货交易所上市黄金期货，标志着我国黄金市场的进一步完善，国内黄金市场的发展也步入了新的阶段。

3. 我国黄金市场的发展现状如何?

与全球成熟的黄金市场相比，我国的黄金市场尚在起步当中，但从我国黄金市场的规模和发展速度来看，未来发展空间十分广阔。

（1）我国黄金市场的生产和消费。我国是世界上重要的黄金生产国和消费国之一。2008 年，我国黄金产量达到 282 吨，超越南非，成为世界第一大产金国。

从生产层面来看，我国黄金产业保持了良好的发展趋势，国有矿山企业和股份制矿山企业成为我国黄金生产的主导力量，规模化、集约化和现代化的黄金矿山企业保证了我国黄金产量的稳步提高：

第一，我国黄金产量保持了稳定的增长率，2003～2008 年，我国黄金产量年均增长 7.6%。

第二，我国金矿地质勘探取得较大进展，年均新增黄金资源储量 700 吨左右，黄金行业连续多年实现勘探新增储量大于生产消耗储量，为可持续发展打下了良好基础。

第三，黄金产业结构调整工作稳步推进，大型黄金企业主导黄金工业发展的格局已初步形成。

第四，黄金产业中科技创新、技术进步成效显著，金矿深井开采和复杂条件矿体开采技术工艺的推广，拥有自主知识产权的细菌氧化、原矿焙烧、加压氧化等处理难选冶金矿技术工艺被广泛应用，推动了难选冶金矿资源开发产业化。

从需求层面来看，随着人们生活水平的日益提高，对黄金的消费和投资需求快速增长：

2007 年，包括中国的香港和台湾在内，我国黄金消费量创下历史新高，达到 363.3 吨，同比上升 23%；大陆地区黄金需求达到 326.1 吨，比 2006 年高出 26%。其中，黄金首饰需求总量达 302.2 吨，是中国黄金首饰需求 10 年来首次突破 300 吨。目前，我国已超越美国，成为仅次于印度的世界第二大黄金首饰市场。2009 年，在全球经济陷入衰退困境，黄金消费下滑的情况下，我国黄金消费依然保持了增长，成为带动全球黄金消费的重要力量。

（2）我国黄金市场的构成。经过多年的建设和发展，我国已经建立了较为完整的黄金市场体系，主要由现货市场和期货市场两个部分组成。由于目前人民币还处于国家管制状态，黄金的进出口也受到严格管制，我国黄金市场属于区域性的黄金交易场所，主要是满足本国黄金生产商、加工商、贸易商和投资者的交易需要。

目前，我国合法的黄金现货市场是上海黄金交易所，其重要功能是连接产金、用金企业，提供黄金实物交易及流通的渠道和平台；合法的黄金期货市场是上海期货交易所，其主要功能是为现货市场提供对冲风险、套期保值的黄金衍生品交易场所。

上海黄金交易所和上海期货交易所的会员单位共同构成了中国黄金交易服务体系。各大中资和外资银行的参与丰富了中国黄金交易服务体系，推动中国黄金市场向国际化方向发展。上海黄金交易所已成为全球场内黄金现货交易量排名第一的交易所，上海期货交易所在推出黄金期货后，成为黄金供需双方规避现货风险的场所，保持了稳定发展。

目前，在全球黄金商品性市场和金融投资性市场中，商品实物黄金交易额不足总交易额的 3%，金融投资性黄金交易是黄金市场的主流，达到市场份额的 90% 以上，在金融投资性黄金交易中又以黄金金融衍生品交易为主。我国黄金市场正处于由实物商品交易向金融投资性黄金交易发展的阶段。从我国黄金市场发展现状来看，尽管我国黄金生产、消费和投资需求都在迅速扩大，但市场的发展时间较短，市场结构和层次仍不够完善，未来发展仍有很大的空间。

六、全球黄金市场布局

1. 为什么我们要关注国际黄金市场?

与投资其他大宗商品相比，我国的投资者在选择投资黄金后需要更多关注国际黄金市场。正如此前所提到的，在长期的发展过程中，国际黄金市场已经形成一个 24 小时不间断连续运转的全球化市场，黄金在度量单位上和标价上的统一性使得世界各国的投资者可以在任一时点选择合适的时机进入市场，全球黄金市场运转的连续性和定价的国际化决定了投资黄金必须关注国际黄金市场。

黄金非货币化以后的国际黄金市场发展了近 40 年，已经形成了以定价中心为基础，多层次、参与者众多的交易体系。目前，全球黄金市场的交易方式主要有交易所场内交易和场外 OTC 交易两种。世界上最大的场外现货黄金市场是伦敦金银市场协会，其每天公布的伦敦定盘价是当今世界上最有影响力的现货黄金价格，也是其他市场进行定价的基础。世界上最大的黄金期货交易场所则在美国，纽约商品交易所（NYMEX）COMEX 分部的黄金期货和芝加哥商品交易所（CBOT）的黄金期权的交易量都很大，NYMEX 是美国最有代表性的黄金市场，也是全球黄金衍生品市场最重要的定价中心之一。

黄金衍生品市场提供的黄金期货、期权交易，提高了整个世界黄金市场的流动性，银行和黄金经纪可以借助这些工具管理黄金的价格风险。伦敦黄金现货市场则为生产商、冶炼商、黄金银行之间的大宗现货交易服务。为黄金场外衍生交易、融资安排以及中央银行的黄金操作带来便利。瑞士是世界上最大的黄金转运中心，世界矿产黄金的60%直接运入苏黎世市场。东京的黄金市场主要为日本的工业和首饰用金服务，中国香港的黄金市场则主要针对中国大陆、中国台湾等地的黄金转运和东南亚首饰业的需要。国际黄金市场本身就是国际分工不断深化的服务体系，没有特色的孤立市场会被逐步取代。

2. 国际黄金市场中哪些是需要重点关注的?

目前，世界各地的黄金市场多达40多个，形成了以国际性黄金市场为核心，地方性黄金市场为辅助的全球性市场框架。欧洲的伦敦、苏黎世、米兰，亚洲的东京、中国香港、新加坡、迪拜、孟买，非洲的卡萨布兰卡、南非，北美的纽约、芝加哥，南美的里约热内卢等都是世界著名的黄金市场。这些市场的交易时间贯穿起来，形成全天候24小时的交易市场网络，互相联系并互相影响着。伦敦每天上午10：30的定盘揭开金市的序幕，随后纽约、芝加哥等陆续开盘。在伦敦下午定盘价后，纽约等市场仍在交易中，此后中国香港也加入进来。伦敦的尾盘会影响美国的早盘价格，而美国的尾盘会影响到中国香港的开盘价；中国香港的尾盘价和美国的收盘价又会影响伦敦的开盘价，如此循环。

至于通常所说的市场分类，按黄金市场所起的作用和规模划分可分为主导性市场和区域性市场；按交易类型和交易方式的不同可分为现货市场和期货市场；按有无固定场所划分可分为无形市场和有形市场；按交易管制程度划分可分为自由交易市场、限制交易市场和国内交易市场。一般来说，一个黄金市场的建立和发展需要具备很多条件，发达的经济条件和完善的信用制度是基础；实行自由外汇制度，允许黄金自由买卖和出入；有健全的法制环境、稳定的政治经济环境；良好的软硬件环境、交通便利、基础设施完善等这些条件缺一不可。

当前，全球黄金市场的定价中心仍然是欧洲和北美，亚洲市场的波动总体上只是欧美市场的影子。不过，随着中国经济实力的逐步增强，以及黄金期货等新兴黄金投资品种的推出，中国国内的黄金投资热潮将逐步对世界黄金市场的定价机制产生影响。

在国际黄金市场中，规模和影响力比较大的包括：

（1）伦敦黄金市场。伦敦黄金市场历史悠久，也是世界上最大的黄金市场，其发展历史可追溯到300多年以前。1804年，伦敦取代阿姆斯特丹成为世界黄金交易中心。1919年，伦敦金市正式成立，每天进行上午和下午的两次黄金定价。五大金行定出当日的黄金市场价格，该价格一直影响纽约和中国香港的交易。在1982年以前，伦敦黄金市场主营现货交易，1982

年4月期货市场开业。

从狭义上讲，伦敦黄金市场主要是指伦敦金银市场协会（London Bullion Market Association，简称LBMA），该市场不是以交易所形式存在，而是OTC市场即场外交易市场。LBMA充当的角色是其会员与交易对手的协调者，其运作方式是通过会员的业务网络来完成。LBMA的会员主要有两类：做市商和普通会员。做市商目前有9家，均为知名投行，如巴克莱银行、德意志银行、汇丰银行、高盛、JP摩根等。

以做市商为主体的场外交易构成了世界第一大黄金市场——伦敦黄金市场的主要特色，其黄金交易是主要通过以五大金商为首的做市商完成。做市商在提供黄金市场的流动性、提高市场交易效率、转移和分担风险、促进市场发展等方面发挥着重要作用。与以美国黄金市场为代表的交易所模式不同，交易所的黄金交易主要通过集中撮合成交，而做市商模式则是各做市商根据各自的实力和经营状况报出买价和卖价，交易更加灵活，黄金的纯度、重量、交割的地点都可由客户选择。

另外，做市商直接面向机构与个人投资者报价，并以延期交割的形式，在现货商品黄金市场基础上构建了一个金融投资性的黄金市场。所谓延期交割即是投资者无须交收现金即可买卖黄金，以支付利率等方式获得持仓展期，并在恰当时机通过反向平仓操作兑现获利，而通常并不交割实物黄金。这一灵活的交易模式使得伦敦黄金市场成为机构与个人投资者投资黄金的绝佳选择，也让伦敦黄金市场成为一个市场主体遍布全球、交易规模最大的黄金投资市场。

①监管部门：伦敦黄金市场的监管部门是英国金融服务局。它代表国家对市场进行监管。

②管理法规：英国金融服务法以及配套法规、伦敦黄金市场准则和伦敦黄金市场监管灰皮书及配套法律解释。

③市场特点：

a. 典型的以伦敦贵金属交易市场为核心，以英格兰中央银行为储备机构的市场交易机制管理体系。

b. 拥有金融性黄金和商品性黄金的完整运行体系。

c. 是世界各地官方黄金交易的主要市场。

④伦敦黄金交易规则：

a. 伦敦市场上交易的成色标准为995、9995和9999三种。

b. 伦敦金以美元标价，以盎司为计量单位。黄金报价主要依据伦敦市场的现货黄金价格。每盎司等于31.1035克。每日报价为×××美元/盎司。例如，大盘标出850的数字，即为每盎司黄金850美元。交易的最小单位是100盎司。

c. 保证金交易。只交少量保证金，即可进行大额交易。

d. 双向交易，既可买涨，也可抛空。因此，无论金价如何波动，投资人始终有获利的机会。

e. 即时交易。只要处于全球交易时段内，就可以即时完成交易。

（2）苏黎世黄金市场。苏黎世黄金市场也是世界性的黄金交易中心。由瑞士三大银行：瑞士银行、瑞士信贷银行和瑞士联合银行组成。它是第二次世界大战后发展起来的。瑞士有自成体系的黄金交易与服务系统，这主要基于多年来建立起来的优质信誉的银行保密制度，可以做到为各界要人严守秘密，并提供安全的保险柜。私人银行基于以黄金为工具的投资理财，恰恰是瑞士黄金交易的基础服务手段。这些因素使得瑞士不仅是世界上新增黄金的最大中转站，也是世界上最大的私人黄金存储与借贷中心。苏黎世黄金市场在世界黄金市场上的地位仅次于伦敦。

三大银行不仅可代客户交易，而且黄金交易也是这三家银行本身的主要业务。苏黎世黄金市场无金价定盘制度，在每个交易日特定时间，根据供需状况议定当日交易金价，这一价格为苏黎世黄金官价。全日金价在此基础上的波动无涨停板限制。苏黎世金市的金条规格与伦敦金市相同，可方便参与者同时利用伦敦市场，增加流通性。其交易对象为99.5%的成色金，交割地点为苏黎世的黄金库或其他指定保管库。

①监管机构：瑞士黄金市场的监管单位是公私合股的瑞士中央银行部门，瑞士国民银行。

②相关自律组织：由瑞士银行、瑞士信贷银行和瑞士联合银行协议设立的苏黎世黄金总库。

③管理法规：

a. 瑞士国民银行金银储备管理的法规。

b. 苏黎世黄金总库组织与瑞士国民银行制定瑞士苏黎世黄金交易市场的管理规则、章程及配套法规。

④市场特点：

a. 瑞士的黄金交易是以私人银行业务为基础，以黄金实金投资为主的投资客户作为服务对象的独特的交易市场。

b. 苏黎世黄金交易市场以三大银行为骨干，以民间私营黄金投资交易为基础，并且和私人银行业务结合运行。苏黎世黄金市场是现货无形市场，是世界上最大的金币市场和私人投资市场。

c. 瑞士黄金交易单位一般为400盎司，交易日期可以是当日以及几日后的期货，黄金的成色在995以上。

d. 其交易系统具有极大的包容性，是私人投资黄金及理财的主要场所，也是东西方黄金交融的场所。南非、前苏联和社会主义阵营国家的大部分黄金通过苏黎世黄金市场和西方交易。

e. 苏黎世黄金市场在每个交易日特定时间根据供需状况议定当日交易金价，并以此价格作为瑞士的黄金官价。全日黄金在此基础上波动，没有涨跌停的限制。

f. 苏黎世黄金市场除了常规的交易，很多围绕黄金的创新服务业务也由三大金商提供，以满足客户需求，这不同于其他市场。金商除了提供苏黎世黄金市场交易的品种与服务以外，还代理世界主要黄金市场交易的品种与服务。

延伸阅读的关键词：伦敦贵金属市场协会网站（http://www.lbma.org.uk/core_ page.html）。

（3）纽约商品交易所（NYMEX）。美国黄金市场是20世纪70年代中期发展起来的，主要是纽约商业交易所（NYMEX）的COMEX分部，后并入CME。美国黄金市场以黄金期货交易为主，目前纽约黄金市场已成为世界上交易量最大和最活跃的黄金期货市场，它是最有效率、最复杂的期货交易组织。主要交易对象为黄金、白银、铜以及一些金融衍生工具。其中，黄金期货和黄金期权交易居世界首位，是公认的贵金属交易中心。

根据纽约商业交易所的界定，它的期货交易目前被并入 CME 交易所。目前交易的品种有黄金期货、迷你期货、期权和基金。时至今日，美盘黄金期货交易仍被认为可以主导世界金价的走向，但其实物黄金的交收占很少的比例。参与黄金买卖以大型的对冲基金及机构投资者为主，他们的买卖对金市产生极大的交易动力。庞大的交易量吸引了众多投机者加入，整个黄金期货交易市场有很高的市场流动性，其黄金价格变动能够及时地反映出市场的预期。

①监管机构：

a. 美国联邦储备委员会及所属联邦储备银行。

b. 美国财政部。

c. 美国商品期货交易委员会。

②行业自律组织：美国期货业协会、美国黄金协会、美国珠宝首饰商会。

③管理法规：

a. 美联储关于金银管理的法规。

b. 财政部和美联储关于黄金储备的规定。

c.《商品期货交易委员会法》。

d. 期货交易规则、商品交易所条例等法律法规体系。

④监管特征：

a. 美联储协商、财政部联合管理货币储备黄金。

b. 美国商品期货交易委员会根据美国国会立法和期货交易所、期货协会三个机构共同管理黄金市场。

c. 其管理模式形成先立法管理，即利用制定、修改、颁布有关的法律法规对黄金储备和黄金交易市场进行管理。然后配套行政管理，即依靠有关政府授权部门、职能机构或地方政府等进行管理。实际实施中则以市场原则为依据，以行业自律管理为主，实施市场化管理。

延伸阅读的关键词：纽约商品交易所网站（www. nymex. com）。

（4）中国香港黄金市场。中国香港的黄金市场中最主要的是中国香港金银业贸易市场，它有90多年的悠久历史。中国香港黄金市场从开始的买卖各国纸币、金银币的场所发展到以买卖黄金为主的专业化交易场所，从一个地区性的市场逐渐发展成为国际性市场。1974年1月1日，中国香港政府撤销了对黄金进出口的管制，1975年美国解除黄金禁令，从而推动了中国香港黄金市场的快速发展。

中国香港黄金市场主要由三个部分构成：在传统黄金市场基础上发展起来的中国香港金银贸易市场，由伦敦苏黎世金商分支机构设立的当地伦敦金市场以及设在中国香港商品交易所的中国香港黄金期货市场。由于中国香港黄金市场在时差上刚好填补了纽约、芝加哥市场收市和伦敦开市前的空当，可以连贯起亚、欧、美，从而形成完整的世界黄金市场，促使中国香港成为世界主要的黄金市场之一。

具体来看，中国香港黄金市场由三个市场组成：

①中国香港金银贸易场，以华人金商为主，黄金以港元/司马两报价（1司马两=37.429克），有固定买卖场所。主要交易的黄金规格为5个司马两一条的99标准金条。自2002年4月起新增了公斤金条，成色为999.9，报价为港元/克，交易单位为5千克。目前仍然采用公开喊价、手势成交的传统现货交易方式。

②中国香港伦敦金市场，以外资金商为主体，其交易的黄金在伦敦交收，用美元进行结算，没有固定交易场所。实际上，中国香港伦敦金市场是伦敦金市的延伸。

③中国香港黄金期货市场，是一个正规的市场，其性质与美国纽约和芝加哥的黄金期货一样。交投方式正规，制度也比较健全，可弥补金银贸易场的不足。

这三个黄金市场之间关系密切，成交量最高的是中国香港金银贸易场，而影响最大的则是当地伦敦金市。许多金商进行跨市买卖，哪个市场有利就涌向哪里，这是中国香港黄金市场的一大特点，也是推动市场发展的动力。

①管理机构：中国的香港金融管理局、香港证监会。

②监管规定：

a. 中国的香港金融管理局关于金银管理条例及商业银行、证券公司、经纪公司法规关于黄金的条款。

b. 中国的香港证监会关于期货交易所管理的法规。

③相关组织：

a. 中国香港金银贸易场。

b. 中国香港黄金期货交易所。

c. 中国香港伦敦黄金交易所。

d. 中国香港黄金交易员协会。

e. 中国香港的期货协会。

④监管特征：

a. 中国的香港金融管理局负责管理货币储备黄金。

b. 中国的香港证监会负责管理黄金期货交易所。

c. 金融管理局协助管理中国的香港金银贸易场和香港伦敦黄金交易所。

d. 工商局和首饰商会管理金首饰制造业。

e. 中国香港是世界五大黄金交易市场之一，是其中同时拥有实金交易、无形市场和期货市场的唯一地区。

f. 中国香港黄金市场是一个充分市场化、各种属性黄金交易共存的体制，并且主要体现黄金投资和商品黄金交易特征。

延伸阅读：www. cgse. com. hk。

资料链接：黄金的计量单位及换算方法

由于各国黄金市场交易的习惯、规则以及所在地计量单位等不同，世界各国黄金交易的计量单位也有所不同。国际黄金市场上比较常用的黄金交易的计量单位主要有以下几种：

(1) 金衡盎司。在欧美黄金市场上交易的黄金，其使用的黄金交易计量单位是金衡盎司，它与欧美日常使用的度量衡单位常衡盎司是有区别的。金衡盎司是专用于黄金等贵金属商品的交易计量单位，其折算如下：

1 金衡盎司 =1.0971428 常衡盎司 =31.1034807 克

1 常衡盎司 =28.3495 克

（2）司马两。司马两是目前香港黄金市场上常用的交易计量单位，折算如下：

1 司马两 =1.203354 金衡盎司 =37.42849791 克

折合杆秤制：1 司马两 =1.197713 两（16 两制）

折合市制：1 司马两 =0.74857 两（10 两制）

（3）市制单位。市制单位是我国黄金市场上常用的一种计量单位，主要有斤和两两种，折算如下：

1 市斤 =10 两

1 两 =1.607536 金衡盎司 =50 克

（4）日本两。日本两是日本黄金市场上使用的交易计量单位，折算如下：

1 日本两 =0.12057 金衡盎司 =3.75 克

（5）托拉。托拉是一种比较特殊的黄金交易计量单位，主要用于南亚地区的新德里、卡拉奇、孟买等黄金市场上，折算如下：

1 托拉 =0.375 金衡盎司 =11.6638 克

（6）漕平两。在旧中国，黄金交易还使用过漕平两单位作为黄金交易的计量单位。漕平两是我国明末清初杆秤制单位，折算如下：

1 斤 =16 漕平两

1 漕平两 =1.00471 金衡盎司 =31.24997809 克

（7）盘。1949 年前我国还使用过一种称为“盘”的黄金交易计量单位，折算如表 1 – 4：

1 盘 =70 漕平两 =4.375 斤

表 1 – 4　各种金衡换算表

金衡盎司 Ounce	市两	司马两	克 Gram	格令 Grain	托拉 Tola	打兰 Dram	千克 Kilogram	日本两
1	0.9953	0.831047	31.1035	480.00	2.6667	10.00	0.0311035	82.94
1.0047	1	0.8349	31.25	482.256	2.6792	10.047	0.03125	8.333

续表

金衡盎司 Ounce	市两	司马两	克 Gram	格令 Grain	托拉 Tola	打兰 Dram	千克 Kilogram	日本两
1.2033	1.1976	1	37.4269	577.5847	3.2088	12.033	0.03743	9.9802
0.03215	0.032	0.02672	1	15.4323	0.08574	0.3125	0.001	0.26666
0.002083	0.002074	0.00173	0.0648	1	0.00556	0.02083	0.000648	0.01728
0.375	0.3732	0.31164	11.6637	180.00	1	3.75	0.01166	3.11021
0.1	0.09953	0.0831	3.11035	48.00	0.26667	1	0.00311035	0.8294
32.15	32.00	26.7183	1000.00	15432.10	85.73495	321.50	1	266.66
0.12057	0.1200	0.1002	3.750	5.7873	0.3215	1.2057	0.0035	1

【案例 1－2　　黄金报价换算】

由于国际市场上黄金报价单位与国内黄金市场报价单位不同，我们可以按照当时的汇率把国际市场金价折算成国内市场报价。

我们以中国香港和美国市场的报价为例：

1 司马两＝37.429 克，国内金价（元/克）＝香港金价（港元/司马两）×港元兑换人民币汇率/37.429。

1 盎司＝31.1035 克，国内金价（元/克）＝国际金价（美元/盎司）美元兑换人民币汇率/31.1035。

当国际市场金价为 1200 美元/盎司，美元兑换人民币汇率 6.772，国内金价为：1200 × 6.772/31.1035 ＝ 261.27 元/克。香港市场黄金报价为 11247.1 港元/司马两。

（5）日本黄金市场。日本是黄金需求大国，日本的期货市场最早起源于 1730 年日本大阪进行大米远期交易的“米相场”，1893 年，日本政府通过了《期货交易所法案》，确立了近代期货交易制度。经过近代 50 多年的发展，日本期货市场已形成了独具特色的监管体系和管理模式。自 1978 年后，日本开始真正实行黄金自由化，大量进口黄金用于投资领域。

日本东京黄金交易所成立于 1981 年 4 月，最初主要开展现货交易，1982 年上市交易期货。2004 年，黄金期权获准上市，东京黄金交易所是一个综合类有形场内交易市场，其交易规则和方式与世界各地黄金交易方式相同。品种齐全使日本的黄金期货市场更加活跃，它是日本政府正式批准的唯一黄金期货市场，为日本的黄金业者提供了一个透明和高效的交易平台。1984年，东京黄金交易所与东京橡胶交易所等合并为东京工业品交易所。1991年4月，东京工业品交易所将黄金市场原有的定盘交易方式改为与世界主要市场一样的动盘交易，同时引进电子屏幕交易系统，完全实现了电子操作、远程控制。交易所又在配备全新系统的基础上，采用全电子化连续交易技术。东京市场成为伦敦、纽约交易时间外的亚洲时段的重要交易市场。日本市场与欧美市场的不同之处在于，欧美的黄金市场以盎司/美元计价，而日本市场以日圆/克计。

①管理机构：经济产业省、农林水产省。

②监管规定：《证券交易法》、《金融期货交易法》和《商品期货交易所法》。

③相关组织：日本证券业协会、日本商品期货交易协会（日商协）、商品交易受托债务补偿基金协会等。

（6）其他黄金交易市场。

①新加坡黄金市场：成立于1969年的新加坡黄金市场是亚太地区的重要市场，印尼和马来西亚的很多黄金业务都是通过新加坡市场完成交易。新加坡进行的现货黄金交易有两个交货地点，一个是新加坡当地，另一个是伦敦。当地交易成色为9999，高于伦敦当地的9995。1978年11月，黄金市场经过改组后，新加坡黄金交易所成立，开办黄金期货业务，这也是当时亚太地区唯一的黄金期货市场。经过整合以后，新加坡成立了新加坡商品交易所（SICOM）。2010年4月8日，SICOM正式推出伦敦现货金的交易品种，其突出特点是将国际通行的100盎司的合约单位缩小到10盎司，大大方便了中小投资者对黄金的投资需求。

②迪拜黄金市场：中东最大的黄金市场，是阿联酋经济的重要来源之一。当地的黄金行业覆盖了国内大部分市场需求，每年约有50吨黄金被当地的黄金成品制造商所消费，小部分用来出口。迪拜有1000多个分布在传统贸易中心的商店和贸易公司从事黄金交易，世界许多交易所在迪拜都有分支机构。迪拜黄金场外OTC交易发达，是世界实物黄金的重要集散地之一，旅游黄金销售和向印度等国的黄金出口量约占世界黄金首饰消费的20%。

迪拜黄金和商品交易所（DGCX）于 2005 年 11 月 22 日开始交易，目前提供以美元计价的黄金期货合约为主。2006 年，迪拜黄金和商品交易所总交易量 247.49 吨，日均交易量约为 0.99 吨。

全球黄金市场结构见图 1－6。

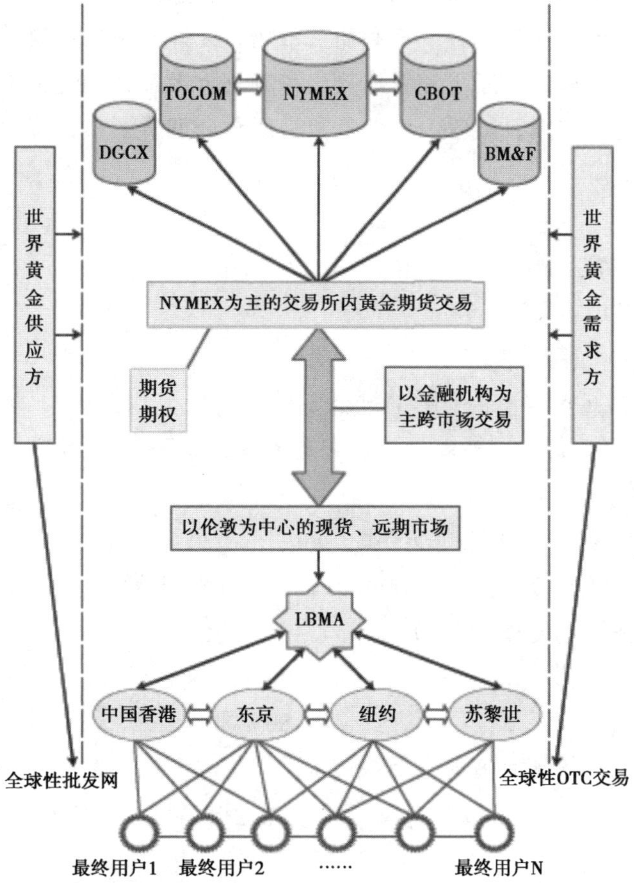

图 1－6　全球黄金市场结构

资料来源：上海期货交易所。

黄金之所以具有良好的投资价值，与其独特的自然属性是分不开的。黄金具有良好的物理和化学属性，储存时间长，应用领域广泛。在很长一段时间内，黄金还扮演过货币的角色，即使在黄金非货币化后，它在全球结算体系中仍然占据重要位置。黄金所具有的货币和金融属性决定了其价格变化受到全球政治、经济、文化等众多因素影响。在通货膨胀的情况下，黄金可以作为有效规避通货膨胀风险的金融工具，是资产组合的重要组成部分。

全球黄金市场是一个贯穿各大洲，24 小时连续运转的交易网络，伦敦和纽约分别是最重要的黄金现货和期货市场，此外，包括苏黎世、东京、悉尼、中国香港、迪拜、孟买和里约热内卢都是世界著名的黄金市场。中国黄金市场发展时间较短，随着上海期货交易所黄金期货上市，国内黄金市场发展进入的新的阶段。

自　测　题

一、单选题

1. 下列不属于黄金的自然属性的是(　　)。

A. 具有高反射率，外观悦目，具有独特的金属光泽

B. 延展性好，易于加工

C. 硬度很好，易于长期保存

D. 抗氧化能力强，便于长期保存，耐腐蚀性强

2. 24k 金的纯度为(　　)。

A. 100%　　B. 90%

C. 50%　　D. 80%

3. 下面关于黄金的描述不正确的是(　　)。

A. 黄金及其合金可以广泛运用于电接触材料、电阻材料、焊接材料、测温材料和厚膜浆料

B. 黄金具有极佳的抗变色性和抗化学腐蚀能力，可以用来制作假牙

C. 一克黄金可拉成 3.5 公里长、直径为 0.0043 毫米的细丝

D. 18K 金是由 85% 的黄金和 15% 的银、镍、锌组合而成

4. IMF 成员国于(　　)达成《牙买加协议》，主要内容包括：浮动汇率合法化和黄金非货币化。

A. 1976 年 1 月　　B. 1975 年 7 月

C. 1977 年 1 月　　D. 1974 年 7 月

5. 在布雷顿森林体系中，黄金的货币职能主要表现在(　　)。

A. 黄金与一篮子货币挂钩

B. 美元与黄金直接挂钩

C. 黄金与主要货币保持固定比价关系

D. 黄金是唯一可以跨国支付的支付手段

6. 非货币化后，黄金的金融属性仍然体现在(　　)等多个方面。

A. 国家储备　　B. 首饰

C. 化工材料　　D. 装饰材料

7. 2009 年以来，包括印度、俄罗斯等多个国家增持了黄金储备，截至 2010 年 6 月，按照世界黄金协会公布的数据，我国黄金储备在世界官方黄金储备中排第(　　)位，位于意大利和法国之后，瑞士和日本之前。

A. 5　　B. 6

C. 7　　D. 8

8. 由伦敦黄金协会每日伦敦时间上午 11 点在其官方网站 (www.lbma.org.uk) 公布的(　　)，为黄金远期交易提供了利率基准。

A. 黄金出借利率　　B. 伦敦银行同业拆放利率

C. 黄金租赁利率　　D. 黄金开盘价

9. 与其他大宗商品不同，国际黄金市场是一个跨越全球，连续 24 小时运转的市场，投资者可以 24 小时在世界各地的市场中不停交易。按照投资者的习惯，把全天的交易时间按照地域分为不同时段。以下不是投资者广泛认同的交易时段的是(　　)。

A. 亚洲交易时段　　B. 欧洲交易时段

C. 中东交易时段　　D. 美国交易时段

10. 下列两种价格长期保持着正相关关系的是(　　)。

A. 美元指数和黄金价格　　B. 原油和黄金价格

C. 美元指数和原油价格　　D. 黄金价格和微软股票价格

二、判断题

1. 黄金不是价值最高的金属。　　(　　)

2. 黄色系列的 K 金首饰（简称 K 黄），是黄金和银、锌的合金，按金的含量可以制成不同 K 数的 K 金系列首饰，主要有 22K、18K、14K、10K 和 8K。（　　）

3. 黄金在医疗上应用广泛，除直接作为入药配方外，还可广泛用于各种疾病的治疗。（　　）

4. 英国于 1917 年首先开始实行金本位制。金本位制下的黄金既可作为国内的支付手段，用于流通结算，又可以作为国际结算手段，自由地输出输入各国国境。（　　）

5. 国际黄金市场是一个连续 24 小时运转的市场，从交易时间上看，北京时间上午 7 点至下午 3 点大致是亚洲交易时段，下午 3 点到晚上 12 点半大致是欧洲交易时段，晚上 12 点半到次日凌晨 3 点大致是美国交易时段。（　　）

6. 由于美元具有国际清算货币的职能，在国际贸易中，大宗商品大多使用美元进行标价，美元汇率与大宗商品价格变化往往表现出长期负相关关系。（　　）

7. 2008 年 1 月 9 日，上海期货交易所上市黄金期货，标志着我国黄金市场的进一步完善，国内黄金市场的发展也步入了新的阶段。（　　）

8. 2007 年，我国黄金产量达到 282 吨，超越南非，成为世界第一大产金国。（　　）

9. 目前，上海黄金交易所和上海期货交易所的会员单位共同构成了中国黄金交易服务体系。（　　）

10. 中国香港的金银贸易场交易的黄金以美元/盎司报价。（　　）

三、填空题

1. 中国黄金期货正式挂牌交易日是在(　　)。

2. (　　)黄金市场历史悠久，也是世界上最大的黄金市场，其发展历史可追溯到 300 多年以前。

3. 瑞士的黄金交易是以(　　)为基础，以黄金实金投资为主的投资客户作为服务对象的独特的交易市场。

4. 根据纽约商业交易所的界定，它的期货交易目前被并入 CME 交易所。目前交易的品种有(　　)、(　　)、(　　)和(　　)。

5. 中国香港黄金市场主要由三个部分构成：在传统黄金市场基础上发展起来的(　　)，由伦敦苏黎世金商分支机构设立的(　　)以及设在中国香港商品交易所的(　　)。

6. 日本市场与欧美市场的不同之处在于，欧美的黄金市场以盎司/美元计价，而日本市场以(　　)计。

7. 2010 年 4 月 8 日，新加坡商品交易所（SICOM）正式推出伦敦现货金的交易品种，其突出特点是将国际通行的 100 盎司的合约单位缩小到(　　)盎司，大大方便了中小投资者对黄金的投资需求。

8. CRB 期货价格指数是世界范围内衡量商品期货价格变动的基准。经过 10 次修改后，现在的 CRB 指数涵盖了三大类大宗商品，包括(　　)个期货品种。

9. 作为货币的黄金具备了如下职能：(　　)、(　　)、(　　)、(　　)和(　　)。

10. 布雷顿森林体系确立了美元和黄金的核心货币地位。在这一体系中(　　)与(　　)挂钩，美国承担以官价兑换黄金的义务；各国货币与美元挂钩，美元处于中心地位，起世界货币的作用。

参考答案

一、单选题

1. C　2. A　3. D　4. A　5. B　6. A　7. B
8. A　9. C　10. C

二、判断题

1. 对　2. 错　3. 对　4. 对　5. 错　6. 对　7. 对
8. 对　9. 对　10. 错

三、填空题

1. 2008 年 1 月 9 日

2. 伦敦

3. 私人银行业务

4. 黄金期货、迷你期货、期权和基金

5. (中国) 香港金银贸易市场; 当地伦敦金市场; (中国) 香港黄金期货市场

6. 日圆/克

7. 10

8. 19

9. 流通手段; 价值尺度; 储备职能; 支付手段; 世界货币

10. 美元; 黄金

第二章 如何投资黄金

【本章要点】

通过阅读本章，可以了解目前国内外市场上有哪些黄金投资工具，熟悉不同黄金投资工具的特点及差异。投资者可以根据自身的资金和风险偏好等特点，选择适合自己的黄金投资工具，调整投资组合。

一、了解黄金投资

1. 黄金投资的目的是什么？

“盛世藏古董，乱世储黄金。”自古以来，黄金作为财富的象征，一直对投资者有着特殊的吸引力。太平盛世，人们通常会选择回报率高的市场进行投资，无论是股票市场还是房地产市场，无论是珠宝玉石还是古董字画都会吸引大量的资金，此时，由于黄金价格变动较为平稳，人们对避险的意识相对薄弱，黄金除了首饰需求外难以吸引投资者的关注，但是从未雨绸缪的角度出发，在我们的资产中配置一定量的黄金（这里主要指投资型金条）

对于我们防范意外风险意义重大。最典型的例子就发生在不久的过去。2008年，在全球经济遭遇金融海啸冲击，金融体系激烈动荡的情况下，大宗商品价格快速大幅下挫（见图2-1），多国货币汇率急速下跌，股市、债市和房地产市场一片萧瑟，而黄金因其稳定的表现从众多投资工具中脱颖而出，受到金融市场众多投资者的关注。尽管金价在危机爆发之初也受到了一定的冲击，但是黄金是最快从下跌中恢复的投资产品，而且在危机蔓延的2009年创下了历史新高。

图2-1　2008年金融海啸推动大宗商品价格大幅回落

数据处理：经易黄金研究中心。

黄金投资就是购买黄金首饰吗？

首先我们要解决一个问题：购买黄金首饰是黄金投资的一种方式吗？答案应该是否定的，购买黄金首饰是一种消费行为，而不是一种投资行为，我们可以看到投资与消费的明显区别：

（1）目的不同。消费的目的是为了满足生活需要或愉悦自身，特别是首饰消费，在购买黄金首饰的时候多数消费者是不考虑金价的高低的，比如一位准新郎要给自己的未婚妻买一个金手镯，他关注的主要是款式，价格是最次要的因素，而投资是以获利为目的的，其关注的焦点就是价格的变化。

（2）成本差异。当黄金加工成首饰出售时，其价格包括了从原料成本、加工费用、广告宣传、各项税费到商家的利润，所以我们才看到首饰金价比投资金条的价格高出几十块钱，比如目前6月期黄金期货的价格是265元/克，黄金首饰的价格却是305元/克，两者差价达到40元/克，首饰价格比期货价格高出15%，设想如果购买首饰是一种投资行为的话，我们按照305元/克买的黄金要等到什么时候才能赚钱啊！

（3）持有周期不同。以消费为目的的首饰购买行为完成以后，除非遇到特殊情况，这些金首饰是难以再进入市场流通的，我们经常会从老一辈手里继承一些有年头的首饰，尽管款式、做工已经过时了，但是没有哪个晚辈会将这些首饰卖了，而是继续保存好留给自己的后代；而当黄金投资达到获利目的后，投资者会毫不犹豫地将手中的金条卖出。2010年春节期间恰逢黄金处于高价区，很多在2009年低价投资买入黄金的投资者纷纷回购，将手中的金条变现就是最好的例子。

此外，即使所购买的黄金首饰有收益了，由于其回购时要经历相对复杂的检验环节，流动性也受到很大的限制。综上所述，我们得出的结论就是：购买黄金首饰不是黄金投资的一种形式，而是和买衣服一样是一种消费行为。

那么黄金投资就是购买投资金条吗？

我们的答案是：黄金投资有很多种方式，购买投资金条是其中的一种，而且是最基础的一种投资方式。黄金投资从基础到高级可以分为：实物黄金投资（购买金条或金币）、纸黄金、黄金账户和黄金ETF投资、黄金衍生品投资（黄金期货和期权）等。购买金条的优点在于投资者可以量力而为，不但达到投资收益的目的，还有配置资产防范风险的功效；其缺点是投资成本较高，比如，市场上多数投资型金条的手续费都是8~10元/克，回购时还要再加3元/克，这样合计成本就是11~13元/克，如果按照265元/克计算，投资成本就是4%~5%，这个比例相当高了。为了抵消投资成本带来的负效应，金条投资适合较长时间持有。

2. 黄金在个人资产配置中发挥怎样的作用？

凯恩斯曾经说过：黄金作为最后的卫兵和紧急需要时的储备金，还没有任何其他的东西可以取代它。凯恩斯的这句话是从国家金融安全的角度出发说出来的，其实黄金在个人资产配置中同样发挥着重要作用。我国历史战乱纷纷、朝代更替频繁，藏金因具有抵御战争和政治巨变等风险的特殊优势而成为我国民众世代相承的个人财富储藏方式。20 世纪 80 年代和 90 年代足金首饰的热销，21 世纪之初各种金条的热卖，直至当今各类黄金投资产品所受到的高度关注，都反映出黄金在个人资产配置中占有的重要地位。

黄金专家罗伊贾斯兰特曾经分析过四个世纪的黄金购买力，得出了“20 世纪中叶的黄金购买力和 17 世纪差不多”的结论。他还发现，“在一个长期时间里，黄金始终会保持它恒定的购买力水平，每半个世纪，商品价格就会回复到恒常数量的黄金价值上去而不是黄金价值按商品的价格波动而波动”。不论政治动乱还是经济动荡，都不能使黄金的价值贬为零。作为一种实物资产，黄金具有其内在价值，无论经历怎样的社会变迁和岁月流逝，黄金的价值长存，具有长期内在价值。

在人类历史上，黄金一直都是保护资产安全的避风港，无论是信用货币体系的动荡甚至崩溃，还是自然灾害和战争，黄金都是资产组合中不可或缺的部分。之所以只有黄金能发挥如此的效用，其根源在于黄金具有的内在价值稳定性，与其他资产相比具有更加普遍的认同性、变现能力强等明显的区别，无论是股票、债权还是房地产等资产，或多或少带有区域性，以信用为基础，只有在流动性好的时候才有较好的变现能力，但是一旦所处市场动荡，这些资产的价值会迅速蒸发，陷入流动性枯竭的困境，最典型的例子就是雷曼兄弟公司的倒闭，那些建立在信用基础上的衍生品一夜间变得一钱不值，而黄金与这些资产有着相反的投资属性，这些属性可以对冲投资组合中其他资产价格波动所带来的风险。

20 世纪 30 年代美国经济大萧条期间，美元贬值，金价上涨，投资者通过持有黄金保护自身的资产安全。进入 21 世纪，黄金依然是资产配置中的重要组成部分，可以为投资者实现资产保值，规避市场风险。图 2 - 2 是 2008 年 1 月 ~ 2009 年 6 月之间主要大宗商品和黄金的价格走势。2008 年上半年，全球范围内的通货膨胀导致大宗商品价格快速上涨，突破历史高点，通胀压力剧增，而 2008 年末，金融风暴席卷全球，包括房地产、股市、商品价格以及多国货币的汇率出现大幅快速下跌，短期内市场风险急速放大。在这段时间内，黄金价格始终保持平稳，其长期上行的趋势得到保持，作为资产组合中的一部分，黄金无论是在前半段通货膨胀时期还是在随后金融风暴爆发后都表现出良好的稳定性，其规避风险、资产保值的特征得到了充分的体现。

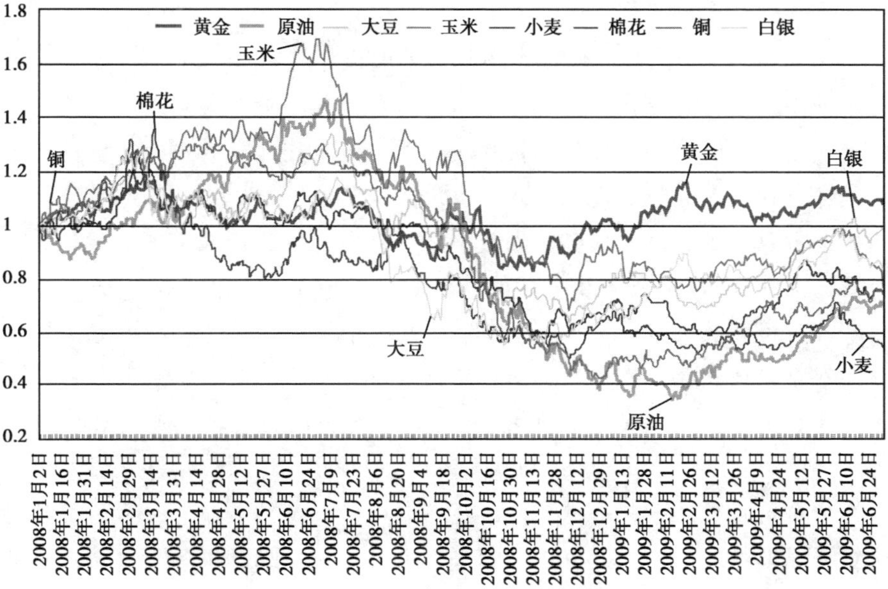

图 2－2　2008 年 1 月～2009 年 6 月之间主要大宗商品和黄金的价格走势

数据处理：经易黄金研究中心。

2008 年金融危机爆发后，黄金的投资价值不仅得到了个人和机构投资者的认同，也得到了各国政府的重视。包括中国、俄罗斯等多个新兴市场国家和经济体的央行都在危机爆发后增持了黄金储备。投资者对黄金投资价值的高度认可使得黄金投资需求自 2007 年以来保持了持续增长，全球最大的黄金 ETF——SPDR Gold Trust GLD 持金量屡创历史新高。金融系统的不稳定和信用货币体系的动荡使得黄金降低投资组合突变性风险的作用得到了进一步凸显。

目前，我们个人的资产同质性较高，多数以股票（含基金）、房产、保险和现金为主，这些资产在相同因素的影响下会导致资产价值出现大幅波动，而我们都希望自己的资产能处于较为安全的状态，此时黄金就发挥了关键的制衡作用，所以，我们应该在自己的资产中持有一定量的黄金，对于提高资产质量和抗风险能力意义重大。

资料链接：雷曼兄弟公司破产

2008 年 9 月 15 日，美国第四大投资银行雷曼兄弟公司宣布破产。继贝尔斯登之后，雷曼兄弟成为华尔街第二家陷入绝境的百年老号。这家拥有 158 年历史的公司在次贷危机中损失惨重。当天纽约股市遭遇恐慌性抛售，道琼斯指数重挫超过 500 点，标准普尔指数下跌近 5%，创“9·11”恐怖袭击以来最大单日跌幅。在破产前，雷曼兄弟公司在美国抵押贷款债券业务上连续 40 年独占鳌头。但在次贷危机冲击下，公司持有的巨量与住房抵押贷款相关的“毒药资产”在短时间内价值暴跌，将公司活活压垮。在申请破产前，公司资产估计已经较 2007 年初高点下跌近 95%。雷曼兄弟公司破产“创造了历史”，成为美国有史以来规模最大的破产申请案例。

华尔街巨擘之一——雷曼兄弟公司的破产以及随后席卷全球的金融海啸对全球经济产生巨大打击。去杠杆化进程导致全球股市和大宗商品市场快速暴跌，全球汇市也出现剧烈动荡。就在雷曼兄弟公司宣布破产后的周一，欧洲股市跌幅超过 3%，新兴市场的股市跌幅超过 4%，金融市场的动荡导致投资者对信用货币体系的担忧情绪高涨，也推升了黄金的避险投资需求。2009 年以后，黄金的投资需求增长迅速，成为黄金供需格局中变化最大的因素。

二、黄金现货投资

1. 黄金现货投资都有哪些方式？

黄金现货投资是投资者通过买入和卖出实物黄金获得预期收益的一种投资方式，投资对象主要包括金币、金条等。

（1）金条（块）投资。金条（块）都具有一定的成色和质量，一般呈条状或块状。具体来讲它又可分为标准金和小金条两类。

①标准金。标准金是由上海黄金交易所认定的，由黄金精炼企业提供的

符合交易所规定交割标准（成色、规格、形状、币重等）的金条。标准金是出现较早的黄金投资品种之一，产生于18世纪的欧洲。由于当时人们对黄金交易中既要报成色、规格，又要报价格、重量的交易方式不满，特别是成交后投资者还要经历检验重量、鉴定成色等繁琐复杂的交易的环节，标准金成为市场上应运而生的投资品种。

标准金是各交易所的法定交割物，因此在不同的时代、不同的国家，甚至不同的交易所认定的标准金都各有不同。比如，如伦敦、美国、苏黎世等市场上的标准金成色为99.5%，中国香港现货市场上的标准金成色为99%，上海黄金市场上的标准金成色分别为99.99%和99.95%。标准金的规格较多，国际市场上比较常见的有400盎司、100盎司、10盎司、2盎司、1盎司、1/2盎司和1/4盎司等；还有12.5千克、1千克、500克、250克、100克、50克、20克、10克、5克、2.5克、1克等规格。目前上海黄金交易所认定的标准金为一号金（9999）、二号金（9995）两种，规格分别有1千克、3千克、12.5千克等几种（见图2－3）。

图2－3　实物投资金条示例

资料提供：经易金业投资有限公司。

尽管世界各国黄金市场上的标准金规格不尽相同，但所有国家和地区的标准金都是由市场已经认同或者指定的精炼厂来浇铸生产的，标准金上还会标明厂名、重量、成色及编号，因此投资者在投资金条时不用担心其成色及分量，根据其标识即可放心选择。

②小金条。小金条又称小黄鱼，一般成色为99.99%。目前市场上销售的小金条有许多种，规格有10克、20克、30克、50克、100克、200克、500克等，品牌繁多。

在标准金条诞生后，投资金条的投资者可以省去繁琐的检验称重环节，此外，投资金条的附加支出不高，如佣金等，流动变现性也非常好，全球基本上都可以很方便的买卖进出，报价也很方便。很多地区对于投资金条还不征收交易税。

实物黄金投资除了前面我们说过的成本较高以外，还应该特别注意存储金条的安全性，金条是不记名的，一旦遗失很难找回，所以要特别注意对实物金条的保管。另外，实物黄金投资没有杠杆作用，属于全额资金投资，由于黄金属于高价值商品，实物黄金投资会占用投资者较多的现金所以更适用于闲散资金较多、有实力的投资者。

（2）金币投资

金币是黄金铸币的简称，可分为广义和狭义两种。广义的金币是泛指所有在商品流通中专作货币使用的黄金铸件，如饼、金锭、金元宝等。狭义的金币是指经过国家证明，以黄金作为货币的基材，按规定的成色和重量，铸成一定规格和形状，并标明其面值的铸金币。

金币应具有成色、币重、形状规格和面值这四大要素。目前，在黄金市场上参与交易的金币主要分四大类：纯金币、流通金币、纪念金币、贸易金币。

①纯金币。纯金币是世界各国的中央政府或银行为满足一般投资者希望拥有钱币状黄金作为黄金储藏的需求，而发行的具有一定币重、成色和面值，并铸成一定形状的铸金货币。

纯金币投资与金条投资一样，都是良好而且安全的投资保值方式。与一般的标准金买卖稍有不同，与等量标准金的价格相比，纯金币的价格总是要略微高一些。人们将纯金币价格与等量黄金价格之间存在的这种差额称为“额外价格”，也可称为“溢价”。这种所谓的额外价格，实质上是由于纯金币的浇铸加工要比市场上买卖的标准金精致，花费了额外的加工包装费用造成的，这部分多出来的加工包装费用就以额外价格的方式体现出来。

纯金币一般都带有面值，如加拿大的枫叶金币，上面就有50加元的面值，中国的熊猫金币也是如此（见图2－4）。当然，目前市场中也有一些金币不带面值，但是目前世界各国的黄金铸造币都已经退出流通领域，并且各国的法律都明确规定纸币已然代替黄金进入流通市场，因此从这角度看，这些不带面值的金币只能称为金块或黄金纪念章，只有带面值的黄金铸造币才具有法定货币的职能，才是真正意义上的金币。

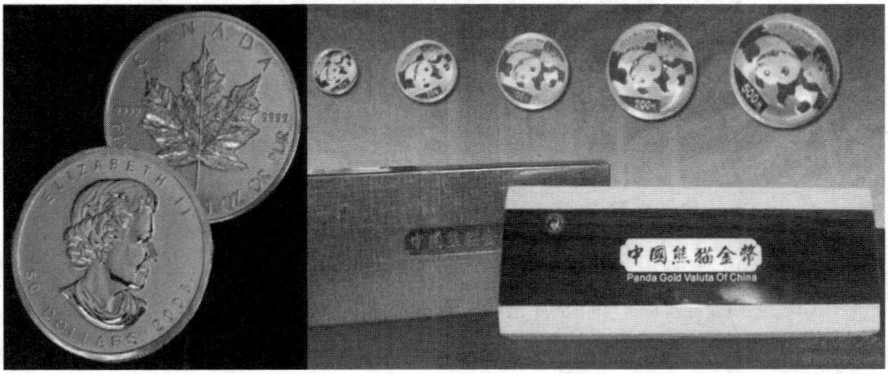

图2－4　加拿大枫叶金币和中国熊猫金币

纯金币的价格并不是按照金币上的面值大小来定价的，绝大多数的纯金币都要按照其自身的黄金成色和币重折算成当时当地的即时黄金价，再加上金币的额外溢价，然后才能得出金币的实际价格。

②流通金币。流通金币是一些国家专为流通目的而发行的金币。在历史上，几乎每一个文明古国，在其货币演变发展过程中，都有过铸造发行并使用黄金、白银等贵金属作为铸币材料的货币史，并且币值就是以金、银等贵金属的质量单位来表示和衡量的。甚至到了目前，即便贵金属已经退出流通领域，但其纸币的货币名称仍使用原来的货币单位，如英国的货币英镑（见图2－5），原来就是一磅重的白银，后来才发展演变成为货币币值单位及货币名称。

③纪念金币。纪念金币是世界各国的中央政府或银行，为了某一纪念题材而限量发行的，具有一定的币重、成色和面值，并铸造成一定形状的铸金货币。比如2008年的北京奥运会，中国人民银行发行过一套贵金属纪念币。该纪念币有8枚金银币，其中2枚1/3盎司的圆形金质纪念币，面额150

图 2-5 面值为 5 英镑的英国金币

元；4 枚 1 盎司圆形银质纪念币，面额 10 元；1 枚 5 盎司圆形金质纪念币，面额 2000 元和 1 枚 1 千克圆形银质纪念币，面额 300 元。

纪念金币是具有相应纪念意义的铸金币，因此其价格构成除了纯金币的各项价格要素之外，主要还由以下四种因素决定：

稀有程度——稀有程度即社会现有存量，社会存量与当初的发行数量和发行年代有关，社会现存量越少越值钱。

铸造年代——铸造年代越久远越值钱。

工艺造型——纪念金币的题材、设计造型、浇铸工艺也影响其价格。

金币品相——金币自身的品相越好越完整就越值钱。

也就是说，纪念币的价格不能以衡量纯金币的方法来计算。例如，1979 年发行的中华人民共和国成立 30 周年纪念金币（见图 2-6），其面值为 400 元人民币，成色为 91.6%，重量为 1/2 盎司，发行量为 7 万枚。即便是按照黄金的历史最高价 1033 美元/盎司计算，其实际价值也不超过 3500 元人民币，一套 4 枚的总价值最高也就 1.4 万元人民币左右，但其在集币市场上每套的报价曾达到过 2 万元人民币，这个价格实际上已经远远超出了当时 2 盎司黄金的实际价值。

④贸易金币。贸易金币是指专门用于国际贸易支付手段的金币（又称硬通货），它起源于欧洲中世纪的威尼斯。贸易金币可以有面值和币重，但还是比较强调它的实际贵金属含量。退出贸易领域的金币根据品相、年代的

图 2-6 中华人民共和国成立 30 周年纪念金币

不同，其价格也会千差万别，有时差异甚至会相当的悬殊。

在各类金币中，纯金币和金条的投资有些类似，都是比较好且较安全的投资保值方式。对于投资纯金币的投资者来说，在购买前要注意金币上是否有面值，一般情况下，有面值的纯金币比没有面值的价值要高。金币的规格分布较宽，重量和大小不一，这就给了投资者选择的余地，即便可用资金量不多，投资者仍可以选择重量和规格偏小的金币。

金币和金条一样，变现性和流通性都比较好，不存在兑现难的问题。黄金纪念币虽然也是以黄金为原料加工制造而成的，但由于其选料的严格、工艺设计水准较高，发行量也偏小，使得黄金纪念币比纯金币具有更多的投资价值。纪念币发行量不大，投资价值很高，因此一般在发行时会非常火爆，一旦投资者在此时买入很可能损失惨重。投资纪念币的投资者应熟悉收藏品市场，对纪念币的价格能有理性的分析和预估能力。

（3）交易所上市的黄金现货产品投资。目前，上海黄金交易所上市的黄金投资产品包括：Au99.95、Au99.99、Au100g、Au50g、Au（T+5）、Au（T+D）、Au（T+N1）、Au（T+N2）。其中，现货实盘黄金产品包括：Au99.95、Au99.99、Au100g 和 Au50g，Au99.95 的黄金纯度不低于 99.95%，标准重量为 3 千克，Au99.99 的黄金纯度不低于 99.99%，标准重量为 1 千克，Au100g 和 Au50g 的黄金纯度为 99.99%，Au100g 的标准重量为 100 克，Au50g 的标准重量为 50 克，Au（T+5）、Au（T+D）、Au（T

+N1）和 Au（T+N2）属于远期递延产品。现货实盘黄金是全额交易的方式，个人或机构交易必须通过交易所会员代理，要先开立上海黄金交易所账户才能交易（见图 2-7）。

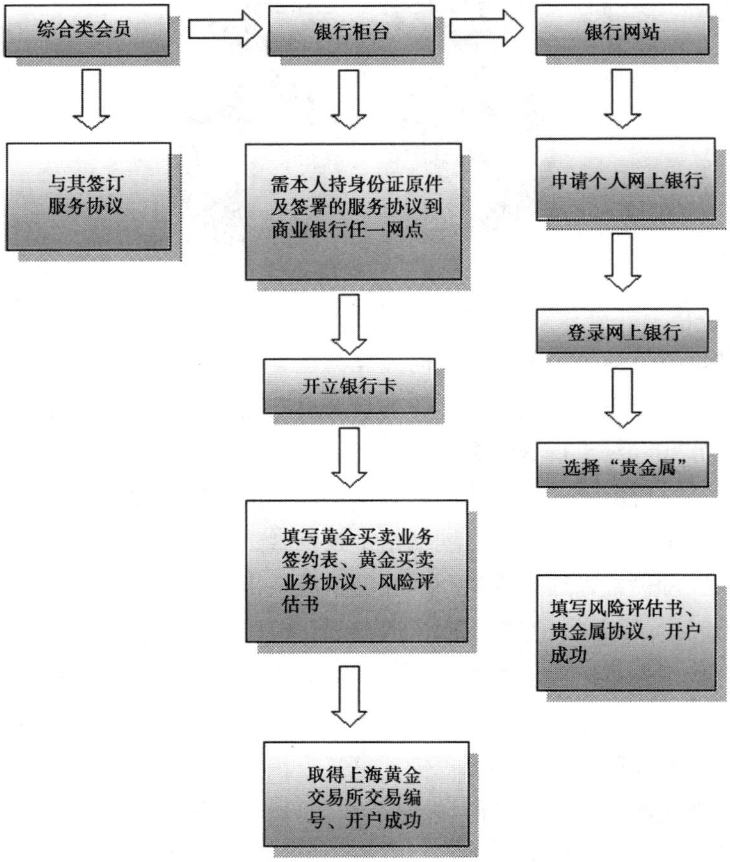

图 2-7 开户流程

【案例 2-1 上海黄金交易所实盘黄金开户流程（见图 2-8）】

机构客户除了可通过商业银行代理外，还可通过综合类会员代理。无论是个人投资者还是机构投资者，在下单买入前必须根据交易所实时金价将足额资金存入其上海黄金交易所账户，下单卖出前期上海黄金交易所账户必须

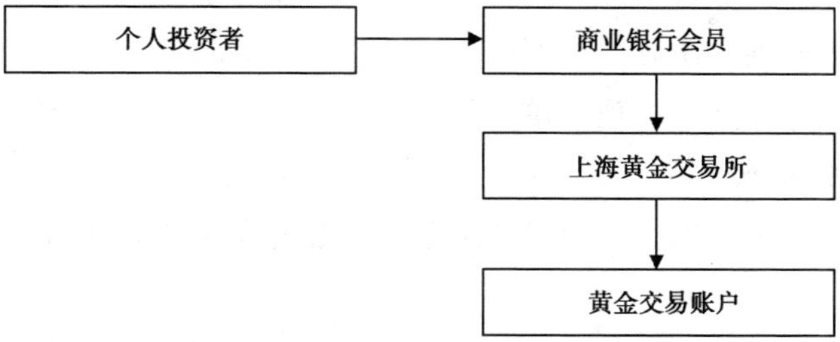

图 2-8　上海黄金交易所实盘黄金开户流程

资料来源：上海黄金交易所。

有全部黄金现货，并且在交易所进行了登记托管。在投资者按照“价格优先，时间优先”竞价撮合成交后，实行 T+0 的清算速度办理资金清算。黄金过户时，买方按照规定时间到指定仓库提取实物黄金。

除现货实盘黄金外，延期交收的交易品种有 Au（T+D）、Au（T+5）、Au（T+N1）、Au（T+N2）。会员和客户在参加 Au（T+D）交易时，可以选择合约交易日当天交割，也可以延期到下一个交易日进行交割。Au（T+D）交易采用延期补偿费机制来平抑供求矛盾。Au（T+N）与 Au（T+D）相比，不同之处在于其延期费的支付时间和延期费率。在延期费支付时间上，采用每日支付延期补偿费的方式，而 Au（T+N）采用两个月定期集中支付延期费的方式，根据支付日的单、双数月份分为和 Au（T+N2）两个品种。其中，Au（T+N1）的延期费支付日为单数月份的最后交易日，Au（T+N2）的延期费支付日为双数月份的最后交易日。按照目前黄金交易所的交易规则，Au（T+D）的延期费率为每日 0.02%，Au（T+N）的延期费率暂定为每两个月 1%，并在相对应的月末进行集中支付，这就意味着在延期费支付日之前的持仓无需支付延期补偿费。

【案例 2-2　　黄金（T+D）投资】

由于 2010 年黄金价格的不断攀升，投资者小廖非常看好黄金市场，在众多的黄金产品中，他选择了上海黄金交易所贵金属延期交易业务，选择了黄金延期产品 Au（T+D）。（在上海黄金交易所贵金属延期交易业务中，客户可以选择合约交易日当天交割，也可以延期交割，交易所通过引入延期补偿费机制来平抑供求矛盾。）

贵金属延期交易业务现在由上海黄金交易所的金融类会员（商业银行）提供开户服务和交易结算平台等，由综合类会员提供资讯、分析软件等服务。小廖选择了一家综合类会员作为为自己服务的机构，具体开户流程见图2-8：

开户后，小廖存入账号20万元，并于2010年5月25日以262元的价格买开仓Au（T+D）2手，合约金额524000元，保证金104800元（20%保证金）。小廖于2010年6月5日以272元的价格卖平仓Au（T+D）2手，获利20000元，账号利润率10%，保证金利润率19%。

资料来源：经易金业有限责任公司（上海黄金交易所综合类会员）。

三、纸黄金投资

1. 纸黄金是黄金吗?

纸黄金又叫黄金账户，是指投资者在买卖黄金时并不提取交割黄金实物，而采用记账卡或存折等形式，在特设的黄金账户内记录黄金的交易与数量，在与之配套的资金账户里记录资金的交易方向与数量的黄金投资工具。一般来说，“纸黄金”较为适合黄金投资的入门者，因为“纸黄金”投资的起始门槛较低，如商业银行自有品牌的“纸黄金”业务，最低10克就可以进行投资，投资所需的初始成本相对较低。

作为投资者，我们应该非常明确，投资纸黄金的目的是在于获取差价利润，纸黄金（特别是不设定提取实物黄金的产品）不能给投资者带来资产配置的优势，这是与实物黄金的显著区别，因为纸黄金不涉及实物的交割，也就是说黄金实物只在售出黄金的银行或者企业手中，在投资过程中不需要进行验收、转移、保险等操作，在很大程度降低了投资成本，所以纸黄金的交易成本要远低于实物黄金。国际上纸黄金的种类大致有两类，一类是可以提取黄金的，像伦敦本地金账户，所有者可以账户记录提取LBMA认证的各种实物黄金，但大多数纸黄金都对此提出了相当严格的限制性条件。比如，加收一定的手续费、收税等，甚至干脆规定不许兑现黄金，只用做买卖。中国国内银行推出的纸黄金都不允许兑现黄金实物，只允许账户操作。

纸黄金是较为大众化的黄金投资工具，它和股票一样，属于单向获利产品，对于投资者来说，只有在金价上涨的过程中才可以通过低吸高抛的方式来获利。进入21世纪以来，黄金一直保持着良好的上升势头，如果长期持有纸黄金可以给投资者带来不菲的收益，但是不少投资者也遭遇过由于时机选择不当导致投资亏损的不利局面，可见任何一个黄金投资产品都是有风险的，我们在投资的过程中应该时刻保持警惕。

延伸阅读的关键词：纸黄金。

2. 国内现有的纸黄金产品主要包括哪些？

目前，国内“纸黄金”产品主要是商业银行自有品牌的“纸黄金”，较为典型的代表有中国银行的“黄金宝”、工商银行的“金行家”和建设银行的“龙鼎金”账户金。开设这些“纸黄金”业务，一般不需要开户费，直接到银行柜台开通账户功能，就可以通过网上银行、电话银行等渠道进行交易。商业银行自有品牌“纸黄金”是以点差的方式来收取的，单边点差为0.4元/克左右。

2008年，国内多家商业银行又推出了代理实物黄金的账户金业务，投资者可通过银行代理上海黄金交易所的账面“实物黄金”系统投资黄金。包括工商银行、兴业银行、招商银行、民生银行、华夏银行、深发展银行、光大银行等都与黄金交易所建立合作，为投资者提供账面“实物黄金”交易。进行账面“实物黄金”投资，需要到代理银行开设专用的黄金账户，在进行交易的过程中，最低交易量为100克，高于商业银行自有品牌“纸黄金”产品。交易的手续费按照交易金额的固定比例来收取，根据客户级别和交易量规模的不同，手续费率大约为交易金额的0.08%～0.21%。严格意义上讲，国内的账户金业务不属于纸黄金业务，而应该属于银行代理的账户金产品，其投资对象是上海黄金交易所的实物黄金。

3. 纸黄金交易与实物黄金交易有什么区别？

纸黄金交易的是记账式黄金，投资后无需考虑黄金的储存成本，交易成本较低，在卖出黄金进行变现时，也不需要进行检验手续。整个交易过程采用记账方式，交易便捷方便。

纸黄金与国际金价挂钩，采取24小时不间断交易模式。国内夜晚，正好对应着欧美的白日，即黄金价格波动最大之时，投资者在交易时间的选择上比实物黄金投资更具灵活性。

纸黄金提供了美元金和人民币金两种交易模式，为外币和人民币的理财都提供了相应的机会。同时，纸黄金采用T+0的交割方式，当时购买，当时到账，便于做日内交易，比国内股票市场多了更多的短线操作机会。

【案例2-3　纸黄金交易】

某家商业银行的纸黄金产品单边的交易点差为0.4元/克。如国际市场黄金报价为200元/克，那么该产品的即时报价就为：投资者买入价为200.4元/克，卖出价为199.6元/克，投资者可以通过在该银行开设的纸黄金账户进行投资，以200.4元/克买入500克黄金。当国际市场金价上涨到210元/克时，该产品的即时报价为：投资者买入价210.4元/克，卖出价209.6元/克。投资者此时将账户中的500克黄金卖出，其收益为（209.6-200.4）元/克×500克=4600元。

四、黄金ETF

1. 黄金ETF是什么样的投资产品？

黄金ETF（Exchange Traded Fund）是黄金投资产品中流动性较高的一种，投资方式类似投资者所熟悉的股票ETF，因其操作简单便捷、市场流动性好，在全球范围内受到广大投资者的热爱，成为近年来黄金投资需求中增长最为迅速的一部分。根据世界黄金协会公布的2008年第一季度供需报告，截至2008年3月底，全球黄金ETF总持有量达到了943吨，其中全球最大的黄金 ETF——SPDR 黄金信托的黄金持有量达到了 642 吨。截至 2010 年 6 月，其黄金持有量已经达到 1268 吨，超过了我国的黄金储备。

目前我国还没有推出黄金 ETF 产品，但证券市场上已经推出了很多股票 ETF 产品。ETF 是 Exchange Traded Fund 的英文缩写，中文名称为“交易型开放式指数基金”，又称交易所交易基金，是一种在交易所上市交易的开放式证券投资基金产品，交易手续与股票完全相同，实际上投资者可以理解为“股票化的指数投资产品”。以目前国内投资者最为熟悉的上证 50ETF 为例，该基金集合了封闭式基金和开放式基金的优点，投资者既可以向基金管理公司申购或赎回基金份额，又可以在证券市场上自由买卖，投资者可以通过购买该 ETF 来实现对上证指数的买卖投资，基金的涨跌及幅度完全与上证综合指数一致。

与股票 ETF 不同，黄金 ETF 是一种以黄金为基础资产，追踪现货黄金价格波动的金融衍生产品。黄金 ETF 也可以在证券市场上交易，但它与股票 ETF 跟随追踪的品种不一样，股票 ETF 追踪的是一篮子股票组合的价格波动，而黄金 ETF 追踪的是现货黄金的价格波动。此外，因为黄金价格较高，黄金 ETF 通常都是以 1/10 盎司为一份基金单位，每份基金单位的净资产价格就是 1/10 盎司现货黄金价格减去应计的管理费用。它在证券市场的交易价格或二级市场上价格以每股净资产价格为基准。

根据规则，黄金 ETF 应在现货市场配置与其基金份额同比例的现货黄金，因此当市场需求越大时，黄金 ETF 配置的现货黄金也就越多，也增加了黄金现货需求，从而推动了金价上涨；同样的道理，如果基金遭遇大量赎回，ETF 则不得不在现货市场出售其赎回份额的黄金，从而增大了市场供给，最终拖累金价的下跌。

随着市场的不断发展，黄金 ETF 在短短几年内已经发展成为影响国际黄金市场的重要力量，比如在 2007 年 4 月，SPDR 出现过比较集中的赎回（见图 2-9），当时赎回量为 40 吨，这对当时金价的暴跌起了很重要的推动作用。因此我们可以想象，如果目前几个大型的黄金基金遭遇更大规模的集中的赎回，而基金再将这些抛压转移到国际黄金市场中去，那么对金价的打压作用将是相当大的，而随着金价的不断下移，基金可能面临进一步的赎回压力，从而造成恶性循环，金价则可能出现螺旋式下跌。目前，由于大型黄金 ETF 的持金量已经超过了很多国家的黄金储备，因此，黄金 ETF 对市场的影响越来越大，已经逐渐与央行售金活动相提并论了。

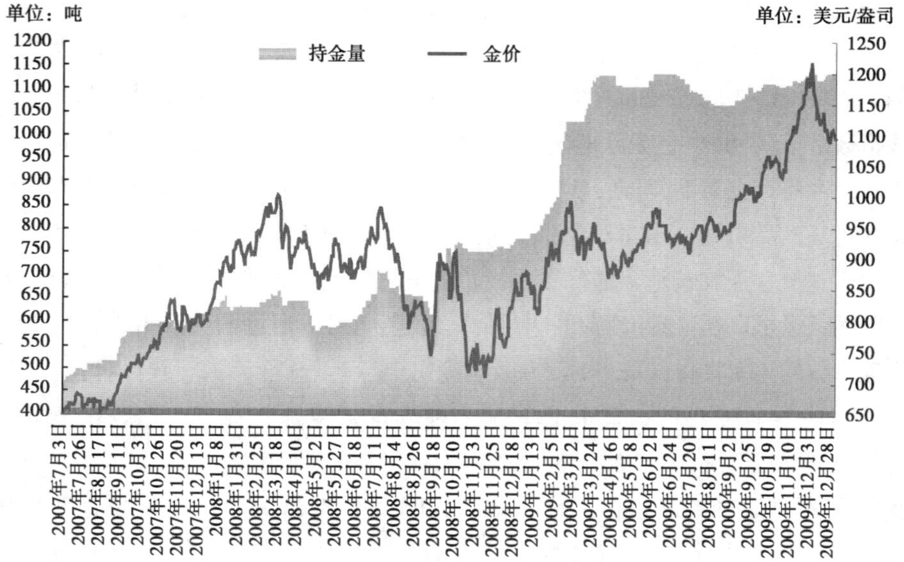

图 2－9　SPDR 持金量及黄金价格变动图

数据来源：SPDR。

数据处理：经易黄金研究中心。

2. 买黄金 ETF 也可以像买基金一样简单吗？

随着市场份额的扩大，黄金 ETF 在全球的投资热潮中迅速升温，并逐渐成为投资黄金的重要方式，其之所以能够得到诸多投资者追捧，除了近年来金价持续高涨的因素外，更主要是黄金 ETF 在操作上非常简单方便。作为投资工具，其投资优势非常明显。

（1）交易流程简单便捷。黄金 ETF 基金都在证券交易所上市，如 SPDR 在纽约证券交易所上市，Gold Bullion Securities（GBS）在伦敦证券交易所和泛欧交易所上市，Gold Bullion Securities（GOLD）在澳大利亚证交所上市，投资者可像买卖股票一样方便地交易黄金 ETF，从而投资黄金市场。

（2）存储安全。投资者购买了基金份额就等于持有了黄金现货。这些黄金通常以伦敦金银协会可交割金条为标准交割物储存在基金保管人的金库中，因此安全性极高。

（3）交易成本低。投资者购买黄金 ETF 可免去黄金的保管费、储藏费和保险费等费用，只需交纳约 0.40% 的管理费用，与现货黄金投资及买卖纸黄金 2% ~3% 的费率相比，投资黄金 ETF 的总体成本具有明显的优势。

（4）流动性强。黄金 ETF 存在一级和二级市场，同时有市场代理或做市商活跃市场交易，加之黄金 ETF 市场存量巨大，交易的流动性能够得到很大的保障。

（5）交易手段灵活。在主要黄金 ETF 交易中可依需要设置市价单、限价单和止损单，此外，如 SPDR 等基金还可以卖空并提供保证金交易选择，交易手段十分灵活，很适合投资者进行中短线投资。

3. 全球黄金 ETF 市场是怎么发展起来的?

世界上第一只黄金 ETF 基金是 2003 年在澳大利亚的悉尼上市的。从此以后，全球投资者的目光开始投向黄金 ETF。但是，首只黄金 ETF 本身就带有实验品的特征，其影响力相对有限，因此该 ETF 的历史价值更大于其实用价值。

进入 2004 年，黄金 ETF 才真正迎来了大发展，全球市场上有 3 只黄金 ETF 相继设立，并成就了目前黄金 ETF 市场的巨无霸——SPDR 基金（纽约证券交易所代码 GLD，原称为 Street Tracks gold Trust）。该基金的发起商是世界黄金信托服务机构（World Gold Trust Services，LLC），于 2004 年 11 月 18 日开始在纽约证券交易所（NYSE）交易，其交易量迅速攀升，截至 2009 年 8 月的数据，该 ETF 的持仓量已经超过 1000 吨。

自 2004 年后，黄金 ETF 产品在全球引发了认购热潮，华尔街的分析师甚至认为这种热潮直接促进了 2004 年后期黄金价格的牛市。除了美国市场外，全球其他的黄金 ETF 同样表现不俗，特别是由世界黄金协会支持的另外 3 只黄金 ETF。在伦敦股票交易所和欧元交易所上市的 Lyxor Gold Bullion Securities，南非约翰内斯堡证券交易所上市的 New Gold Debentrues 都得到了蓬勃发展，而随后瑞士证券交易所、伊斯坦布尔证券交易所也不甘示弱，分别推出自己的黄金 ETF。近年来，黄金 ETF 开始进入亚洲。2007 年 3 月，印度发行了 Benchmark Gold ETF，在印度国家证券交易所发行后便得到了投资者的热捧。2008 年夏季，黄金 ETF 开始登陆中国香港联合交易所，这为未来中国内地发行黄金 ETF 打开了想象空间。

资料链接：

据报道，国际黄金巨头——南非金田公司（Gold Fields）首席执行官 Ian Cockerill 在最近出版的《南非商业报告》（South Africa's Business Report）中指出，国际黄金交易基金 gold exchange traded funds 自从诞生以来，对国际金价的推动明显，贡献达到 50～100 美元/盎司。他在约翰内斯堡一次报告上称，黄金 ETF 对全球黄金需求增加推动明显，截至目前，至少带动超过 560 吨的黄金需求。来自 KITCO 分析师 Jon Nadler 则认为，黄金 ETF 诞生以来对国际金价上涨贡献达到 50～100 美元/盎司。

延伸阅读的关键词：黄金 ETF、SPDR

五、黄金期货和期权

1. 黄金期货是怎样引导现货定价的？

（1）黄金期货市场采用公开、公平、公正的交易原则，由于其参与者众多，流动性强，集中竞价等特点，使得期货价格具有很高的透明度，在任一时点上来自不同渠道的各类信息都能够通过报价体现出来，因此，黄金期货价格能够更客观地体现出市场对未来现货价格走势的预期。随着黄金期货交易规模的扩大，黄金价格的定价权已经从现货市场转移到期货市场，实物黄金贸易往往以期货价格作为定价基础，期货远期合约价格对现货价格未来走势具有引导作用。

（2）黄金期货价格是现货企业进行生产和销售的重要参考，能够通过影响未来现货市场的供需引导现货价格走势。黄金生产企业或者用金企业可以根据自身的采购和销售计划，在期货市场上建立虚拟库存，销售未来的产量，通过黄金期货套期保值交易，用少量的资金锁定期货合约换取存货，降低购买原材料所占用的资金，从而大大降低企业的库存成本。不仅如此，在黄金价格大幅波动的情况下，加工企业还可以通过在期货市场对库存进行套期保值的滚动交易，摊销库存成本，避免价格大幅下跌过程中出现的高库存现象。金矿企业可以根据期货市场提供的关于下一周期的市场供求状况和价格变化趋势的预测，决定下一生产周期的生产规模和产品结构，通过提前与及时调整增加或减少市场供给量，使市场供求基本平衡，从而有效地抑制市场供求失衡和价格的非正常波动。

（3）黄金期货实行到期实物交割制度，在期货合约到期后要以符合交易所要求的实物黄金进行交割，从制度上保证了期货价格将最终收敛于现货价格。期、现价格在期货合约到期时的拟合客观上决定了期货对现货定价的引导作用。

2. 为什么说黄金期权是更高级的投资方式？

与黄金期货相比，黄金期权是一种交易方式更为灵活多样的投资工具。黄金期权交易的是一种权利，投资者买入期权后，将有权利选择在未来某一特定时间是否以特定价格买入或者卖出一定数量的黄金期货合约，获得这种权利的成本是买入期权所付出的费用（称为权利金）。卖出期权的一方收取到买方所支付的权利金后，在期权合约规定的时间，只要买方要求其行使权利，卖方就必须无条件的履行期权合约规定的义务——卖出或者买入一定数量的期货合约。

在期货交易中，买卖双方的权利和义务是对等的，而期权交易中买方拥有执行或者不执行期权合约的选择权，卖方只能被动接受。进行黄金期货投资，无论买入或者卖出期货合约，都要承担价格反向变动可能产生的风险，这种风险是不确定的。而在期权交易中，买方的盈利是不确定的，但其需要承担的风险却是有限的，因为价格一旦对买方不利，买方可以选择不执行期权，而卖方则可能面对不确定的风险。

黄金期权为黄金投资者提供了更为有效的风险管理手段，投资者可以利用期权交易来为现货黄金保值，也可以为黄金期货保值。黄金期权为投资者提供了更多的投资机会和投资策略，也为风险偏好不同的投资者提供了选择适合自己的投资方式的机会。期货交易中，只有在价格发生方向性变化时，市场才有投资的机会。如果价格处于波动较小的盘整期，市场中就缺乏投资机会。期权交易中，无论是期货价格处于牛市、熊市或盘整，均可以为投资者提供获利的机会。期货交易只能是基于方向性的，而期权的交易策略既可以基于期货价格的变动方向，也可以基于期货价格波动率。

黄金期权交易为投资者架构投资组合提供了更丰富的选择。从历史上看，黄金是一种价格走势相对稳定的品种，金价的日均波动幅度小于3%，利用期权交易，投资者在日波动幅度不大的情况下同样能够提高投资组合的获利空间。此外，期权交易还具有较之期货交易更大的杠杆作用，为投资者提供了获取更高收益的机会。当然，之所以说黄金期权交易是更为高级的投资方式，是因为期权交易本身具有更为复杂的组合方式，需要专业的投资知识和技巧。

【案例2-4　黄金期权交易应用举例　买入黄金看涨期权】

投资者甲预期黄金价格将在未来一段时间内上涨，希望通过投资黄金获利，但他手中资金有限，想利用杠杆化的投资工具获取更高的收益。

假设甲买入100份期限为1个月、行权价为200元/克的黄金看涨期权，期权费为3元/份，投资者支付的费用为300元。下面是黄金价格按不同方向变化后的结果：

（1）期权到期时黄金价格上涨，该期权所对应的期货合约价格为210元/克。

此时投资者可以选择行使期权，以事先约定好的行权价200元/克价格买入100手期货合约，以210元/克的市场价卖出100手期货合约，其收益为（210－200）×100－300＝700元（期货交易手续费未计）。

（2）期权到期时黄金价格上涨，该期权所对应的期货合约价格为202元/克。此时投资者选择行使期权，以事先约定好的行权价200元/克价格买入100手期货合约，以202元/克的市场价卖出100手期货合约，其损失为（202－200）×100－300＝－100元（期货交易手续费未计）。如投资者选择放弃执行期权，那么他损失的是权利金300元。

（3）期权到期时黄金价格下跌，该期权所对应的期货合约价格为198元/克。投资者选择放弃执行期权，那么他损失的是权利金300元。

六、黄金投资中应该注意的问题

1. 为什么实物金条的交易成本较高?

投资实物金条可以选择投资金条或者饰品金条。二者中饰品金条成本高于前者，因为饰品金条具有艺术品范畴的美学意义或者某种特殊的纪念意义，其价格不仅包括加工费、检验费等必要的附加费用，还包含有较高的设计费、工艺费等其他费用。这使得饰品金条在市场的溢价一般都很高，远超过黄金材质本身的价值。并且饰品金条的回购手续复杂，兑现时往往需要打较大的折扣，其收藏价值大于投资价值。

相对黄金衍生品，投资金条的成本比较高，因为其价格中包括了加工费、检验费等附加费用，而且投资金条在回购过程中还需要通过检验等一系列环节，其流动性受到一定限制，投资者变现的速度受回购体系完善程度的影响较大。

2. 银行纸黄金与实物黄金产品的异同是什么?

作为黄金投资工具，纸黄金和实物黄金的价格都是根据国际金价波动的，其盈利模式都是低买高卖，获取价差收益。投资者在预期黄金价格上涨时都可以买入持有，待价格上涨后卖出获利，而价格下跌时不宜选择这两种方式进行投资。

两者之间的区别是：（1）实物黄金投资以保值为主要目的，占用资金量大，变现慢，变现手续繁杂，手续费较高，更适合有长期投资、收藏和馈赠需求的投资者，短期操作收益率往往较低。纸黄金采用的是记账式黄金交易模式，投资者并不能真正持有黄金，只是通过账户操作获取收益，与实物黄金相比，其交易更为方便快捷，交易成本也相对较低，适合专业投资者进行中短线的操作。（2）实物黄金投资渠道主要包括商业银行、专业黄金公司和纪念金制品买卖渠道；纸黄金需要通过商业银行的交易平台进行投资。

国内商业银行黄金业务

目前，国内商业银行开展的黄金业务主要包括：黄金自营业务、代理上海黄金交易所业务、纸黄金业务、品牌金销售回购业务、黄金租借业务、黄金积存业务、黄金寄售业务和其他黄金衍生产品业务。其中，个人投资者可以参与上海黄金交易所产品的代理业务、纸黄金业务、品牌金销售回购业务、工商银行推出的黄金积存业务和中国银行推出的黄金期权。

3. 个人是否能够直接在上海黄金交易所买卖实物黄金?

上海黄金交易所的黄金分为全额交易和延期交收交易品种以及 3 个月以内中短期现货合约交易。个人可投资的品种主要是黄金的全额现货，包括 Au99.99 和 Au100g，条块重量分别是 1000 克和 100 克，以整数倍重量提货，不能切割。个人投资者不能直接到黄金交易所买卖实物黄金，需要通过商业银行来代理，目前包括中国工商银行、兴业银行、华夏银行和深圳发展银行等商业银行都开通了个人投资实物黄金的代理业务。个人客户通过商业银行买入并存放于交易所指定金库的黄金实物暂免仓储费，买入的实物黄金可在交易时段进行卖出交易。由于交易所实行“金块出库后不再入库”的原则，个人投资者买入的黄金实物一经提取，不能再次入库进行交易。

投资者买卖上海黄金交易所的实物黄金时，除了黄金本身的买卖金额外，还须向银行缴纳一定数额的交易费用，一般是按照国际惯例，按每克或每盎司黄金来收取，不同银行收取的费用各不相等。例如：某商业银行代理的实物黄金销售价就是在黄金交易所报价基础上增加 10 元/克作为手续费。银行在回购投资者手中持有的实物黄金时，则是在黄金交易所报价的基础上减少一定数额作为回购费，例如：某商业银行的回购报价是黄金交易所的报价减去 3 元/克。

4. 黄金衍生品投资是大众投资工具吗?

黄金衍生品包括黄金期货和黄金期权等，通常是旨在为交易者转移风险的一种双边合约。买卖双方往往采用杠杆化的交易方式，买入或卖出标准化合约。金融衍生品市场作为现货市场的补充，其最大特征是依托一种投资机制，为需要规避风险的参与者提供转移风险的场所，同时也为愿意承担风险获取收益的投资者提供交易场所。

在黄金衍生品市场上，由于采用保证金交易机制，投资者只需要支付一定比例的保证金就可以参与全额交易，不需实际的足额本金转移，因此具有杠杆效应，而且保证金越低，杠杆效应越大，风险也就相应越大。投资者进入黄金衍生品市场，不仅需要熟悉黄金市场的特点和黄金投资的基础知识，还需要具备专业的衍生品投资知识和投资技能，否则很容易面临巨大风险。相对于实物黄金投资，黄金衍生品更适合于那些具备专业技能的投资者，而非普通大众。

资料链接：中国香港衍生品市场调查　　衍生品投资属于“非大众”投资工具

中国香港交易及结算所有限公司发布的《简要个人投资者调查2002》显示，每5名中国香港的成年人即有一名投资香港股票或衍生产品，其中投资股票的比例为19.8%，与前一次调查比较变化不大，投资香港衍生产品市场的投资者比例则由前一年的5.2%下降到次年的3.5%，衍生品投资的“非大众”特性明显。

调查表明，中国香港成年人口中有3.5%（19万人）是衍生产品投资者，即受访时持有香港交易所衍生产品市场买卖的期货或期权，或受访前12个月内曾买卖该市场的产品的人士。典型的中国香港衍生产品个人投资者是37岁的白领人士，至少曾受过专科以上的教育，个人月收入约22500港元。而典型的中国香港个人股票投资者是42岁的白领人士，受过高中或以上教育，个人月收入约22500港元。

【案例2-5　　盲目追高黄金可能会被套牢】

投资者在选择投资黄金时往往容易忽略黄金价格下跌导致的风险，其实，对任何投资工具来说，单边上涨的行情都是可遇不可求的，在黄金涨势凶猛的时候，投资者也要对价格冲高回落的风险做好应有的准备。

2009 年到 2010 年间，黄金成为所有投资工具中上行趋势保持最为完好的品种，投资收益可观。2010 年 6 月下旬，投资者小王将从房地产投资中获得的收益近 200 多万元全部投入黄金市场，国际金价为 1250 美元/盎司时通过国内商业银行买入黄金投资金条进行投资，但就在 7 月初，国际金价在短短 2 天时间内下跌近 40 美元/盎司。小王因此而蒙受盲目追高的经济损失。

5. 投资黄金期货如何选择好的代理机构？

由于黄金市场的国际化程度较高，国内黄金价格主要跟随纽约和伦敦等国际定价中心波动，很多投资者选择地下炒金公司作为代理机构投资境外黄金期货。事实证明，选择不合法的代理机构，参与地下黄金交易风险巨大。

地下黄金公司一般是指以投资黄金交易为宣传，参照伦敦现货黄金价格走势，和客户进行对赌的黄金公司和投资公司，自己不但充当经纪商、交易所，还充当客户的对手盘。地下黄金公司一般都有模拟交易系统，让潜在客户先参加模拟交易，熟悉交易，以消除风险恐惧和陌生感。从交易模式来看，地下黄金交易吸引投资者的原因主要是操作简单、门槛低、交易时间长。地下黄金交易的报价参照伦敦现货黄金，价格看起来公开公正，几乎 24 小时全球联动，而且只有一个合约报价，简单明了，与期货一样可以买空卖空，T + 0 交易，交易系统操作相对简单。参加地下黄金交易的门槛相对较低，有的黄金公司最小设定为一盎司，也就是 0.01 手，理论上来说只要 100 元人民币就可以交易。交易时间一般是周一早上 8 点不间断一直持续到周六凌晨。这类公司为了获取投资者的信任，往往将总部设立在经济发达的中心城市，办公场所装修豪华，规模大，办有营业执照等相关手续，在吸引客户时，往往向投资者宣传“炒金”的暴利，通过放大杠杆倍数（通常为 50 ~ 100 倍），客户只需要少量的资金就能赚取暴利，给人一夜暴富的假象。

事实上，由于大幅提高了杠杆比例，价格稍有波动，投资者就会因暴仓而血本无归，绝大部分参与地下炒金的投资者最终都亏损出局。另外，地下炒金公司客户交易账户上的资金大多是虚拟的，类似模拟交易，客户的资金并没有真正参与交易，炒金公司仅仅在客户交易账户上输入相应的资金额度。客户资金在转入其银行账户后得不到法律保障，资金被其转移走后无法追回，面临巨大的资金风险。

对此，中国人民银行的相关负责人已经明确指出：地下炒金不受法律保护，投资者如果参与其中，其权益将得不到法律保障，因而风险和社会危害性极大。

投资者在投资黄金期货时，应选择合法的代理机构——期货公司。合法的期货公司应在交易现场挂出中国证监会颁发的《期货经纪业务许可证》、《金融期货经纪业务许可证》以及国家工商总局颁发的营业执照。期货经纪公司在异地开设的合法的营业部也应该挂出中国证监会颁发的《期货经纪公司营业部经营许可证》以及当地工商局颁发的营业执照。在核实上述证件时，投资者还需要关注有效期限。由于中国证监会对期货公司及其营业部实行年检制，投资者应选择经过年检的期货公司作为代理机构进行黄金期货投资。

资料链接：2008年杭州世纪黄金地下炒金黑幕

2008年9月26日，杭州警方宣布破获浙江世纪黄金制品有限公司非法经营黄金期货案，涉案合同交易额近600亿元。该案被公安部列为督办大案，该公司董事长张勇已被逮捕。

张勇早已成为客户们的众矢之的。自从6月26日杭州市工商局下达责令改正通知书以来，这位昔日的“炒金巨鳄”迅速声名狼藉。

北京人靳女士就是受害者之一。2006年初，她听说买卖世纪黄金出品的现货金条，可根据国际黄金价格波动赚取差价。“银行的交易1克手续费1元，这里手续费只要2毛钱!”

2006年1月17日，靳女士与该公司签订黄金买卖合同。一位从该公司离职的操盘手举例称，1手（100盎司）黄金的实际价格60000美元，但只需要拿5000元人民币做保证金就可以投资。也就是说，拿1块钱可以赚100块，当然亏也是100块。

17日当天，靳女士首笔汇入5万元到交易账户。7天之内，就赚了5万元。靳女士马上追加10万元，并且得到了世纪黄金“一对一辅导炒金，只赚不亏”的承诺。

其后几天，靳女士发现操盘员冯健的电话经常打不通，偶尔打通了对方也称在路上不方便接听，而且世纪黄金提供的交易系统网速非常慢，该公司称是网络问题。

2006年2月6日，国际黄金价格大跌，但世纪黄金提供的交易系统盘面经常死机，世纪黄金的电话也打不进去，靳女士始终平不了仓。2月7日，靳女士的账面财富由22万元锐减到5000元。

一个月后，靳女士再次向世纪黄金网汇入20万元。由于国际黄金价格暴跌，由每盎司570多美元一路跌到530多美元，靳女士很快亏掉50%。靳女士被迫按照操盘员的建议割单。

接着，在世纪黄金不追加资金就爆仓的“威胁”下，靳女士汇进18万元。到4月20日，靳女士1单就可赚4万多元，但无法正常平仓。直到当晚9点国际黄金价格大跌后，靳女士才平了仓，后被告知又是“电脑故障”。

短短3个月内，靳女士足足亏损了45万元。

杭州上城公安分局一位负责人表示，2006年11月该局接到30多名群众举报，称世纪黄金在未取得审批的情况下私设网上交易平台，操作国家明令禁止的黄金期货交易。

2007年1月12日，上城公安分局正式受理此案，并向监管部门报告。同年7月、8月，中国证监会先后两次下文，均认定世纪黄金网上电子交易模式属于非法期货交易行为。11月30日，上城公安分局以其涉嫌非法经营立案侦查。

截至2008年9月，世纪黄金在线客户有2033人，该公司涉嫌的非法合同交易额近600亿元。

据杭州警方调查，犯罪嫌疑人张勇1965年出生，曾就读杭州大学新闻专业，毕业后参军，1990年退役后下海经商。2000年，张勇创建中国第一家钱币网站“中国纪念币交易网”。

2005年4月，张勇出资1000万元注册成立世纪黄金公司，又创建世纪黄金网，推出“世纪金条”远程交易系统。至案发前，其在国内各地设立20多家分支代理机构，招募工作人员246人。

世纪黄金公开资料称，它是国内第一家经中国人民银行核准的主要经营黄金制品、金银币的民营企业，在上海黄金交易所拥有专用交易席位（编号：0100007097），央行下发的经营黄金制品核准证编号为浙银准字第010021号。

张勇利用该公司系统工程部经理王剑平设计的系统，参照国际黄金价格，经过系统处理后在网上进行跟踪报价。这让很多投资者认为，世纪黄金交易系统是与国际接轨的。但实际上，张勇的交易大盘由他一手掌控，并无黄金交易仓单下到国外，而客户资金都滞留在该公司账户内。一旦投资者亏了钱，保证金减少到20%以下，就会被强行平仓。投资者所有的钱都归到世纪黄金公司名下。

张勇亲手导演着这场对赌的“事业”。据杭州媒体报道，从2005年7月到10月，世纪黄金交易量就从3500万元激增至10多亿元。张勇当时制定的2006年上半年目标是20亿元。

按照世纪黄金的游戏规则，买卖双方可以在价格低时买入，待价格上涨后卖出对冲平仓，也可以在价格高的时候先卖出，等待价格下跌时买入对冲平仓。这个平台上的大多数交易客户基本上都以对冲方式了结。

“但警方没发现有客户真正进行实物黄金的交割，只是一种虚拟交易。”杭州上城区公安分局顾警官说，专案组已摸清被世纪黄金非法没收的客户资金流向，并冻结了在线客户的保证金余额3000万元。显然，世纪黄金公司只是制造了一个赌博的平台，不管桌面上谁赢谁亏，这家公司才是最大的获利者。

资料来源：21世纪经济报道。

作为金融投资对象，黄金投资工具基本上可以分为以下几种：黄金现货投资、纸黄金、黄金ETF、黄金期货和黄金期权。

黄金现货投资都有投资实物黄金的特性，一般来说购买实物黄金需要支付较高的费用，且市场流动性差。该类投资一般适合于中长线投资者，或者保值者。

相对现货投资来说，纸黄金的交易成本要低，而且投资起始资金需求不多，入市门槛低，适合普通投资者，但对于投机者来说，其交易手续费用仍然偏高，因此纸黄金更适合中短线交易，且纸黄金不具有双向交易的特性。

黄金 ETF 近几年得到了长足发展，因为与纸黄金相比，它的交易费用更低，且能够双向交易，起始资金也较小，入市门槛低，适合于普通投资者进行短线交易。

黄金期货和期权等黄金衍生品最主要的特征是保证金制度，这也就使得投资者在进行期货交易时其收益与风险都相应放大，因此该种投资方式更多地适应于短线交易甚至日内交易。由于该项投资风险是诸多投资工具中最大的，该投资要求投资者具备一定的期货技术知识及相关市场知识，且有一定的风险承担能力。

投资者在进行黄金期货交易时，应该选择合法的代理机构，地下炒金不受法律保护，风险巨大。

自 测 题

一、单选题

1. 2008 年金融危机爆发后，黄金的投资价值不仅得到了个人和机构投资者的认同，也得到了各国政府的重视，包括(　　)、俄罗斯等多个新兴市场国家和经济体的央行都在危机爆发后增持了黄金储备。

A. 法国　　B. 中国

C. 美国　　D. 意大利

2. 24k 金的纯度为(　　)。

A. 100%　　B. 90%

C. 50%　　D. 80%

3. 伦敦、美国、苏黎世等市场上的标准金成色为(　　)。

A. 99.5%　　B. 99.99%

C. 98%　　D. 85%

4. 下列黄金制品中，变现性最好的是(　　)。

A. 黄金投资金条　　B. 金锭

C. 黄金首饰　　D. 纪念币

5. 下列不属于纸黄金特点的是(　　)。

A. 投资者采用记账卡或存折等形式进行投资

B. 国内的纸黄金可以参与实物交割，相当于购买实物黄金

C. 投资纸黄金的目的是在于获取差价利润

D. 纸黄金的交易成本要远低于实物黄金

6. 黄金 ETF 是黄金投资产品中流动性较高的一种，投资方式类似投资者所熟悉的股票 ETF，因其操作简单便捷、市场流动性好，在全球范围内受到广大投资者的热爱，成为近年来黄金投资需求中增长最为迅速的一部分。根据世界黄金协会的统计数据，截至 2010 年 6 月，其黄金持有量已经达到 1268 吨，超过了(　　)的黄金储备。

A. 美国　　　　B. 德国

C. 中国　　　　D. 意大利

7. 2009 年以来，包括印度、俄罗斯等多个国家增持了黄金储备，截至 2010 年 6 月，按照世界黄金协会公布的数据，我国黄金储备在世界官方黄金储备中排第(　　)位，位于意大利和法国之后，瑞士和日本之前。

A. 5　　　　B. 6

C. 7　　　　D. 8

8. 黄金期货市场采用(　　)的交易原则，由于其参与者众多，流动性强，集中竞价等特点，使得期货价格具有很高的透明度，在任一时点上来自不同渠道的各类信息都能够通过报价体现出来，因此，黄金期货价格能够更客观地体现出市场对未来现货价格走势的预期。

A. 公开、公平、公正　　　　B. 等价交换

C. 自动竞价　　　　D. 公开喊价

9. 在各种黄金投资工具中，交易策略最为灵活，能够给投资者提供更多投资组合选择的是(　　)。

A. 投资金条　　　　B. 纸黄金

C. 金币　　　　D. 黄金期权

10. 下列对黄金 ETF 的描述中，正确的是(　　)。

A. 目前国内已经推出黄金 ETF 产品

B. 黄金 ETF 追踪的是黄金采掘企业股价的波动情况

C. 黄金 ETF 应在现货市场配置与其基金份额同比例的现货黄金，因此当市场需求越大时，黄金 ETF 配置的现货黄金也就越多，也增加了黄金现货需求，从而推动了金价上涨

D. 国际市场上，黄金 ETF 基金都在期货交易所上市

二、判断题

1. 2008 年金融危机爆发后，投资者对黄金投资价值的高度认可使得黄金投资需求自 2007 年以来保持了持续增长，全球最大的黄金 ETF——SPDR Gold Trust GLD 持金量屡创历史新高。（　）

2. 纯金币一般都带有面值，如加拿大的枫叶金币，上面就有 100 加元的面值。（　）

3. 纯金币的价格是按照金币上的面值大小来定价的。（　）

4. 目前上海黄金交易所上市的实物黄金投资产品包括：Au99.95、Au99.99、Au100g、Au50g、Au（T+5）、Au（T+D），其中，Au99.95 的标准重量为 3 千克，Au99.99 的标准重量为 1 千克，Au100g 的标准重量为 100 克，Au50g 的标准重量为 50 克，Au（T+5）和 Au（T+D）属于远期递延产品，其可交割标准为 3 千克。（　）

5. 国内的纸黄金提供了港元金和人民币金两种交易模式，为外币和人民币的理财都提供了相应的机会。（　）

6. 与股票 ETF 不同，黄金 ETF 是一种以黄金为基础资产，追踪现货黄金价格波动的金融衍生产品。（　）

7. 世界上第一只黄金 ETF 基金是 2003 年在澳大利亚的悉尼上市的。（　）

8. 投资者购买了基金份额就等于持有了黄金现货。这些黄金通常以伦敦金银协会可交割金条为标准交割物储存在基金保管人的金库中。（　）

9. 投资者在于其黄金价格将会下跌的情况下宜选择纸黄金作为投资工具。（　）

10. 投资者买卖上海黄金交易所的实物黄金时，除了黄金本身的买卖金额外，还须向银行缴纳一定数额的交易费用。（　）

三、填空题

1. 中国香港现货市场上的标准金成色为99%，上海黄金市场上的标准金成色分别为(　　)和(　　)。

2. 纯金币的"额外价格"是指(　　)。

3. 纪念金币是具有相应纪念意义的铸金币，因此其价格构成除了纯金币的各项价格要素之外，主要还有以下几种因素决定：(　　)、(　　)、(　　)和(　　)。

4. 根据规则，黄金ETF应在现货市场配置(　　)现货黄金，因此当市场需求越大时，黄金ETF配置的现货黄金也就越多，也增加了黄金现货需求，从而推动了金价上涨。

5. 截至2010年6月，全球市场上规模最大的黄金ETF是(　　)。

6. 目前上海黄金交易所认定的标准金为(　　)和(　　)两种，规格分别有1千克、3千克、12.5千克等几种。

7. 目前在黄金市场上参与交易的金币主要分四大类：(　　)、(　　)、(　　)和(　　)。

8. 纸黄金是较为大众化的黄金投资工具，它和股票一样，属于单向获利产品，对于投资者来说，只有在(　　)才可以通过低吸高抛的方式来获利。

9. 黄金期权交易的是一种权利，投资者买入期权后，将有权利选择在未来某一特定时间是否以特定价格买入或者卖出一定数量的黄金期货合约，获得这种权利的成本是(　　)。

10. 在期权合约规定的时间，只要(　　)要求其行使权利，(　　)就必须无条件的履行期权合约规定的义务——卖出或者买入一定数量的期货合约。

参考答案

一、单选题

1. B　2. A　3. A　4. B　5. B　6. C　7. B

8. A　9. D　10. B

二、判断题

1. 对　2. 错　3. 错　4. 对　5. 错　6. 对　7. 对
8. 对　9. 错　10. 对

三、填空题

1. 99.99%和99.95%
2. 纯金币价格与等量黄金价格之间存在的价格差额
3. 稀有程度；铸造年代；工艺造型；金币品相
4. 与其基金份额同比例的
5. SPDR 基金
6. 一号金；二号金
7. 纯金币、流通金币、纪念金币、贸易金币
8. 金价上涨的过程中
9. 买入期权所付出的费用（权利金）
10. 买方；卖方

第三章 了解国内黄金期货市场

【本章要点】

通过阅读本章，从如何选择一个合法的期货中介机构到如何开始黄金期货交易，以及黄金期货交易的基本规则和相关操作知识等，投资者可以对目前国内的黄金期货市场有一个清晰的了解。投资者可以了解到关于黄金期货操作的详细细节，包括交易时间、合约到期日、保证金水平变化、涨跌停板政策及对策、交割制度等，避免在实际投资过程中因为不了解基本规则而产生不必要的风险。

一、黄金期货与黄金远期现货

1. 黄金期货与黄金远期现货的区别是什么？

期货市场是在远期现货的基础之上发展起来的，黄金期货和黄金远期现货交易有很多相似之处，但二者在交易制度上存在差异。

黄金期货在期货交易所（或商品交易所）里上市交易的，买卖双方交易的是由交易所事先确定好的标准化合约，实行的是交易所集中撮合的交易制度，买卖双方在报价时并不需要获知对手信息，交易所作为第三方对履约提供担保，从制度上确保了买卖双方能够在报价一致的情况下成交。这种自由买卖、公开竞价的方式最大限度地保证了价格的透明度，提高了市场流动性，这就是我们所说的公平、公开、公正的交易所“三公”原则。黄金期货上市交易以后给市场带来的是价格的透明化和市场的规模化，黄金的定价体系也从现货市场转移到了期货市场。纽约商品交易所是目前全球最大的黄金期货市场，其黄金价格对全球市场具有风向标的作用。我国上海期货交易所上市黄金期货后，在为投资者提供了进行黄金期货投资的平台的同时，也为我国黄金市场的健康发展发挥了重要作用。

国际市场上的黄金远期现货交易大多采用的是做市商制度，主要采取场外交易的方式进行。做市商是指在黄金现货市场上，由具备一定实力和信誉的特许交易商，不断向公众投资者报出黄金的买卖双向价格，并在该价位上接受公众投资者的买卖要求，以其自有资金和黄金直接与投资者进行交易，对投资者而言就是在和明确的交易对手进行交易。做市商通过这种不断的买卖行为来维持市场的流动性，满足公众投资者的投资需求，并通过买卖报价的适当差额来补偿所提供服务的成本费用，并实现一定的利润。例如，伦敦黄金市场是世界上最大的黄金现货市场，每日提供的黄金定盘价是国际市场上交易黄金的基准参考价，在伦敦黄金市场中的做市商都是实力不凡的大银行，如巴克莱银行、加拿大枫叶银行、德意志银行、汇丰银行等。

我国上海黄金交易所上市的 Au（T+D）属于黄金现货延期交收交易品种，是黄金远期现货的一种，与黄金期货的区别在于具有很强的现货基础，每天都有实物交割发生，属于典型的远期现货交易。与国际市场上的场外交易方式不同，由于我国的现行法规不允许采用做市商制度，黄金交易所的远期现货交易品种也采用了交易所交易的方式，有固定的交易场所，实行会员制度，买卖双方报价后集中撮合成交，采用佣金制度。

2. 黄金期货交易有哪些特点？

黄金期货是在上海期货交易所上市的投资工具，其交易特点与大部分商品期货相同：

（1）合约标准化。黄金期货合约是标准化合约。合约中的各项条款，如黄金数量、质量、保证金比率、交割地点、交割方式以及交易方式等都是交易所制定的标准化规则，合约中只有价格一项是通过市场竞价交易形成的。

（2）交易的双向性。黄金期货交易可以进行买入（多头）或卖出（空头）双向交易，这不但满足了保值者不同方向的保值需求，也给投资者带来更多的投资机会。与股票投资不同，在一次完整的价格"上升—下跌"的波动周期中，期货交易可把握两次投资机会，充分利用市场波动获利。

（3）"T+0"交易。黄金期货是"T+0"交易，当日可以随时买卖，随时对冲平仓。

（4）保证金交易。在黄金期货交易中，交易者不需付出与合约金额相等的全额货款，只需付合约金额一定比例的履约保证金。对投资者来说，动用少量的资金即可控制黄金期货合约的全部价值，资金利用率将大大提高，但杠杆作用也会将市场投资期货的风险同步放大，投资者应有充分的认识。

（5）当日无负债结算。期货交易所实行当日无负债结算制度。该制度是指每日交易结束后，交易所按当日结算价结算所有合约的盈亏、保证金及手续费、税金等费用，对应收应付的款项实行净额一次划转，相应增加或减少会员的结算准备金。

（6）到期交割。黄金期货合约不能无限期持有，因为期货合约有最后交易日和交割日。合约持有者必须在最后交易日前将合约平仓了结或者在交割日进行黄金的交割。根据国内交易所相关规则，自然人不能进行黄金期货实物交割，而且自然人持仓不能进入交割月。交易所将根据规定自进入交割月份的第一个交易日起（即从交割月份的第一个交易日到最后一个交易日）对其执行强行平仓，强行平仓发生的盈亏由相关责任人承担。

二、如何进行黄金期货交易

1. 黄金期货交易买卖的是什么标的物?

在黄金期货市场上，买卖双方交易的是由交易所事先确定的黄金标准化合约。黄金期货合约最重要的特点就是标准化条款，由于签署期货合约的交易双方在交易前不一定相识，因此，为了保证交易的顺利进行，期货交易所会对期货合约的标准化条款进行详细规定，并据此建立相应的交易机制来保证买卖黄金期货合约的双方都不会违约。

表 3－1 是上海期货交易所上市的黄金期货标准合约主要条款及说明。

表 3－1　　上海期货交易所黄金期货标准合约

交易品种	黄金
交易单位	1000 克/手
报价单位	元（人民币）/克
最小变动价位	0.01 元/克
每日价格最大波动限制	不超过上一交易日结算价 ±5%
合约交割月份	1～12 月
交易时间	上午 9：00～11：30　　下午 1：30～3：00
最后交易日	合约交割月份的 15 日（遇法定假日顺延）
交割日期	最后交易日后连续五个工作日
交割品级	金含量不小于 99.95% 的国产金锭及经交易所认可的伦敦金银市场协会（LBMA）认定的合格供货商或精炼厂生产的标准金锭（具体质量规定见附件）
交割地点	交易所指定交割金库
最低交易保证金	合约价值的 7%
交易手续费	不高于成交金额的万分之二（含风险准备金）
交割方式	实物交割
交易代码	AU
上市交易所	上海期货交易所

（1）交易单位。上海期货交易所规定黄金期货的交易单位是1000克/手，这一合约规模主要和目前国际主要的黄金期货品种——COMMEX标准黄金期货合约的大小100盎司（3110.35克）相匹配，考虑到现货商实际交割的需求，国内期货标准合约与国际市场期货标准合约的大小相差整数倍，为最终交割环节的开展提供便利。

（2）最小变动价位。与国内其他期货品种不同，黄金期货的最小变动价位是0.01元/克，这与国内黄金市场进行实金交易的报价习惯保持一致。采用0.01元/克作为最小变动价位，一方面符合黄金现货企业的报价习惯，另一方面也为合约到期时期货价格回归现货价格提供了制度上的可行性。此外，上海黄金交易所的现货黄金报价最小变动价位也是0.01元/克，期货市场与现货市场最小报价单位一致有利于投资者在两个市场之间开展套利交易。

（3）交易保证金。交易所规定黄金期货的最低保证金为7%，这完全符合黄金期货交易的特点，一方面是通过保证金制度实现期货交易的杠杆效应。投资者可以使用较少量的资金期货合约的交易，提高资金使用效率和盈利率。另一方面也考虑到国际市场上黄金价格的日均波动幅度通常小于7%，能保证投资者交易的顺畅进行。

保证金制度是一把双刃剑，投资者在有机会获得更高收益的同时也有可能面临亏损更大的风险。通常，为了有效控制市场风险，期货公司会在交易所最低保证金的基础上加收一定比率的保证金，而交易所也会在特殊市场条件下调整保证金比率。

下面通过一个实例来说明保证金制度的杠杆效应：假设某投资者以200元/克买入一手黄金期货合约，按照10%的保证金率来计算，则需要的资金为200元/克×1000克×10%=2万元。在这种情况下，投资者的保证金杠杆比率为1:10，也就是投资者只需要投入1/10的资金就可以买卖一手黄金期货合约。当价格下跌10元/克时，投资者的损失是10元/克×1000克=1万元，其投资损失的比例高达50%（1万元/2万元×100%），而价格变化只有5%，杠杆效应就是从这里体现出来的。

（4）合约交割月份。交易所规定，黄金期货合约的交割月份为每年的1~12月。这与黄金的特性相符，也符合国际惯例。由于黄金具有稳定的物理和化学性质，易于储存，因此其合约月份的规定与农产品不同，是连续月份。在任一交易时点上同时上市交易的合约都包括12个月份的，例如：2008年12月初同时上市交易的合约应该是0812、0901、0902、0903、0904、0905、0906、0907、0908、0909、0910、0911，其中前面两位数字表示年份，后面两位数字表示月份。当2008年12月合约进入交割期摘牌后，将上市交易0912，也就是2009年12月合约。在交易当中，成交最活跃的合约成为主力合约，黄金消费具有明显的季节性差异，因此黄金主力合约的轮换并不是从1~12月连续滚动的。

（5）交割品级。通常，期货市场上对于存在品质差异的同一类商品的交割价格规定了相应的升贴水。例如：品质好于标准交割品级的商品交割价格应高于标准品，而品质较差的则低于标准品，这就是期货市场中常说的升贴水。

与大部分商品期货不同，黄金的物理性质和化学性质稳定，在确定了标准标的物的纯度为99.95%后，交割品都应符合或高于这一要求（纯度为99.99%），而且二者之间不存在价格上贴水。

在期货市场中，绝大部分期货合约并不实际交割标的商品，而是在到期以前选择平仓，其主要原因是交割业务相对复杂，且还要缴纳交割费用，进行套期保值操作的投资者从现货市场上可以更方便地获得或者销售手中的商品，没有必要既增加成本又耽误功夫。此外，市场中多数投资者是以获取价差收益为主要投资目的的，对合约标的物不感兴趣。尽管如此，为了保证期货市场与现货市场之间畅通的联系渠道，防止个别投资者操纵市场的行为发生，交易所还是对包括交割地点、交割月份、交割日期及最后交易日等内容作出明确的安排，以保证交割能顺利进行。

2. 如何买卖黄金期货合约？

与证券投资不同，黄金期货的交易全过程包括如下几个环节：开仓、持仓、平仓或实物交割。

开仓，是指交易者新买入或新卖出一定数量的黄金期货合约，最小单位是一个合约，俗称一手。当投资者预期黄金价格将会上涨时，可以开仓买入期货合约；反之，当投资者预期金价将会下跌时，则应该开仓卖出期货合约。例如：某日，某个黄金期货合约价格为205元/克，投资者预期金价将上涨，可开仓买入黄金期货；而投资者预期金价将下跌，则可开仓卖出黄金期货。

当投资者开仓买入或者卖出期货合约后，其手中持有合约称为持仓，而投资者将买入的期货合约卖出，或将卖出的期货合约买回，即通过笔数相等、方向相反的期货交易来对冲原有的期货合约，称为平仓。开仓后没有平仓的合约，叫未平仓合约或者未平仓头寸，也叫持仓。开仓时，买入期货合约后所持有的头寸叫多头头寸，简称多头；卖出期货合约后所持有的头寸叫空头头寸，简称空头。一开一平，一个交易过程就结束了。例如：投资者预期金价下跌，卖出2手2010年12月黄金期货合约，称为持仓2手空头头寸，如投资者买入1手2010年12月期货合约进行对冲，称为部分平仓，此时投资者平仓1手空头头寸，手中仍有1手空头头寸。如需了结手中的头寸，投资者须再买入一手2010年12月期货合约进行平仓。

如果投资者将黄金期货合约保留到最后交易日结束，就必须通过实物交割来了结这笔交易。需要特别指出的是，在期货市场中，绝大部分投资者都以对冲平仓来了结头寸，并不进行实物交割。另外，需要特别指出的是，根据上海期货交易所的相关规则，个人投资者不允许进行黄金实物交割。

投资者开仓之后可以选择两种方式了结期货合约：要么择机平仓，要么保留至最后交易日并进行实物交割。但按照交易所的相关规则，个人投资者是不能进行实物交割的。

3. 黄金期货交易中的保证金如何计算？如何计算黄金期货交易的盈亏？

投资者买卖黄金期货合约时，可能盈利，也可能发生亏损。那么，什么样的交易是盈利的？什么样的交易是亏损的？黄金期货的保证金又是如何计算的呢？

黄金期货交易采用的是保证金交易机制，出于风险管理的考虑，期货公司通常会在交易所规定的最低保证金要求基础上增加一定比例作为期货公司收取的保证金。我们来看下面的例子：当投资者准备以240元/克的价格买入 5 手次年 3 月的黄金期货合约时，如果按照 10% 的保证金来计算，那么投资者需要支付的保证金就是 240 元/克 × 1000 克 × 10% × 5 手 = 120000 元，投资者在进行该笔交易之前账户中的资金应大于 120000 元。当投资者买入 5 手黄金期货后，其手中的持仓为 5 手多头头寸。

另一个例子是：如果投资者看跌金价，准备以 240 元/克的价格卖出 5 手次年 3 月的黄金期货合约，此时他需要支付的保证金数额与买入 5 手同样期货合约相同，但卖出期货合约后，他手中的持仓为 5 手空头头寸。

我们以后面的例子来分析投资者的盈亏，投资者以 240 元/克卖出 5 手次年 3 月的黄金期货后，如果金价未跌反涨，在一个月后上涨到 245 元/克，那么该投资者就将面临亏损，亏损金额为（245 - 240）元/克 × 1000 克 × 5 手 = 25000 元。而如果金价如其预期下跌，跌至 230 元/克，此时投资者将获得盈利，其获利为（240 - 230）元/克 × 1000 克 × 5 手 = 50000 元。

4. 黄金期货交易如何进行当日结算？

黄金期货实行每日无负债制度，又称"逐日盯市"制度。具体来说，就是在每日交易结束后，交易所按当日结算价对会员结算所有合约的盈亏、交易保证金及手续费、税金等费用，对应收应付的款项实行净额一次划转，相应增加或减少会员的结算准备金。交易所会员，也就是期货公司在交易所结算后，按照相同的方式对客户进行结算。当客户保证金不足时，期货公司将要求客户追加保证金，如果客户在规定的时间内没有补足保证金，期货公司就有权对客户持有的头寸实行强行平仓。

目前，国际市场上有四种方法来获取当日结算价，分别是：收盘时段集合竞价；收盘前一段时间成交量加权价；收盘价；收盘时刻最高与最低卖出价的平均价，按最小波动价位取整。上海期货交易所采用的是期货合约当日成交价格按照成交量的加权平均价。如果某一个期货合约当日无成交价格的，以上一交易日的结算价作为当日结算价。结算完之后，当日盈亏、客户权益、交易保证金、手续费、客户出入金以及可用资金，是投资者每日交易结算单上反映的最基本的几项内容。下面我们来看看以下几项的计算方法。

（1）当日盈亏：分为当日持仓盈亏和当日平仓盈亏。当日持仓盈亏是指投资者未平仓合约产生的，由持历史仓盈亏和持今日新仓盈亏组成。

（2）当日平仓盈亏：由平仓获利了结的期货合约产生，也可以分为平历史仓盈亏和平今日仓盈亏。其计算方法主要如下：

持历史仓盈亏 =（当天结算价 − 昨日结算价）× 持仓量 × 合约单位

持今日新仓盈亏 =（当天结算价 − 当天开仓价）× 持仓量 × 合约单位

平历史仓盈亏 =（当天平仓价 − 昨日结算价）× 平仓量 × 合约单位

平今日仓盈亏 =（当天平仓价 − 当天开仓价）× 平仓量 × 合约单位

（3）客户权益：当日权益 = 上日权益 ± 当天出入金 + 当日盈亏 − 当日发生费用

（4）交易保证金：保证金占用 = 当日结算价 × 持仓合约数 × 保证金比例

（5）可用资金：可用资金 = 当日权益 − 保证金占用

黄金期货交易采用保证金制度，每天都要结算盈亏，一旦出现可用资金为负则须补足保证金。因此，投资者在进行黄金期货投资时需要确认每日的结算单，关注保证金账户的余额变化。

【案例 3－1　　黄金期货交易结算】

某投资者在某期货公司开户后存入保证金 100 万元，在 8 月 26 日开仓买进 Au0906 合约 5 手，成交价 212.42 元/克，同一天平仓 2 手，成交价 214.00 元/克，当日结算价 213.72 元/克，假设保证金比例为 10%，手续费单边每手 90 元。

则客户的期货交易盈亏及结算情况如下：

当日平仓盈亏 =（214 − 212.42）× 1000 × 2 = 3160 元

当日持仓盈亏 =（213.72 − 212.42）× 1000 × 3 = 3900 元

当日盈亏 = 3160 + 3900 = 7060 元

手续费 = 90 × 2 + 90 × 3 = 450 元（注：当天开平仓只收单边手续费）

当日权益 = 1000000 + 7060 − 450 = 1006610 元

保证金占用 = 213.72 × 1000 × 3 × 10% = 64116 元

可用资金 = 1006610 − 64116 = 942494 元

如果可用资金余额为负，就意味着保证金不足。按照规定，期货公司会发出追加保证金通知，也就是通知该客户在下一交易日开市之前将保证金补足。如果投资者没有及时将保证金补足，期货公司可以对该客户的持仓实施部分或全部的强制平仓，直至留存的保证金符合规定的要求。

5. 黄金期货如何进行交割?

黄金期货的交割并非所有投资者都能参与，按照上海期货交易所的规定，非法人投资者不能进行实物交割。事实上，即使是法人投资者也不能随意进入交割流程。

参与黄金实物交割的投资者必须符合上海期货交易所的规定。卖出期货合约后进行实物交割的投资者用于交割的金锭，必须是交易所注册的品牌或交易所认可的伦敦金银市场协会（LBMA）认定的合格供货商或精炼厂生产的标准金锭。对于非交易所注册品牌企业，在外面流通环节买到的黄金，即使是指定交割的品牌，但如果没有其开具的质量证明，也无法完成出库之后再入库的流程。买入期货合约的投资者在参与交割时需要交纳买入相应黄金的全额资金。

买卖双方进行黄金期货的交割，实行“择库存入”、“择库取货”，也就是说，买方可以自由选择提金出库的地区，卖方可以自由选择交金入库的地区，交易所在买卖各方选择的出入库地区范围内指定金库作为买卖方交提金的具体金库。现有的上海期货交易所指定的交割金库为交通银行、工商银行、建设银行、中国银行。买方拿到仓单后可以择地提金，就近选择提取黄金的金库。

另外，投资者进行黄金期货交割，还应熟悉上海期货交易所关于黄金交割结算与发票流程的相关规则。

（1）交割结算价：黄金期货的交割结算价按该合约最后5个交易日成交量的加权平均价计算，进行交割结算时，买卖双方按该合约的交割结算价进行结算。

（2）结算：买卖双方的交割货款按仓单的标准重量（纯重）进行结算。交易所只对会员进行结算，买方客户的货款须通过买方会员转付，卖方客户的货款须通过卖方会员转收。

（3）货款的计算公式：交割货款 = 标准仓单张数 × 每张仓单标准重量（纯重）×交割结算价。

（4）交割发票：黄金期货在进行实物交割时统一开专门用于黄金交割结算和溢短结算的普通发票。在上海期货交易所上市的其他期货品种的交割细则中都规定了“不能交付或者不能接受增值税专用发票的投资者不允许交割”，实际上只有法人单位才能开立增值税发票，也就是说，自然人和其他一些不能交付和接受增值税专用发票的企业不能进行实物交割。但黄金实物交割的流程规定有所不同，卖出方在交割中只要交付专门用于黄金交割结算和溢短结算的普通发票就可以。

（5）发票流转：由卖方非经纪会员或客户开普通发票给交易所，交易所开“黄金结算专用发票”（发票联）给买方非经纪会员或客户，并向卖方非经纪会员或客户提供“黄金结算专用发票”（结算联），“黄金结算专用发票”的存根联由交易所留存，客户与交易所间的发票和单据传递须通过会员单位进行。

6. 黄金期货交割过程中需要注意的事项有哪些?

（1）黄金标准合约的交易单位为1000克/手，交割单位为每一仓单标准重量（纯重）3000克，交割应当以每一仓单的整数倍交割。这主要与黄金现货交易中金块的大小和重量相互匹配，也与国际黄金的交割单位相匹配。

（2）质量规定。

①用于实物交割的金锭，金含量不低于99.95%。

②交割的金锭为1000克规格的金锭（金含量不小于99.99%）或3000克规格的金锭（金含量不小于99.95%）。

③3000克金锭，每块金锭重量（纯重）溢短不超过±50克。1000克金锭，每块金锭重量（毛重）不得小于1000克，超过1000克的按1000克计。每块金锭磅差不超过±0.1克。

④每一仓单的黄金，必须是同一生产企业生产、同一牌号、同一注册商标、同一质量品级、同一块形的金锭组成。

⑤每一仓单的金锭，必须是交易所批准或认可的注册品牌，须附有相应的质量证明。

（3）交易所认可的生产企业和注册品牌。根据上海期货交易所的规定，用于实物交割的金锭，必须是交易所注册的品牌或者交易所认可的伦敦金银市场协会（LBMA）认定的合格供货商或者精炼厂生产的标准金锭。表3－2是上海交易所公布的具体注册品牌和升贴水标准，实时调整以交易所公告为准。

表3－2　上海期货交易所认可的伦敦金银市场协会 LBMA 认定的合格供货商或精炼厂清单

国家	公司
澳大利亚	AGR Matthey
比利时	Umicore SA
巴西	AngloGold Ashanti Mineração Ltda
	Umicore Brasil Ltda
加拿大	Falconbridge Limited（Formerly Noranda Inc CCR Refinery – change effective 30－6－05）
	Johnson Matthey Limited
	Royal Canadian Mint
中国	The Great Wall Gold & Silver Refinery of China
	Inner Mongolia Qiankun Gold and Silver Refinery Share Company Limited
	Jiangxi Copper Company Ltd.
	Zhongyuan Gold Smelter of Zhongjin Gold Corporation
	Zijin Mining Group Co. Ltd.
德国	W. C. Heraeus GmbH
	Norddeutsche Affinerie Aktiengesellschaft
中国香港	Heraeus Ltd. Hong Kong
	Metalor Technologies（Hong Kong）Ltd.
印度尼西亚	PT Aneka Tambang
意大利	Chimet SpA
	Metalli Preziosi SpA
日本	Ishifuku Metal Industry Co.，Ltd.
	Matsuda Sangyo Co.，Ltd.
	Mitsubishi Materials Corporation
	Mitsui Mining and Smelting Co.，Ltd.
	Nippon Mining & Metals Co Ltd
	Sumitomo Metal Mining Co.，Ltd.
	Tanaka Kikinzoku Kogyo KK
	Tokuriki Honten Co.，Ltd.

续表

国家	公司
哈萨克斯坦	Kazzinc Joint Stock Company
朝鲜	Central Bank of the DPR of Korea
韩国	Korea Zinc Co Ltd.
	LS – Nikko Copper Inc
吉尔吉斯	Kyrgyzaltyn JSC
墨西哥	Met – Mex Peñoles, S. A.
荷兰	Schöne Edelmetaal BV
菲律宾	Bangko Sentralng Pilipinas
俄罗斯	Joint Stock Company Ekaterinburg
	Federal State Enterprise
	Open Joint Stock Company "The Gulidov Krasnoyarsk Non – Ferrous Metals Plant"
	Open Joint Stock Company Kolyma Refinery
	Moscow Special Alloys Processing Plant
	Prioksky Plant of Non – Ferrous Metals
	State – Owned Enterprise
	JSC Uralelectromed
南非	Rand Refinery Limited
西班牙	SEMPSA
瑞典	Boliden Mineral AB
瑞士	Argor – Heraeus SA
	Cendres & Métaux SA
	Metalor Technologies SA
	PAMP SA
	Valcambi SA
美国	Johnson Matthey Inc.
	Metalor USA Refining Corporation
乌兹别克斯坦	Almalyk Mining and Metallurgical Complex (AMMC)
	Navoi Mining and Metallurgical Combinat
赞比亚	Fidelity Printers and Refiners (Private) Limited

注：截至 2008 年 9 月，具体调整以交易所网站为准。

（4）交易所制定金库。目前，根据上海交易所交割规则，个人投资者无法进行黄金实物交割，需要进行实物交割的法人投资者，可以根据企业自身需要，就近选择相应的交割金库完成实物交割。截至2008年9月，黄金期货的交割金库已经包括以下银行位于各地的金库：中国工商银行、中国建设银行、中国交通银行、中国银行。具体的交割库见表3－3。

表3－3　　上海期货交易所指定交割金库

序号	指定交割金库名称	地址	业务电话	联系人	邮编
1	工商银行北京分行营业部	北京市复兴门南大街2号天银大厦B座	010－66410615	刘　伟	100031
2	工商银行上海分行营业部出纳科	上海市中山东一路24号	021－63294004	朱渭清	200002
3	工商银行深圳分行清算中心	深圳市深南东路金融中心北座1610室	0755－82246264	章仕标	518015
4	工商银行贵溪市支行	江西省贵溪市雄石大道38号	0701－3791705	彭利华	335400
5	工商银行三门峡分行营业部中心库	河南省三门峡市崤山路40号	0398－2936811	王　刚	472000
6	工商银行三门峡分行灵宝支行	河南省灵宝市金城大道20号	0398－8861995	贾富军	472500
7	工商银行龙岩市分行	福建省龙岩市新罗区九一南路47号	0597－2224619	廖庆璋	364000
8	工商银行龙岩市分行上杭支行	福建省龙岩市上杭县北环路东段	0597－3843087	邱国钧	364200
9	工商银行招远分行	山东省招远市魁星路95号	0535－8224694	张桂才	265400
10	工商银行莱州分行	山东省莱州市鼓城街88号	0535－2211315	胡庆方	261400
11	工商银行洛阳分行	河南省洛阳市中州中路230号	0379－63336969	海建伟	471000
12	工商银行武汉市江岸支行	湖北省武汉市中山大道998号	027－82802897	王　芳	430014
13	建设银行北京市铁道专业支行	北京西客站北广场东配楼铁道支行	010－63989511	徐　英	100055

续表

序号	指定交割金库名称	地址	业务电话	联系人	邮编
14	建设银行上海分行	上海陆家嘴环路900号	021－58880000－1403	曾　敏	200120
15	建设银行深圳市分行	广东省深圳市红岭南路金融中心东座	0755－82488307	李志华	518031
16	建设银行安徽省铜陵市分行	安徽省铜陵市长江西路41号	0562－2820013	冯　俊	244000
17	建设银行河南省三门峡市分行	河南省三门峡市崤山路52号	0398－2985036	卢群才	472000
18	建设银行河南省灵宝支行金库	灵宝市金城大道与函谷路交叉口西北角	0371－65556558	王　冬	472500
19	建设银行山东省烟台市分行	山东省烟台市南大街9号	0535－6603048	李增禹	264001
20	建设银行福建省分行龙岩分行	福建省龙岩市九一北路111号	0597－2239529	林　琳	364000
21	建设银行福建省分行上杭支行	福建省龙岩市上杭县临江镇北环路261号	0597－4821512	温晓丽	364200
22	交通银行北京分行	北京市西城区金融大街33号	010－66101662	海　峰	100032
23	交通银行上海分行	上海市东园路158号	021－63111000－3523	王海东	200120
24	交通银行深圳分行	深圳市福田区红荔西路3002号交行大厦	0755－83680609	郭珠峰	518028
25	交通银行昆明分行	云南省昆明市护国路67号	0871－3107221	梁楚华	650021
26	中国银行股份有限公司上海市分行	上海市中山东一路23号	021－63294288	张润华	200002
27	中国银行股份有限公司深圳市分行	深圳市建设路2022号国际金融大厦	13602536999	黎丽芬	518001
28	中国银行股份有限公司莱州支行	山东省莱州市莱州北路733号	0535－2232071	董　武	261400
29	中国银行股份有限公司招远支行	山东省招远市府前路78号	0535－8210553	考少侠	265400
30	中国银行股份有限公司福建省分行	福建省福州市五四路136号	0591－87090960	张水满	350003
31	中国银行股份有限公司三门峡分行	河南省三门峡市崤山东路15号	0398－2857107	王　岩	472000
32	中国银行股份有限公司灵宝支行	河南省灵宝市金城大道10号	0398－8854278	董志红	472500

注：上述资料来自上海期货交易所，最新资料以交易所网站公布信息为准。

三、黄金期货交易中需要注意的问题

1. 除最低保证金要求外，交易所对保证金的收取还有哪些具体规定？

除前面提到的最低保证金要求外，上海期货交易所根据黄金期货合约持仓的不同数量和上市运行的不同阶段（即从该合约新上市挂牌之日起至最后交易日止）制定了不同的交易保证金收取标准。具体规定见表3－4、图3－1。

表3－4　黄金期货合约持仓量变化时的交易保证金收取标准

从进入交割月前第三月的第一个交易日起，当持仓总量（X）达到下列标准时	黄金交易保证金比例
X≤8万	7%
8万＜X≤10万	8%
10万＜X≤12万	10%
X＞12万	12%

注：X表示某一月份合约双边持仓总量；单位：手。

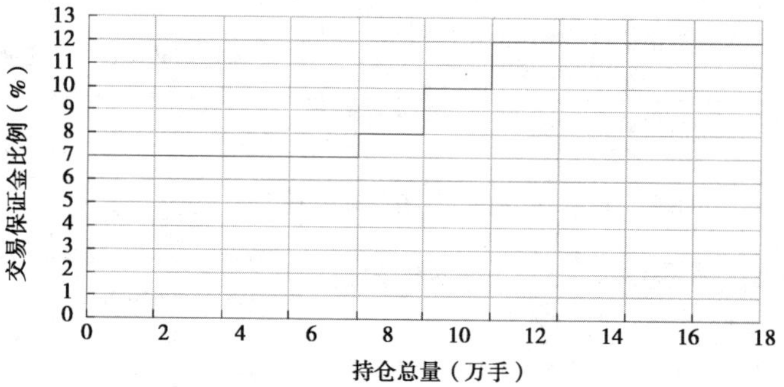

图3－1

交易过程中，当某一期货合约持仓量达到某一级持仓总量时，暂不调整交易保证金收取标准。当日结算时，若某一期货合约持仓量达到某一级持仓总量，则交易所对该合约全部持仓收取与持仓总量相对应的交易保证金，保证金不足的，应当在下一个交易日开市前追加到位。

交易所根据期货合约上市运行的不同阶段（临近交割期）调整交易保证金的方法，最低交易保证金收取标准见表 3－5。

表 3－5　黄金期货合约上市运行不同阶段的最低交易保证金收取标准

交易时间段	黄金交易保证金比例
合约挂牌之日起	7%
交割月前第二月的第十个交易日起	10%
交割月前第一月的第一个交易日起	15%
交割月前第一月的第十个交易日起	20%
交割月份的第一个交易日起	30%
最后交易日前二个交易日起	40%

在进入交割月份后，卖方可用标准仓单作为与其所示数量相同的交割月份期货合约持仓的履约保证，其持仓对应的交易保证金不再收取。

2. 为了防范市场操纵，交易所对会员和客户手中持有的黄金期货合约数量有什么限制？

交易所为了防范市场操纵和少数投资者风险过度集中的情况，对会员和客户手中持有的合约数量上限进行一定的限制，这就是持仓限制制度。限仓数量是指交易所规定结算会员或投资者可以持有的、按单边计算的某一合约的最大数额。一旦会员或客户的持仓总数超过了这个数额，交易所可按规定强行平仓或者提高保证金比例。

经纪会员、非经纪会员和投资者的各品种期货合约在不同时期的限仓比例和持仓限额具体规定见表 3－6。

表 3－6　黄金期货合约在不同时期的限仓比例和持仓限额规定　（单位：手）

	合约挂牌至交割月前第二月的最后一个交易日				交割月前一月			交割月份		
	某一期货合约持仓量	限仓比例（%）								
		经纪会员	非经纪会员	投资者	经纪会员	非经纪会员	投资者	经纪会员	非经纪会员	投资者
黄金	≥8 万手	15	10	5	900	300	90	300	90	30

注 1：表中某一期货合约持仓量为双向计算，经纪会员、非经纪会员、投资者的持仓限额为单向计算；经纪会员的持仓限额为基数。

注 2：黄金期货合约在进入交割月份后，自然人投资者对黄金期货合约的持仓应当为 0 手。

2008 年黄金期货上市标志着我国黄金市场的发展进入到一个新阶段，黄金期货的推出是对黄金现货市场的必要补充，对于完善我国黄金市场投资结构具有重要意义。本章分析了黄金期货和黄金远期现货的区别，并详细分析了黄金期货交易的特点。在推出黄金期货后，黄金产业链上的各类企业可以运用黄金期货规避现货市场风险，进行套期保值，国内投资者也可以使用黄金期货作为新的投资工具。结合国内外黄金市场的实际情况，上海期货交易所在合约设计和制度安排上进行周密的考虑，既考虑了与国际市场的接轨，也兼顾到与国内现货市场的协调和统一，为黄金期货交易的平稳开展提供了有效的制度保障。本章详细描述了投资者进行黄金期货交易的整个流程，并对其中的常见问题进行了重点分析，为投资者参与黄金期货交易提供指导。

自　测　题

一、单选题

1. 黄金期货在期货交易所里上市交易的，买卖双方交易的是由交易所事先确定好的(　　)，实行的是交易所集中撮合的交易制度，买卖双方在报价时并不需要获知对手信息，交易所作为第三方对履约提供担保，从制度上确保了买卖双方能够在报价一致的情况下成交。

A. 标准化合约　　B. 投资金条
C. 实物黄金　　D. 黄金 ETF

2. 下面哪个不属于黄金期货的基本交易制度或特点(　　)。

A. 合约标准化　　B. 保证金交易
C. 双向交易　　D. 交纳递延费

3. 根据上海期货交易所的相关交易规则，自然人持仓不能进入交割月。交易所将根据规定自进入交割月份的(　　)对其执行强行平仓，强行平仓发生的盈亏由相关责任人承担。

A. 最后一个交易日
B. 从交割月份的第一个交易日到最后一个交易日
C. 第一个交易日
D. 通知日

4. 上海期货交易所上市的黄金期货的交易单位是(　　)克/手。

A. 500　　B. 1000
C. 2000　　D. 3000

5. 黄金期货交易采用保证金制度，当投资者准备以 240 元/克的价格买入 5 手次年 3 月的黄金期货合约时，如果按照 10% 的保证金来计算，那么投资者需要支付的保证金就是(　　)元。

A. 12 万　　B. 24 万
C. 1.2 万　　D. 2.4 万

6. 投资者以 240 元/克卖出 5 手次年 3 月的黄金期货后，如果金价如其预期下跌，跌至 230 元/克，此时投资者将获得盈利，其获利为(　　)元。

A. 4 万　　B. 5 万
C. 6 万　　D. 8 万

7. 某投资者在 7 月 2 日买入上海期货交易所 12 月黄金期货合约 1 手，价格 261.10 元/克，该合约当天的结算价格为 262.90 元/克，收盘价为 263.10 元/克，该客户当天的交易盈亏为(　　)元（在不考虑手续费的情况下）。

A. 200　　B. 2000
C. 1800　　D. 180

8. 按照上海期货交易所的相关规则，黄金期货交易的保证金分为

(　　)和交易保证金。

A. 交易准备金　　B. 交割保证金

C. 交割准备金　　D. 结算准备金

9. 黄金期货结算机构的替代作用，使黄金期货交易能够以独有的(　　)方式免除合约履约义务。

A. 实物交割　　B. 现金结算交割

C. 对冲平仓　　D. 套利投机

10. 黄金期货的交割单位为每一仓单标准重量（纯重）3000克，交割应当以(　　)交割。这主要与黄金现货交易中金块的大小和重量相互匹配，也与国际黄金的交割单位相匹配。

A. 每一仓单的整数倍　　B. 1000克的整数倍

C. 2000克的整数倍　　D. 5000克的整数倍

二、判断题

1. 黄金期货合约是标准化合约。合约中的各项条款，如黄金数量、质量、保证金比率、交割地点、交割方式以及交易方式等都是交易所制定的标准化规则，合约中只有价格一项是通过市场竞价交易形成的。　　(　　)

2. 黄金期货是“T+1”交易，当日可以随时买卖，随时对冲平仓。　　(　　)

3. 黄金期货合约不能无限期持有，因为期货合约有最后交易日和交割日。合约持有者必须在最后交易日前将合约平仓了结或者在交割日进行黄金的交割。根据国内交易所相关规则，自然人可以进行黄金期货实物交割，而且自然人持仓不能进入交割月。　　(　　)

4. 根据上海期货交易所的交易规则，黄金期货的最小变动价位为0.02元/克。　　(　　)

5. 个人投资者开仓之后可以选择两种方式了结期货合约：要么择机平仓，要么保留至最后交易日并进行实物交割。　　(　　)

6. 参与黄金实物交割的投资者必须符合上海期货交易所的规定。卖出期货合约后进行实物交割的投资者用于交割的金锭，必须是交易所注册的品牌或交易所认可的伦敦金银市场协会（LBMA）认定的合格供货商或精炼厂

生产的标准金锭。 (　　)

7. 目前，上海期货交易所指定的交割金库为交通银行、工商银行、建设银行、中国银行。买方拿到仓单后可以择地提金，可就近选择提取黄金的金库。 (　　)

8. 黄金期货合约就是远期交割的黄金现货合约。 (　　)

9. 当客户保证金不足时，期货公司将要求客户追加保证金，如果客户在规定的时间内没有补足保证金，期货公司就有权对客户持有的头寸实行强行平仓。 (　　)

10. 在进行黄金实物交割时，买卖双方均是以交易所公布的交割结算价为实际交割商品的价格。 (　　)

三、填空题

1. 期货交易所实行(　　)制度。该制度是指每日交易结束后，交易所按当日结算价结算所有合约的盈亏、保证金及手续费、税金等费用，对应收应付的款项实行净额一次划转，相应增加或减少会员的结算准备金(　　)。

2. 在期货市场中，绝大部分投资者并不实际交割标的商品，而是在到期以前选择(　　)。

3. 交易者新买入或新卖出一定数量的黄金期货合约称为(　　)。

4. 我国上海黄金交易所上市的 Au（T + D）属于黄金(　　)品种，是黄金远期现货的一种。

5. 黄金期货交易可以进行(　　)或(　　)双向交易，这不但满足了保值者不同方向的保值需求，也给投资者带来更多的投资机会。

6. 目前，上海期货交易所黄金期货合约的最小变动价位是(　　)。

7. 当会员或是客户某持仓合约的投机头寸达到交易所规定的投机头寸持仓限量的(　　)时，应该执行大户报告制度。

8. 假设某投资者以 200 元/克买入 1 手黄金期货合约，按照 10% 的保证金率来计算，则需要的资金为 200 元/克 × 1000 克 × 10% = 2 万元。在这种情况下，投资者的保证金杠杆比率为(　　)。

9. 2011 年 12 月份交割的黄金期货合约代码为 Au (　　)。

10. 与大部分商品期货不同，黄金的物理性质和化学性质稳定，在确定了标准标的物的纯度为(　　)后，交割品都应符合或高于这一要求（纯度为99.99%)，而且二者之间不存在价格上贴水。

参考答案

一、单选题

1. A　2. D　3. B　4. B　5. A　6. B　7. C
8. D　9. C　10. A

二、判断题

1. 对　2. 错　3. 错　4. 错　5. 错　6. 对　7. 对
8. 错　9. 对　10. 错

三、填空题

1. 当日无负债结算
2. 平仓
3. 开仓
4. 现货延期交收交易
5. 买入；卖出
6. 0.01 元/克
7. 80%
8. 1∶10
9. 1112
10. 99.95%

第四章
黄金市场套期保值

【本章要点】

通过阅读本章，可以简单掌握黄金套期保值的基本原理，了解国内黄金市场的基本构成，并可以看到黄金产业链中不同企业参与黄金套期保值的策略、方法和可能出现的风险点。另外，本章还尝试结合黄金的价格特性进一步探讨如何能更有效地使用套期保值工具，企业应该如何正确认识套期保值的意义和作用。

一、套期保值的基本原理

1. 为什么要运用黄金期货进行套期保值?

套期保值是指把期货市场当作转移价格风险的场所，利用黄金期货作为将来在现货市场上买卖商品的临时替代物，在期货市场买进或卖出与现货市场交易品种、数量相同，但方向相反的期货合同，以期在未来某一时间通过卖出或买进此期货合同来补偿因现货市场价格变动带来的实际价格风险。

传统套期保值的理论基础是现货和期货市场的走势趋同（在正常市场条件下），因为这两个市场受同一供求关系的影响，所以二者价格同涨同跌。但是由于在这两个市场上操作相反，盈亏相反，从而在“现货黄金”与“期货黄金”之间、近期和远期之间建立一种对冲机制，以使价格风险降低到最低限度，期货市场的盈利可以弥补现货市场的亏损。

基于这样的思想，当市场参与者预期未来现货金价走势对自己不利时，可以通过参与期货交易，建立与现货市场方向相反的期货头寸，来规避现货市场可能出现的风险。

2. 黄金市场的主要参与者可以进行什么样的套期保值?

（1）矿山企业或黄金冶炼企业的卖出套期保值。黄金采掘企业或者黄金冶炼企业为了保证其已经生产出来准备提供给市场或尚在生产过程中将来要向市场出售黄金的合理经济利润，以防止正式出售时价格的可能下跌而遭受损失，可采用卖出套期保值的交易方式来规避价格风险，即在期货市场以卖主的身份卖出数量相等的期货合约作为保值手段。

（2）黄金加工企业的综合套期保值。对于黄金加工企业来说，市场风险来自买和卖两个方面。企业既担心原材料价格上涨，又担心成品价格下跌，更怕原材料上升、成品价格下跌局面的出现。只要该加工者所需的材料及加工后的成品都可进入期货市场进行交易，那么企业就可以利用期货市场进行综合套期保值，即对购进的原材料进行买入套期保值，对其产品进行卖出套期保值，这样就可解除企业的后顾之忧，锁牢其加工利润。

【案例 4－1】

某年 8 月 15 日，Au9999 现货价格为 259.5 元/克，此日期货市场上的价格为 260 元/克。某企业计划于 10 月购入 10000 克黄金，由于金价预期不断走高，该企业担心 10 月份金价上涨，提高采购成本。于是该企业于当日在期货市场上购买 10 手 12 月份合约。到 10 月 10 日，Au9999 现货价格上涨为 264 元/克，期货价格为 264.5 元/克。该企业按计划于现货市场购入 10000 克黄金，在期货市场上平仓期货合约 10 手。具体交易情况见表 4－1。

表 4－1

	现货市场	期货市场
8 月 15 日	Au9999 价格 259.5 元/克	期货价格 260 元/克 买入 10 手
10 月 10 日	Au9999 价格 264 元/克 购入现货 10000 克	期货价格 264.5 元/克 平仓 10 手
套保结果	成本增加： 4.5×10×1000＝45000 元	期货市场盈利： 4.5×10×1000＝45000 元

二、国内黄金市场结构

1. 黄金产业结构是如何构成的?

中国黄金产业结构从新中国建立到改革开放发生了巨大的变化。新中国成立之初，由于国家黄金储备和外汇储备都非常低，国家采取黄金由人民银行统购统销的政策，黄金的生产和加工企业都是国有化的。这种简单的产业结构一直延续到改革开放，直到 20 世纪 90 年代中期才出现了集体和个体经营的矿山和首饰加工企业，产业结构也逐渐丰富起来。但是，黄金统购统销政策一直没有改变，直到 2003 年上海黄金交易所开业以后，国家放开了黄金的购销政策，人民银行退出了黄金产业而引入了商业银行，我国黄金市场化进程逐渐完善。到目前，我国黄金市场已经形成以商业银行、黄金生产企业（矿山）和黄金珠宝加工企业为核心的，以黄金饰品销售、黄金专业投资机构、黄金市场研究和其他用途（工业和医学）为辅的完全市场化的黄金产业结构（见图 4－1）。

随着市场规模的扩大，具有资金优势和成本优势的各大金矿开始整合上下游资源，使得产业结构更加完善。

2. 我国黄金市场的流通方式的特点是什么?

尽管中国人民银行已经退出了黄金的流通领域，但是保留了对这个具有货币属性的特殊商品的监控权，在上海黄金交易所成立时即明文规定，所有

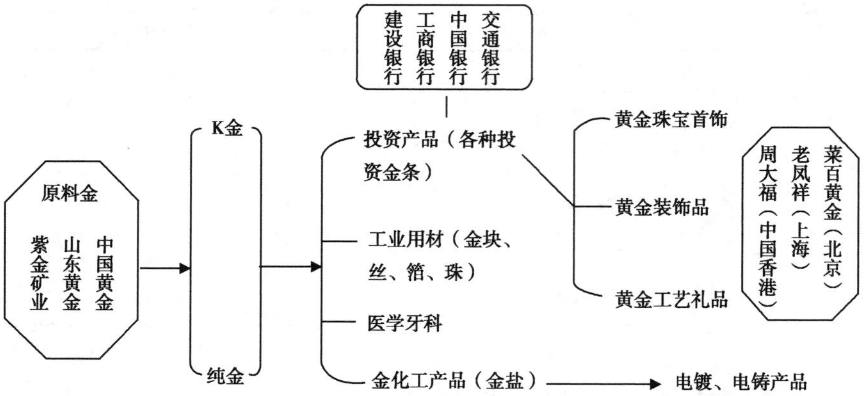

图 4－1　黄金产业链示意图

国产标准金条（含量在99.95%和99.99%）必须通过上海黄金交易所销售，上海黄金交易所代开增值税发票，并实行即征即退的政策。由于有明显的优惠政策，黄金首饰加工企业的标准金采购也绝大多数在上海黄金交易所完成，黄金的实物交割在指定的商业银行网点完成。随着上海期货交易所黄金期货的上市，这个政策也将上海期货交易所包括在内，这就形成了中国独特的黄金流通体系，即交易所交割成为国内黄金市场标准金供应的主要渠道，商业银行成为标准金流通体系中不可或缺的重要组成部分。正是这种独特的实物流通体系使黄金产业链的各个环节都必然参与到交易所交易之中，为企业进行套期保值奠定了良好的市场基础。

三、套期保值的基本功能和实现

套期保值是期货市场最基础的理论，相信在任何一本关于期货的读物中都能找到，因此在这里我们就不再详细阐述套期保值的基本原理了，但是理解套期保值的意义对于企业参与保值操作还是非常重要的，下面我们将结合黄金市场的特点就套期保值进行原理性阐述。

1. 黄金套期保值的基本功能是什么？

简单地说，期货市场套期保值的功能是规避风险和利润实现。价格风险管理是期货市场的基本经济功能之一，套期保值更是期货市场存在和发展的原动力。随着技术变革的日益深入，在当前经济发展环境下商品定价权由现货市场向期货市场的转移成为必然；市场节奏的高速变化导致商品价格波动率的大幅提高，传统的定价体系已经难以满足企业价格风险管理的要求，套期保值对于黄金企业而言已经不是一个或有或无的工具而是企业生存和发展的必然，是企业日常生产经营活动的一个关键组成部分。

真正市场化的黄金价格自黄金非货币化到现在仅有短短几十年的历史，美国的 COMEX 作为最主要的黄金期货交易所，其每天交易所形成的黄金价格已经成为现货黄金买卖的定价基础，即使是历史最悠久的伦敦金银交易场（LBMA），其绝大多数交易也是以衍生品交易方式完成的。包括安格鲁、黄金田等国际大型金矿在内的企业都无一例外地将套期保值作为其战略发展的一项重要工作。

【案例 4－2　紫金矿业利用黄金期货进行套期保值和风险管理】

2007 年与 2008 年之交，国际金价一路飙升，并在 2008 年 3 月 17 日达到 1033 美元/盎司的历史高位。金融危机深化后，黄金价格自历史高点回落，并在 2008 年 10 月 24 日跌破 700 美元/盎司，剧烈的价格波动使金矿企业面临黄金价格下滑风险，但黄金期货的适时推出给了企业进行套期保值及无风险套利的利器。下面以紫金矿业为例来介绍企业在期现套利的操作。

黄金期货上市首日价格高达 230.99 元/克，依据上述基差理论价格，806 合约应该高于现货金价约 5 元，结果价差达到 20 多元，因此，紫金矿业果断地在期货市场抛空，同时在黄金交易所现货市场买入，进行无风险套利。事实上，产金企业也可以不使用对冲，而是进行套期保值。据了解，1 月 9 日，紫金矿业尝试性地卖出了 130 手合约，此后的三个交易日，紫金矿业持有的空单数量大幅增加至 1513 手，且都是 6 月 15 日到期的。同时，紫金矿业在现货市场买入相等头寸现货进行严格的无风险套利。事实表明，套利的结果给紫金矿业带来了丰厚的利润。与套期保值相比，无风险套利手续简单、风险相对较小，但成本偏高。同样进行操作的还有紫金矿业、山东黄金、招金集团等金商。据报道，若以黄金期货 806 合约 1 月 14 日的结算价

219.28 元/克计算，短短 4 天，三大金商自营席位持有的空头合约价值就达到了 5.48 亿元，三大金商总持黄金期货 806 合约空单 2498 手。

为方便计算，我们假定紫金矿业期货空头头寸 1513 手，均价在 230 元/克，现货多头 1.513 吨头寸，均价为 205 元/克，6 月 11 日平仓了结头寸，期现平仓价格均为 195 元/克。上海黄金交易所交易手续费为 0.12 元/克，运保费 0.07 元/克，出库费 0.002 元/克，上海期货交易所交易手续费单边每手按照 60 元/克计算，仓储机会成本为 1.8 元/千克/天，每月 30 天，仓储期限 158 天。我们分别比较两种操作方式的效果：方案一，进行期现无风险套利，在 1 月 9 日建立 1513 手空头部位，同时在现货市场上买入 1.513 吨现货黄金；方案二，对未来几个月产出黄金进行套期保值，即 1 月 9 日建立 1513 手空头部位。

方案一的结果分析：这也正是企业所采用的。这种情况下，企业在期货市场上的收益为（230 - 195）×1513000 = 52955000 元。在现货市场上，企业亏损（195 - 205）×1513000 = -15130000 元，盈亏相抵后总盈利 37825000 元。交易费用方面，期货开平仓手续费为 1513 ×2 ×60 = 181560 元，黄金现货购置成本 1513000 ×（0.12 +0.07 +0.02）+158 ×1513 ×1.8 = 748027.2 元，总成本 929587.2 元，扣除成本后净利润 36895412.8 元。利润丰厚，套利成功。

方案二的结果分析：企业在期货市场的盈利不变，仍为 52955000 元，而在现货市场的机会成本与方案一中现货市场上的亏损一致，仍为 15130000 元，盈亏相抵后总超额收益为盈利 37825000 元。成本方面，因为不涉及现货买入，所花费的成本仅仅是期货交易成本，即 181560 元，扣除成本后盈利 37643440 元，套保成功。

比较上述两个方案，尽管套利交易成本较高，但其具有风险小、手续简单的优点，风险收益较大。在存在无风险套利的情况下，企业都愿意去做。上例中两种方式都存在的原因是市场存在无风险套利机会，但在一个有效市场，这种套利机会很少出现，因此套期保值常常以方案二的形式出现，这时套期保值效果要视基差变动是否有利而定，这样就会出现套期保值不完全成功的可能[①]。

---

① 资料来源：期货网。

2. 套期保值的基本功能是如何实现的?

期货市场套期保值操作之所以能够满足企业规避风险、锁定利润的要求，正是由于期货市场和期货产品的合约设计、制度规定弥合了标的物（我们这里就是黄金）在生产和需求之间的地域性和时间性差异，经济学理论称之为趋同性原理和趋合性原理，即同种商品的期货价格和现货价格走势趋于相同或一致（趋同性），期货合约临近交割时的期货价格和现货价格逐渐聚合并趋于一致（趋合性）。设计合理的期货合约应该是有利于套期保值操作，保证期货价格与现货价格的高度联动性。在这个基础上才能吸引具有保值需求的企业参与，在扩大市场规模的基础上增加市场流动性，进而强化期货市场的基本功能。我们通过考察黄金市场价格变化可以发现，黄金在趋同性和趋合性的表现上都非常适合成为一个期货品种，国际市场上并存的两大黄金交易所——伦敦黄金市场和纽约商品交易所，是全球规模最大的黄金现货市场和期货市场，我们可以看到黄金的期货价格和现货价格的关联性非常高，价格走势基本一致；而远期合约价格和近期合约价格之间也保持着非常稳定的价差关系。当一个合约临近交割时，纽约市场黄金期货价格与伦敦市场的黄金现货价格基本一致。同样的，上海黄金交易所和上海期货交易所的黄金价格也表现出了很强的趋同性和趋合性。

假设上海黄金交易所的现货黄金价格是每克 265 元/克，6 月期黄金价格是 268 元/克，交割成本是 1.5 元/克，如果 6 月期黄金在最后交易日的时候期货价格与现货价格的差价依然是 3 元/克，市场中就会有部分投资者从现货市场买入黄金，拿到期货交易所进行交割，挣取 1.5 元/克的无风险收益，随着类似交易规模的扩大，现货市场与期货市场之间的价差最终会被抹平，从而使得期货市场价格与现货市场价格达到趋合性。

基差（Basis）是指某一特定商品在某一特定时间和地点的现货价格与该商品近期合约的期货价格之差，即：基差 = 现货价格 − 期货价格。套期保值者利用基差的有利变动，不仅可以取得较好的保值效果，而且还可以通过套期保值交易获得额外的盈余。

再假设上海黄金交易所的黄金现货价格是265元/克，6月期黄金期货的价格是268元/克，如果现货市场价格下跌到260元/克的时候期货市场价格上涨到270元/克，那么一些投资者会在现货市场买入黄金，转而在期货市场抛出，如果在6月合约到期日之前价差依然存在，投资者可以选择进行实物交割，保证投资获得稳定的收益。同样，随着类似交易规模的扩大，两个市场之间的价格最终将被抹平，从而使得期货市场与现货市场达到趋同性（见图4-2）。

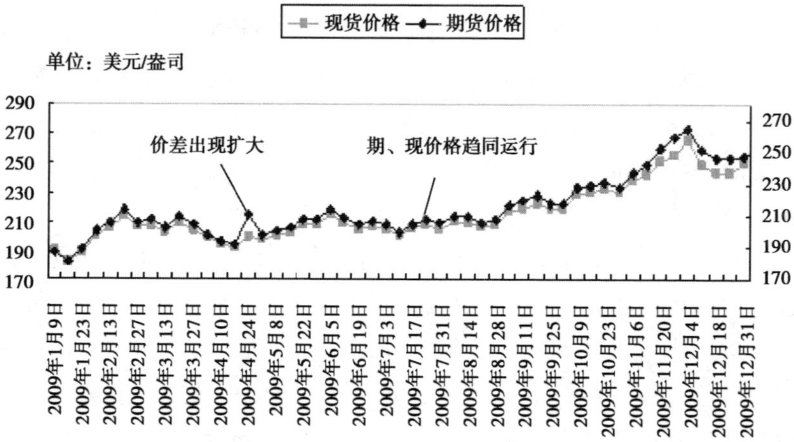

图4-2 2009年黄金市场期现货价格走势高度趋同

数据处理：经易黄金研究中心。

3. 黄金企业如何参与期货市场套期保值?

黄金企业如果希望利用套期保值达到规避风险、锁定利润的目的，就必须从准备工作开始规范化运作，将套期保值作为一项正常业务进行操作和管理，坚决避免随意性和投机性操作，具体措施包括：

（1）市场认识和观念意识的准备：由于国内期货市场发展时间较短，黄金期货更是一个较新的品种，尽管国际黄金期货市场对国内的黄金市场的影响已经非常大，但是从黄金产业而言对市场的认识和在观念意识上仍然非常欠缺。国内黄金企业（无论是矿山还是首饰加工企业）都没有把套期保值作为企业发展的一个重要环节给予充分的关注，多数市场参与者抱着侥幸心理，在操作上有很大的投机性和随意性，结果不但没有得到应有的帮助，反而产生不必要的损失，甚至严重影响了正常的生产和营销活动，更有甚者，由于风险控制不利导致企业破产。深圳是我国黄金首饰加工的集散地，每年都有上百家黄金加工企业成立和消亡，在这中间，多数企业的消亡与价格风险管理不善有着直接的关系，而市场认识的欠缺和观念意识的错误又是导致决策失误的主要原因。因此，在进行套期保值操作以前，企业的决策者必须建立正确的市场认识和观念意识：期货市场不是洪水猛兽，市场风险是可以通过有效的手段进行管理的，既不能只看到风险而裹足不前，也不能盲目自大忽视风险的存在，应该理性地认识期货市场基本功能并充分发挥套期保值在企业正常生产活动中的作用，避免由于随意性和投机性操作割裂期货市场与现货市场的必然联系。

（2）套期保值前的工作准备：套期保值是企业以价格风险管理为目的的经营行为，应作为生产经营的一个必要环节进行管理和控制，在开户和交易、资金管理、风险控制、财务处理等方面要做好全面的准备工作。

①进行套期保值操作应寻找合格的期货公司开立期货账户，避免参与地下黄金交易有可能对企业资金安全和保值操作难以正常进行带来的隐患；在我国，由于市场开放与发展过程中的差异，加上黄金的特殊属性，存在着大量的非法地下黄金交易，严重影响了黄金市场的健康发展。很多黄金企业在对市场不甚了解的情况下加入到地下黄金交易中，在缺乏法律保护和被恶意误导的情况下损失惨重。期货市场的功能受到这些负面影响而被歪曲，正常的市场秩序被打乱，投资者和黄金企业的利益难以得到应有的保障。鉴于地下黄金交易所产生的极大的负面作用，国家一直采取措施严厉打击非法黄金交易。黄金企业也应该提高警惕，一定要通过正规的期货公司进行黄金期货交易。其实，寻找正规的期货公司的办法非常简单，只要登录中国期货业协会网站查找一下，就能准确地找到所在地的所有期货公司或营业部的地址和联系方式等信息。中国证监会对所管辖的国内期货公司的管理非常严格，只要是在正规的期货公司进行黄金的期货交易，投资者的权益都能得到很好的保护。

套期保值方案的制订是企业的一项重大决策，但是很多企业领导把这个决策权交给了不可能承担如此重大责任的研发人员或者销售人员，要么就是完全凭自己的感觉进行决策，上述方式都是严重错误的。正常的决策过程应该是由企业的市场研发人员定期向决策者提供客观的市场分析报告，决策者结合生产加工计划制订套期保值方案交给指定交易人员执行，交易人员负责跟踪方案的操作情况并向决策者汇报，同时严格控制风险。

②企业进行套期保值操作一定要严格执行资金管理和风险控制制度，套期保值所交易的数量应控制在企业经营的业务量范围以内，坚决杜绝超量交易情况的发生。在工作中我们经常会发现一些企业黄金实物的使用量并不大，但是所号称的套保头寸却大得惊人，尽管头寸方向相反的原则是对的，但是由于套保头寸过大带来的风险难以通过现货市场产生的收益进行消化，企业非但没有通过套保交易规避风险，反而遭受到了很大的打击，其实这是一种变相的投机行为，对企业经营是有害无益的。

我们在进行套期保值操作时应该清楚地认识到保值的目的是为了规避风险、控制成本和锁定收益，现货黄金的生产和加工所获得的收益是企业的核心利润来源，套期保值所可能带来的收益仅是对业务核心的补充或对风险的抵消，不是企业核心利润的来源，而期货市场产生的损失也是为了转移现货市场风险造成的，不应割裂期货套期保值操作与现货生产加工之间的财务联系，需保证期货操作与现货操作的同步性，避免出现单边头寸暴露的风险。一些企业在建立保值头寸时是按照现货市场的需要进行的，但是在对冲保值交易时经常抱着侥幸心理或赌博心态仅进行半边交易，主要表现在先将有收益的一边对冲掉，而保留亏损的一边，希望价格能向对自己有利的方向运动，从而达到两边都挣钱的目的，这种做法往往产生与预期相反的效果，从结果上看，与前面直接建立超过业务规模的保值头寸的情况是一样的，无论保值方案如何制订，其基本原则都是与现货市场同进同出，否则就不能叫套期保值，我们应该严格遵循这个原则。

进行套期保值所用的资金不能占用正常生产经营所需的流动资金；一些企业为了迅速扩大生产规模，提高短期收益，盲目地将企业用于维持生产活动的流动资金挪用来进行超规模的套期保值操作，企业因此承担了沉重的资金负担，一旦出现不利情况，就会出现现金枯竭，生产加工难以为继情况，给企业造成了致命的打击。

反观那些资金管理严格，操作规范的企业在保值操作过程中显得游刃有余，不但能利用套期保值化解现货价格风险，反而能给企业带来很好的现金流，甚至给企业创造额外的收益。

③建立完善的财务制度，将套期保值作为企业正常经营行为，在财务上建立和健全套期保值的账目处理和损益冲销制度。期货市场套期保值的操作结果既有获利的时候也有亏损的时候，这些都是正常的经营行为，应与现货生产和销售合并计算，通过财务制度的管理和监控也可以有效地避免投机性和随意性操作。

（3）工作程序准备和人员准备：

①为保证期货市场套期保值操作的正常进行，黄金企业在进行保值操作前就应该建立完善的决策和管理制度，由于套期保值操作涉及企业的核心利益，责任承担成为执行中面临的最大问题，在没有完善的机制作保证的前提下，最终只能是老板的“一言堂”，既做决策又做交易，不但辛苦，压力大，而且效果还不好，企业的生产经营活动也经常会随着黄金价格的变化而大起大落，企业难以在一个相对稳定的环境下正常发展。避免这个局面发生的有效方式就是明确市场分析、计划决策、交易操作和风险控制等各个环节的责权利，将各环节有机地结合起来发挥作用。

②黄金企业应培养自己的专业人员进行相应的工作，由于我国高水平期货专业人员的匮乏，加上黄金产业对套期保值的意识不强，多数黄金企业基本没有自己的专业人员，往往是依靠期货公司来为企业的决策提供参考和服务，但是期货公司的主要业务是代理交易，虽然其在一定程度上能帮助企业完成部分分析和策略制订工作，但是由于对企业的生产经营和财务状况了解不深和专业人员精力有限，不可能完全满足企业的需求。因此，培养自己专业人员的工作至关重要，是黄金企业做大做强必不可少的工作。这项工作需要一个认识和发展的过程。

以国内市场发育最成熟的期货品种——大豆的相关企业为例，大豆压榨行业企业大都曾经在市场经营中遭遇了由于价格的大幅波动和套期保值操作不规范导致的巨额损失。经过长期的洗礼，套期保值已经成为企业在这个品种相关行业生存和发展的必须。以中粮集团为首的大豆加工生产企业全面参与期货市场，有专门的业务部门将套期保值交易作为日常生产经营活动的内容进行管理；行业中的规模性企业也都有自己的交易和研发团队，有完善的交易管理制度，在这种条件下，套期保值使这些企业在应对价格风险、提高竞争水平上取得了巨大的优势。

目前，我国的黄金行业还处于起步阶段，黄金市场发育还有一个过程，现阶段的市场状况给我国黄金企业提供了一个高速发展的机遇。我国人口基数大，黄金消费和投资的潜在需求还没有完全释放出来。目前，我国年度实物黄金消费刚刚超过 300 吨，而印度的年度黄金消费达到 800 吨，黄金的市场前景非常光明，而当前的市场结构决定了黄金企业能否抓住这个机会的一个关键就是期货市场专业化人员的水平和素质。如果培养专业人员成为行业惯例，那么既能够大幅提高黄金企业整体的专业化水平，也能为我国黄金市场的发展发挥更大的积极作用。

四、套期保值在黄金市场中的运用

企业经营是以预期收益最大化为宗旨的，而传统套期保值理论所达到的目的只是将风险降低到最小，这个结果令很多企业经营者对传统套期保值交易非常不满。我们在 2003 年上海黄金交易所成立之初就开始向国内的黄金矿山企业讲解套期保值原理，并一直按照传统的套期保值理论执行保值操作，但是经过几年的操作，我们发现由于黄金价格的持续上涨，进行套期保值操作的矿山企业的业绩反而不如没有进行套期保值操作的矿山企业。在黄金协会理事长会议上，大家对是否需要进行套期保值争论不休，以矿山企业为主的声音是不需要进行保值，而以首饰加工企业为主的声音是套期保值给他们带来了很好的收益，那么我们应该怎样利用黄金期货市场进行套期保值操作呢?

1. 传统套期保值理论在现代企业经营中遇到哪些问题?

传统套期保值理论认为，套期保值者是为了回避现货市场的价格风险才进入期货市场的，减少价格风险是套期保值者的唯一动机。也就是说，现货企业是愿意从兜里掏出一部分钱来换取不要损失更多的钱的。因此，传统套期保值交易需要遵循四个基本原则：品种相同原则、方向相反原则、数量相等原则和时间相近或相同原则。在这四项原则的指导下，套期保值者的确可以将现货市场的风险降低到最低程度，但是也牺牲了未来潜在的收益，从而违背了企业追求收益最大化的基本原则。在激烈的市场竞争中，亏损是一种绝对意义上的倒退，而成长达不到市场平均水平是一种相对意义上的倒退，这两个结果都是不能被企业所接受的，传统套期保值正是陷入了第二种情况的被动境地。就以黄金进入新世纪以来一直持续的牛市行情为例，作为黄金矿山企业，如果简单地为了保证已经看到的效益而盲目地在市场启动阶段就建立长期的套期保值头寸，在下跌风险很小的情况下的金价上涨带来的超额收益就白白损失掉了，企业丧失了相当部分快速发展的动力来源。由此看来，企业要求的是回避风险与收益最大化二者兼得的理想效果，传统套期保值理论显得无能为力了。套期保值者开始通过调整和选择套期保值的品种、期限、持仓头寸和方向来获得控制风险以外的收益，发展出动态套期保值理论。

2. 什么是动态套期保值?

动态套期保值理论的核心是套期保值者在期货市场进行的套期保值操作，实质上是将期货市场和现货市场上的资产进行组合投资，其目的在于在既定风险条件下最大限度地获取利润，或者在预期收益固定的前提下把风险降到最低。由此导致套期保值者打破传统套期保值理论坚持的四项基本原则，而是在套期保值期间随着时间的推移，随着交易者风险偏好和价格预期的变化调整期货市场和现货市场之间的保值比率；运用在黄金市场中就是套期保值者通过分析，确定黄金价格的运行特点和趋势、周期、价格波动率等因素，再根据这些因素发生的时间、规模等调整套期保值的头寸和方向达到在确定的风险条件下获得最大收益的目的。

3. 目前黄金市场价格变动的特点有哪些?

为了使动态套期保值能够达到理想的效果，黄金企业必须对黄金市场有全面、深入的分析和了解，在掌握了黄金市场的基本状况以后有的放矢地制订套期保值计划才能取得期望的效果，那么目前黄金价格在运行过程中表现出哪些特性呢?

（1）黄金价格的趋势性，黄金是一个周期性很强的投资品种，从其长期的价格图表中我们可以清晰地看到，从 1980 年开始的一轮熊市经历了将近20年，而从1999年发生的“9·11”事件成为黄金目前运行的牛市的起点，金价在这10年来一直处于上涨趋势中。

2009年爆发的全球性金融风暴导致美元泛滥，美元币值大幅下跌，资本市场风险加大，收益下降，投资者避险需求大增。黄金在这个特定历史环境下成为热点投资品种，投资需求旺盛，由于价格高企导致的消费需求的减少被投资需求所代替并导致需求总量的增加；供给方面矿产金受到资源限制和开采能力的限制，即使金价继续上涨也很难增加供给规模，官方售金行为受到金融市场影响而停滞，再生金供给增幅有限，难以弥补矿产金产量下降和官方售金数量减少产生的供给缺口。因此，从黄金的实物供求形势来看，在未来相当长的一个阶段，全球黄金的供求关系将保持紧张状态，由此导致的黄金的趋势性走势将延续下去（见图4－3）。

图4－3　1998年10月～2009年1月国际金价走势

数据处理：经易黄金研究中心。

（2）黄金价格呈现明显的季节性波动特点，通过长期的价格考察我们发现黄金价格在长周期的上涨趋势中的中短周期价格表现出明显的季节性，即年度的价格高点出现在年初（第一季度）的概率非常高，而年度低点基本上都出现在年中（六七月份），整个年度的价格走势呈现碗状形态，即两边高中间低，而每次的中期行情又多数是从 9 月份开始发动一直延续到第二年年初（见图 4－4）。这种规律性价格运动形成的主要原因是：每年的夏季是西方传统的夏季假期和东方的黄金消费淡季，市场呈现阶段性需求不足，导致金价出现回落；而进入秋季以后由于北半球特别是以印度和中国为代表的农业大国进入收获季节，对黄金有特别偏爱的消费人群随着各种假期（如我国的国庆、春节等重要假期）和婚嫁高峰的来临而大量购买黄金，黄金的消费旺季来临，同时西方的夏季假期结束以后，投资活动开始逐渐活跃起来，两个因素共同作用的结果是金价在这一时期表现强劲。

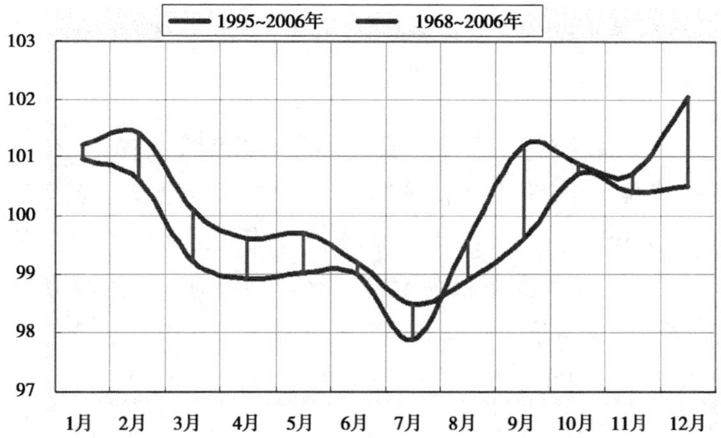

图 4－4　黄金价格的季节性波动特点

数据处理：经易黄金研究中心。

（3）黄金价格的波动幅度逐年增加，随着金价绝对水平的逐年提高，在相同价格变化率的基础上金价的绝对值变化增加，我们将黄金从 1999 年进入上涨周期以来的价格表现分为三个阶段。

1999 年 9 月到 2001 年 7 月为第一个阶段（见图 4－5），在这个阶段里金价处于反弹筑底阶段，价格表现还没有呈现出有规律的季节性上涨，属于市场的底部确认时期，这一区间内金价不但没有上涨反而出现了下跌，但是正是这个阶段给未来黄金的长期上涨打下了坚实的基础。

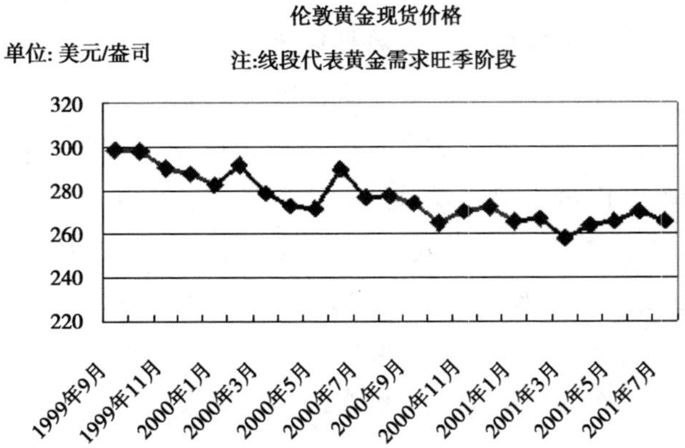

图 4－5　1999 年 9 月到 2001 年 7 月黄金价格的季节性波动特点

数据处理：经易黄金研究中心。

2001 年 7 月到 2005 年 7 月为第二个阶段（见图 4－6），在这个阶段内金价表现比较温和，金价从绝对价格处于低位的区间开始缓步攀升，尽管相对涨幅都达到 20% 左右，但是绝对幅度都没有超过 100 美元，因此尽管经历了 4 年的上涨，整体涨幅仅为 85%，金价的绝对水平也没有超过 500 美元/盎司；不过金价从这个阶段开始已经显现出了季节性上涨的特点，阶段内的明显涨势都出现在年底年初的跨年度行情中。

2005 年 7 月到现在为第三个阶段（见图 4－7），这个阶段金价的主要运行特点是：上涨幅度大幅增加，同时调整的幅度和周期都同比增加。这一阶段又可细分为以下几个小阶段：2005 年 7 月到 2006 年 5 月，涨幅将近 75%，绝对涨幅达到近 300 美元；随后是为期 16 个月的调整阶段，最大调整幅度达到近 20%；2007 年 8 月到 2008 年 3 月，涨幅超过 50%，绝对涨幅达到 350 美元；随后是为期 17 个月的调整阶段，最大调整幅度超过 25%。

2009 年 7 月开始至今运行的是新的一轮涨势，尽管这轮行情尚未结束，但是已经表现出较之以往更大的规模，当前最大涨幅已经达到 28%，绝对涨幅超过 300 美元（见图 4－8）。

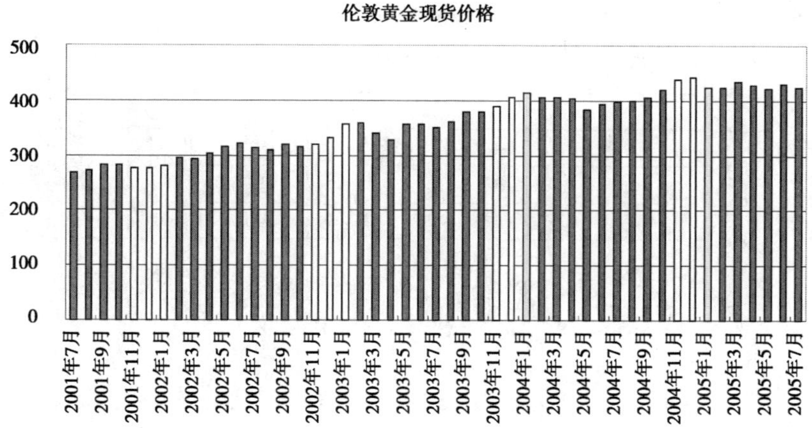

图 4-6 2001 年 7 月到 2005 年 7 月黄金价格的季节性波动特点

注：浅色柱代表需求旺季。

数据处理：经易黄金研究中心。

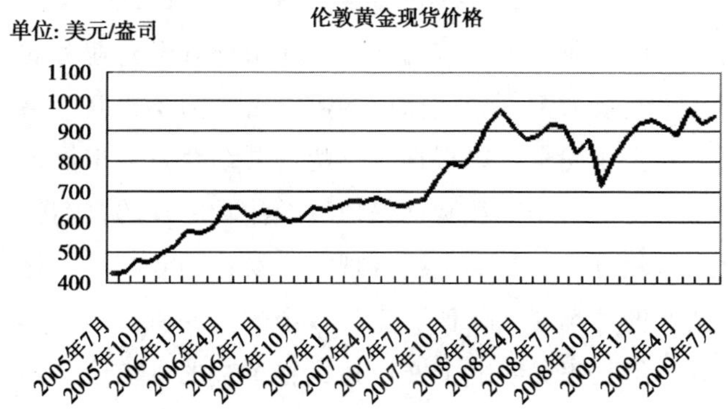

图 4-7 2005 年 7 月到 2009 年 7 月黄金价格的季节性波动特点

数据处理：经易黄金研究中心。

通过分析我们不难看出，金价在这个阶段依然表现出明显的季节性走势，同时整体波动幅度大幅增加，基本上每次上涨的绝对规模都超过了第二阶段 4 年的总体涨幅。

(4) 如何利用黄金价格波动的特点进行动态套期保值？

我国黄金产业的结构相对比较简单，主要由黄金矿山企业（以中金黄

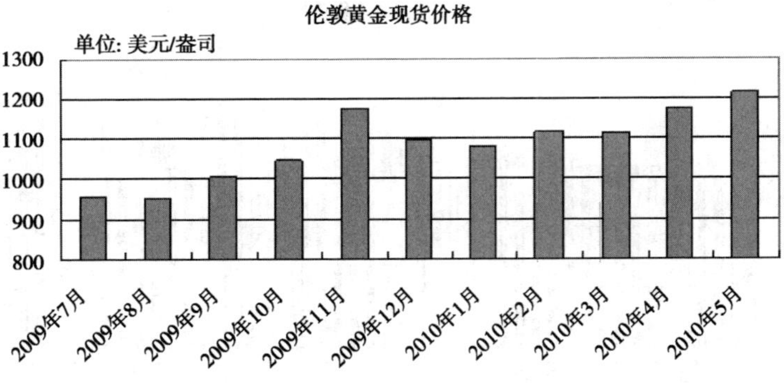

图 4－8　2009 年 7 月至今黄金价格的季节性波动特点

数据处理：经易黄金研究中心。

金、山东黄金和紫金矿业为主)、商业银行和黄金珠宝加工企业为主，在这些市场参与者中商业银行从经营和操作策略方面更注重于低风险固定收益模式，很少进行以单向自营为目的的现货黄金交易业务，因此基本不存在套期保值的需求；黄金矿山企业和黄金首饰加工企业由于其经营业务的主要对象就是黄金现货，其天然成为黄金套期保值的需求者。为了提高套期保值的效率，参与套期保值的企业完全可以根据自己的需要结合黄金市场价格变化的规律进行趋势性套期保值、季节性套期保值以及流转库存的套期保值等动态套期保值操作，在风险可控的基础上结合现货交易达到效益最大化。

①黄金矿山企业的动态套期保值。作为黄金的主要供应商，其天然地成为单边卖出保值者，但是正如我们上文所述，在黄金的牛市阶段卖出保值对于矿山而言虽然规避了价格下跌的风险，但是由于金价上涨带来的潜在收益也被大大削减了，这对于以追求效益最大化为目的的经营实体而言是不能接受的。正如我们上文所述，使用传统方式进行了套期保值的矿山企业的收益远远低于没有进行套期保值的矿山企业的收益。那么在当前的市场环境下矿山企业真的不需要保值吗？当然不是，从上文的分析中我们可以看到，尽管市场价格总体水平是在不断地上涨，但是上涨的时间周期远远少于调整周期，而且由于调整幅度可观，保值操作对于黄金矿山企业的效益而言还是有很大的影响的，关键在于企业是否能有效利用金价波动的特点进行有效地动

态保值。

• 趋势性套期保值操作：它主要用于大型矿山企业为防范周期性下跌风险对生产经营造成的巨大冲击而进行的长期性套期保值操作。在 1980 年到 1999 年的长达 20 年的黄金下跌周期内，这种操作模式对国际大型黄金生产商的正常运营发挥了积极作用，在市场中表现为大规模的生产商对冲操作，在形式上更接近于传统的套期保值操作。由于目前黄金市场处于牛市阶段，我们不建议国内的黄金矿山企业现阶段进行长周期的套期保值操作。因此，趋势性套期保值操作在国内暂时没有可操作性；但是任何一种商品的价格都不可能只涨不跌，周期性的价格变化同样适用于黄金市场，所以我们必须保持对黄金价格趋势的高度关注，当确认黄金价格完成了上涨周期以后，趋势性套期保值操作将成为国内黄金矿山企业首选的套期保值方式。矿山企业必须以发展的战略眼光来看待趋势性套期保值操作将对公司经营发展产生的巨大影响，充分发挥其周期性作用保证企业拥有一个长期稳定的发展空间。

• 季节性套期保值操作：作为黄金开采企业，矿山的经营模式比较简单，其产出规模，生产成本和生产周期都非常稳定，因此年度生产计划比较好制订，在这个基础上完全可以制订相应的季节性套期保值计划，其特点如下：

①周期短：以月为单位，一般不超过一年。

②操作灵活：根据金价季节性特点在年初明显的高价格区间进行入市操作，而在年中明显的价格低价区间进行平仓操作，获得稳定的区间收益。

③规模有限、资金管理相对简单：由于仅为一年或不到一年的产量，总体规模有限，需要使用的资金容易测算，且不会对企业经营产生较大压力。

④交易操作简单：由于明确了套期保值的总规模，可以采取整体入市，分阶段平仓的交易策略，即在金价处于高价区时将计划进行套期保值的总量全部在市场中卖出，根据上海期货交易所黄金交易的特点，建议选择的月份应该以 6 月合约和 12 月合约为主，数量各占一半，随着消费和投资旺季的结束，金价会出现一个快速回落的过程，此时可以选择平仓三分之一到四分之一；进入夏季的消费淡季以后，金价会表现出缓步下跌和交易清淡的特征，此时可以再平仓二分之一到三分之一，这样 60% 以上的产量已经按照预期价格完成销售，剩余部分在旺季来临以前择机出场，全年的套期保值计

划就顺利完成了。

下面就是一个具体的操作案例。

从 2006 年 5 月到 9 月，金价从 730 美元的高点最低跌到 560 美元，跌幅超过 23%；从 2008 年 3 月到 9 月，金价再次从高点的 1032 美元下跌到 682 美元，跌幅更是超过 34%，这两次有相当幅度的市场回调，这对于黄金生产企业而言进行阶段性保值都是非常具有可操作性的（见图 4－9）。

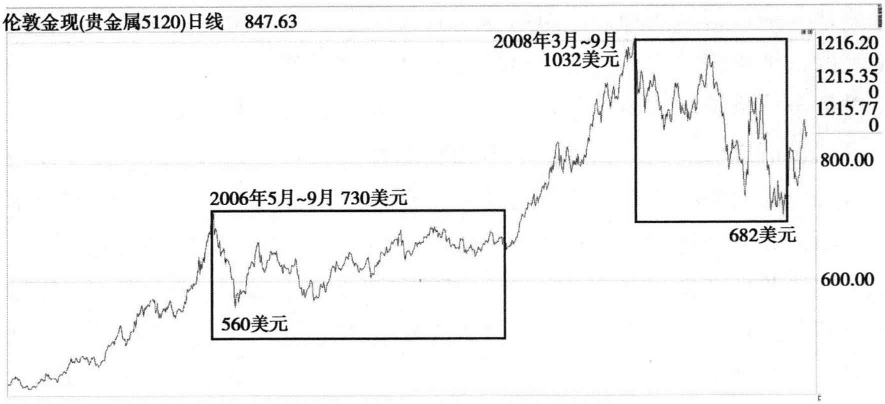

图 4－9　黄金生产企业套期保值机会分析

数据处理：经易黄金研究中心。

当金价进入到季节性高点以后，黄金矿山企业完全可以在高价区为本年度至少半年的产量进行套期保值操作。假设某金矿月产黄金 150 公斤（相当于 150 手期货合约），在确定金价已经达到季节性高点以后，于 2006 年 5 月以 180 元/克在上海期货交易所卖出 10 月黄金期货合约 600 手，到 6 月中旬时以 145 元/克的价格买回 200 手，同时在现货市场以 143 元/克的价格卖出 200 公斤现货，经计算，其实际销售价格为：

143＋(180－145)＝178（元/克）

较不进行保值操作多销售：35 元/克×1000 克×200＝700（万元）

到 9 月底，其将剩余的 400 手按照 150 元/克的价格买入平仓，同时在现货市场以同样的价格卖出 400 公斤黄金，这部分黄金实际的销售价格为：

150 +（180 - 150）= 180（元/克）

较不进行保值操作多销售：30 元/克 ×1000 克 ×400 = 1200（万元）

两次操作合计多销售 1900 万元。

通过这样的套期保值操作，使得原本在消费淡季只能低价销售的黄金可以按照该年度相对较高的市场价格销售出去，企业有效地规避了价格下跌给生产效益带来的影响。

在期货市场进行套期保值操作时，现货销售可以采取更灵活的策略，既可以严格地按照套期保值计划在期货头寸平仓时将现货销售出去，也可以与期货市场操作保持一定的独立性，即同样利用金价的季节性特点调整销售进度，在上半年金价较高时降低库存，加快销售进度，而在年中时提高库存水平，减少现货销售，待进入旺季以后再在理想的价格区间释放库存，完成销售；由于有期货市场的头寸做保障，现货销售可以变得更有弹性，两者相辅相成可以给矿山企业带来更高的收益。

注意事项：季节性套期保值操作是一种反趋势操作行为，在进行交易前必须做好充分的市场分析和交易准备工作，严格执行资金管理和风险控制原则，尽量降低入市阶段的风险水平，保证平稳度过价格波动率较高的时期。

②黄金珠宝加工企业的动态套期保值。对这类企业的经营模式进行考察后发现，黄金珠宝加工企业的业务范围包括了原料采购—产品加工—成品销售的各个环节，从采购到销售需要经过一个月甚至几个月的销售周期。为了保持经营的连续性，企业必须长期保证一定量的库存。由于市场竞争激烈，品牌价值难以在销售中得到充分体现，销售利润主要体现在销售价格和成本之间的差价上。在销售利润被摊平的情况下成本价格成为决定企业成败的关键。此时企业就处于一个矛盾的境地，在持有一定库存的情况下还要保证原料成本不能过高，为了防范库存原料价格的下降，其在经营过程中有相当长的一个阶段是作为卖出套期保值的角色进入黄金期货市场的。只有在需要购买原料的时候，企业才站在了买入套期保值的队伍中，而这种行为往往是短期性和阶段性的。通俗地说，首饰加工企业相对于黄金涨价而言更担心金价下跌。

通过分析我们可以看到，如果说黄金矿山企业在金价上涨趋势中可以考虑少进行甚至不进行套期保值操作都具有一定的合理性，那么黄金加工企业由于业务范围广，角色转化快等特点决定了它们必须经常参与套期保值操作。套期保值应该是他们日常业务的一个重要组成部分，与产品的生产销售保持密切的联系，企业所应采取的是以流转库存为核心的套期保值策略，同时结合黄金的趋势性和季节性特点综合运用套期保值手段。

每年春节都是我国传统的黄金销售旺季，而国际市场黄金价格此时也处在较高位置，为了降低生产成本，黄金首饰加工企业可以提前在上海期货交易所进行买入套期保值，一方面锁定了原料成本，同时由于期货交易实行保证金制度，企业还能节省资金，可谓一举两得。

例如：某黄金首饰加工企业预计 2009 年春节销售黄金首饰、饰品等共计 100 公斤，为了满足生产需要，其在 2008 年 11 月以 165 元/克的价格在上海期货交易所买入 2009 年 2 月期黄金合约 100 手，到 2008 年 12 月底，该企业需要购买现货进行生产加工，于是其在上海期货交易所将 100 手 2 月合约以 190 元的价格卖出平仓，同时在现货市场以 189 元的价格买入 100 公斤黄金。

通过计算我们可以得出：该企业每克黄金节省了（190－165）－（190－189）＝24 元/克，合计少支付原料购买费用 24×100×1000＝240 万元。

如果库存管理不善，黄金首饰加工企业的库存水平与黄金价格的走势容易呈负相关性。这种负相关性是企业市场行为导致的，金价上涨引发需求增加，企业库存减少；当企业为满足需求而增加库存时，金价开始下跌，金价下跌导致需求不足，企业被迫增加库存。而对企业的经营而言，这种负相关性产生的效果往往是不但增加了企业的负担，而且还可能引发企业经营亏损，如果企业能将库存水平调整到与金价呈正相关性，对生产经营而言将非常有利。

③对流转库存进行套期保值。在抵消了进项和出项的黄金用量以后，企业经过统计可以得到一个最低库存水平，这部分库存是保证其正常生产经营所必不可缺的，但是保有这些库存黄金（原料或成品）将面临相应的价格风险，此时需要首先考虑的问题应该是价格风险控制，而非收益最大化，因此采取适当的套期保值操作是正确的选择，企业完全可以采用传统的套期保值方式对这部分库存进行保值操作，所需要做的仅仅是根据库存数量的变化

对期货头寸进行适当调整。

例如：同样是该黄金加工企业，在2009年春节销售旺季过后统计仍有30公斤产品没有销售出去，为了避免金价下跌造成的损失，该企业在上海期货交易所6月期黄金合约上以215元/克的价格卖出30手；为了尽快将库存产品销售出去，企业决定每克降价5元进行促销，到2009年4月这批库存产品基本销售完成，该企业以192元/克的价格买入平仓，共获利69万元，该收益不但弥补了企业降价促销减少的收益，还使企业多收益（215－192－5）×30×100＝54万元。

④趋势性套期保值和季节性套期保值的综合运用。对库存进行的套期保值只能满足很小部分的风险控制需求，相对于每年大量的销售而言，库存规模无法相比，解决这个问题的关键在于适当地选择趋势性套期保值和季节性套期保值，以达到降低采购成本，提高销售价格的目的。在销售淡季的尾端和旺季开始之初建立多头套期保值头寸，由于期货市场采用保证金制度，在合理规模下的资金使用不会对正常的生产经营产生格外影响，随着旺季的延续，现货将持有的期货头寸逐渐向现货市场转移，满足销售需要，套期保值操作得到实现，采购成本将大幅下降。当销售达到顶峰时，也是金价进入季节性高价区的时候，此时可以盘点一下库存总量，根据库存规模进行卖出套期保值操作，保证未完成销售的成品能拿到理想的销售价格。

注意事项：严格控制套期保值的总体规模，应该以年度销售总量和库存水平为依据，杜绝盲目扩大套保头寸，将套期保值操作转变为单边的投机性交易。虽然市场方向性把握没有问题，但是由于对金价走势分析的差异存在着入市时机的偏差，应该正确认识由此可能带来的阶段性资金损益，套期保值的实际效果必须和现货采购与销售情况合并计算。在确定性不高的时候应采取保守的套期保值策略。套期保值操作还要注意资金管理和风险控制。

本章通过分析套期保值的基本原理，阐述套期保值理论在实际应用中的发展和变化，将动态套期保值理念引入黄金期货套期保值操作中；结合黄金价格运行的特点，通过分解黄金行业的产业结构，具体说明了不同目的的套期保值者应该如何通过动态套期保值在生产经营过程中有效控制价格风险，从而获得最大的效益。

自 测 题

一、单选题

1. 当现货价格与期货价格的差值（基差）拉大时，对(　　)参与者最有利。

A. 黄金矿产企业　　B. 回购黄金的店铺

C. 黄金加工企业　　D. 消费者

2. 某金矿已产黄金200公斤（相当于200手期货合约），在确定金价已经达到季节性高点以后，于2006年5月以180元/克在上海期货交易所卖出10月黄金期货合约200手，到6月中旬时以145元/克的价格买回200手，同时在现货市场以143元/克的价格卖出200公斤现货，这和不做套期保值操作相比，多销售了(　　)元。

A. 400万　　B. 500万

C. 600万　　D. 700万

3. 下面选项不属于套期保值与投机的区别的是(　　)。

A. 交易目的不同　　B. 承受风险不同

C. 操作方法不同　　D. 交易平台不同

4. 下面哪一个选项通常来说是黄金需求旺盛月份(　　)。

A. 5月　　B. 6月

C. 7月　　D. 12月

5. 下面选项不属于动态套期保值的是(　　)。

A. 趋势性套期保值

B. 季节性套期保值

C. 流转库存套期保值

D. 不考虑价格影响因素，实行“即买即卖”

6. 下面选项不属于套期保值的作用的是(　　)。

A. 规避价格风险

B. 利用基差操作在保值的基础上实现额外盈利

C. 锁定利润

D. 获取较高盈利

7. 如果黄金生产商为了抵御价格下跌所带来的收益下降，那他应该在黄金期货市场进行(　　)操作。

A. 交易相同数量，选择做空方向　　B. 交易相同数量，选择做多方向

C. 交易两倍数量，选择做空方向　　D. 交易两倍数量，选择做多方向

8. 下面哪一个选项不属于传统套期保值交易需要遵循的原则(　　)。

A. 品种相同原则　　B. 数量相等原则

C. 方向相反原则　　D. 时间差异性原则

9. 对于相关经营者来说，为了防范价格下跌风险，做套期保值时应该依托下列(　　)市场平台。

A. 地下黄金市场　　B. 黄金期货市场

C. 黄金现货市场　　D. 白银期货市场

10. 企业在做套期保值时应该以下面(　　)项为主。

A. 追求高收益　　B. 控制风险

C. 业余交易　　D. 短线波段炒作

二、判断题

1. 套期保值是利用现货和期货市场价格的不同走势而进行的一种避免价格风险的方法。(　　)

2. 在正常情况下，期货价格高于现货价格（或者近期月份合约价格低于远期月份合约价格），基差为负值，这种市场状态称为正向市场，或者正常市场。(　　)

3. 现货市场和期货市场走势的“趋同性”使得套期保值交易行之有效。(　　)

4. 期货市场套期保值者是期货市场的风险承担者。(　　)

5. 期货交易的价格和实物商品交易的价格一样，都具有连续性和公开性。(　　)

6. 黄金市场价格不受季节性因素影响。(　　)

7. 黄金价格上涨时，做套期保值对黄金生产企业有利。(　　)

8. 企业在做黄金套期保值时，应该在期货市场选择相同数量但方向相

反的操作，后期平仓时间可以在现货交易完成后一个月内进行。 ( )

9. 黄金生产企业在做套期保值时采用的是买期保值。 ( )

10. 相关企业在做黄金套期保值时主要是以盈利为目的。 ( )

三、填空题

1. 套期保值是指把( )市场当作转移价格风险的场所，利用期货合约作为将来在现货市场上买卖商品的临时替代物。

2. 现货和期货市场的走势具有( )（在正常市场条件下），是因为这两个市场受同一供求关系的影响，所以二者价格同涨同跌。

3. 对于经营者来说，他所面临的市场风险是商品收购后尚未转售出去时，商品价格下跌，这将会使他的经营利润减少甚至发生亏损。为回避此类市场风险，经营者可采用( )方式来进行价格保险。

4. 期货市场套期保值的功能是( )和( )。

5. 基差=( )-( )，套期保值者利用基差的有利变动，不仅可以取得较好的保值效果，而且还可以通过套期保值交易获得额外的盈余。

6. 正常情况下，黄金价格受到季节性波动影响，在每年10到12月份，黄金价格一般表现为( )。

7. 某黄金首饰加工企业预计2009年春节销售黄金首饰、饰品等共计100公斤，为了满足生产需要，其在2008年11月以165元/克的价格在上海期货交易所买入2009年2月期黄金合约100手。到2008年12月底，该企业需要购买现货进行生产加工，于是其在上海期货交易所将100手2月合约以190元的价格卖出平仓，同时在现货市场以189元的价格买入100公斤黄金，则该企业额外获得( )元。

8. 黄金矿山企业作为黄金的主要供应商，其天然地成为单边( )保值者。

9. 在正常市场（Normal Market）中，现货价格上升幅度低于期货价格上升幅度，买期货避险者会希望基差（Basis）之绝对值( )。

10. 套期保值操作要注意( )和( )。

参考答案

一、单选题

1. A　2. D　3. D　4. D　5. D　6. D　7. A
8. D　9. B　10. B

二、判断题

1. 错　2. 对　3. 对　4. 错　5. 错　6. 错　7. 错
8. 错　9. 错　10. 错

三、填空题

1. 期货
2. 趋同性
3. 卖期保值
4. 规避价格风险和锁定利润
5. 现货价格　期货价格
6. 上涨
7. 240 万
8. 卖期
9. 变大
10. 资金管理和风险控制

第五章
黄金市场价格影响因素

【本章要点】

本章是本书的核心部分，黄金与其他大宗商品不同，由于影响黄金价格的因素比较复杂，且不同阶段不同因素的重要性会发生变化，各类因素相互关联，相互交织。因此，投资者在进行黄金投资前，有必要对此章进行详细阅读。厘清黄金市场的分析思路，并将黄金价格影响因素按照其特点进行分析。通过阅读本章，读者将能从复杂的线索中逐步清晰地了解影响黄金市场的各类因素属于什么性质，对市场产生的影响和作用如何，能够基本掌握如何有效地运用基本分析方法对黄金价格进行研判。

一、全球的黄金价格构成

1. 目前全球有哪几种黄金价格?

目前，世界上黄金价格主要有三种类型：市场价格、生产价格和准官方价格，其他各类黄金价格均由此派生。

（1）市场价格。市场价格主要包括现货和期货价格。1976 年签订牙买加协议后，黄金退出货币体系，从此黄金价格波动进入市场化阶段。一般来说，现货价格和期货价格所受的影响因素类似，因此两者的变化方向和幅度都基本上是一致的。但由于市场走势的收敛性，黄金的基差（即黄金的现货价格与期货价格之差）会随期货交割期的临近而不断减小，到了交割期，期货价格和交易的现货价格大致相等。从理论上来说，期货价格应稳定地反映现货价格加上特定交割期的持有成本。因此，黄金的期货价格应高于现货价格，远期的期货价格应高于近期的期货价格，基差为负。但由于决定现货价格和期货价格的因素错综复杂，在极少数的情况下，也会出现例外。例如在 2007 年到 2008 年，人民币持续升值，国内期货市场就出现了远期黄金的价格曾经一度低于现货价格的情况。

（2）生产价格。生产价格是根据生产成本建立一个固定在市场价格上面的明显稳定的价格基础。生产价格往往与技术条件、主要黄金生产国货币与美元之间的汇率等密切相关。随着技术的进步，各项开采费用一直在降低，黄金开采成本有一定的下降趋势，但是由于矿脉品位下降，金价上涨引发的新矿勘探等成本的增加抵消了现有矿山开采成本的下降，整体上看，黄金的开采成本还是在逐年增加。

（3）准官方价格。准官方价格是被中央银行用作与官方黄金进行有关活动而采用的一种价格，在世界黄金交易中已成为一个较为重要的黄金价格。中央银行是黄金的最大持有者，据 2010 年 6 月世界黄金协会数据显示，世界官方（包括国际组织和各中央银行等官方机构）黄金总储备量大约为 30462. 8 吨，接近世界已开采的全部黄金存量四分之一，这是确定准官方金价的一个重要原因。准官方价格又分为抵押价格和记账价格。

①抵押价格。这是意大利1974年为实现向联邦德国借款，以自己的黄金作抵押而产生的。抵押价格的确定在现代黄金史上有重要意义。一方面，它符合国际货币基金组织的每盎司黄金等于35个特别提款权的规定，另一方面又满足了持有黄金的中央银行不冻结黄金的需要。实际上，这种价格是由美国对黄金不要“再货币化”的要求，与欧洲对黄金“非货币化”谨慎要求的组合。借款时，以黄金作抵押，黄金按市场价格作价，再给折扣，在一定程度上金价予以保值，因为有大量黄金在抵押。如果金价下跌，借款期的利息就得高于伦敦同业银行拆借利率。

②记账价格。它是在1971年8月布雷顿森林体系解体后提出的。由于市场价格的强大吸引力，在市场价格和官方价格之间存在巨大差额的情况下，各国因为其官方黄金储备定价的需要，都提高了各自的黄金官价，于是就产生了为确定官方储备的准官方记账价格。在操作中主要有三种方法：一是按不同折扣标准（以市场净价或直至其30%的折扣）同市场价格联系起来，按不同的基础以不同的调整期来确定金价（分为3个月的平均数、月底平均数等）；二是以购买价作为定价基础；三是有些国家以历史官价确定，如美国1973年3月定的42.22美元/盎司，一些国家按1969年国际货币基金组织35美元/盎司来确定。

2. 在对黄金价格进行分析时主要使用什么价格？

黄金价格的走势分析主要是应用前述几类价格中的市场价格。目前常用的黄金市场价格主要有三个：一是伦敦市场的定盘价；二是全球市场的现货黄金连续成交价格；三是COMEX黄金期货的主力合约价格。其中，前两者是黄金价格中长期走势分析中常用的价格，而后两者是黄金价格短期走势分析中最常用的价格。但从长期来看，三者的走势在趋势上几乎完全一致，而且这三个价格都是以美元标价的黄金价格，因此我们在分析黄金价格的时候，除了由于必须在上海期货交易所进行黄金期货交易而使用人民币标价的黄金价格以外，在分析时绝大多数时间采用美元标价的黄金价格。

（1）伦敦黄金市场定盘价。由于伦敦黄金市场的定盘价每日只有两个，并不连续，而在黄金价格大幅波动的时期，每天的最大波幅很可能超过2%，应用定盘价不利于分析行情的日内波动变化，也不利于根据日内和日间波动来分析中短期走势，但对中长期走势分析基本没有影响。在长期走势分析中经常以该价格为基准。

（2）黄金现货价格。黄金现货价格主要是在欧洲（以伦敦为代表）、北美（以纽约为代表）和亚洲（以中国香港为代表）市场形成的现货价格，三者在交易时间上相互联结，其成交价格就构成了工作日内全球全时段的价格序列，常用于价格走势的分析。

（3）黄金期货价格。由于黄金期货市场是一个标准化的、具有高度流动性的、可以以保证金进行交易并且不必即时交割的市场，包括投资者和非交割的投机者在内的众多参与者，其价格的形成实际上比黄金现货市场具有更广泛的代表性，在某种程度上更能够反映市场对未来黄金价格的预期。同时，其价格与现货价格走势的关联程度也非常紧密，因此也常用来作为代表性的黄金价格。

美国纽约商业交易所的COMEX黄金期货是世界上交易最为活跃的黄金期货品种，2005年下半年以来，以COMEX主力合约的持仓量计算，以黄金价格为400美元计，主力合约持仓量总价值通常都在100亿美元以上（25万张合约，2500万盎司）。因此，黄金期货价格一般以COMEX黄金期货主力合约价格为准。

由于每个合约品种都有到期日，进行较长周期的分析时必须考虑如何构建连续的价格图，这也是价格分析能否准确的前提之一。一般而言，期货连续走势图可以采用如下几种方法构建：

①根据合约交割期日线加以连接，每一合约到期，即开始最接近之下一合约。

②根据特别指定日期加以连接，对最接近交割期日的合约，指定交割日前的某一日为准，作为停止旧合约开始新合约之日期。

③根据合约交割期日，逐年更替，以交割期日为准，连接各年度同一交割月份的合约。

黄金期货连价格由最近合约价格相连而成，基本上可以归于上述的A类，连续期货合约价格走势比单一合约走势更能准确反映黄金价格的变化。

资料链接：伦敦金定盘价的来源

1919年，伦敦黄金市场开始实行日定价制度，每日两次。该价格是世界上最主要的黄金价格，一直影响到纽约黄金市场以及中国香港黄金市场的交易，许多国家和地区的黄金市场价格均以伦敦金价为标准，再根据各自的供需情况而上下波动。同时，伦敦金价亦是许多涉及黄金交易合约的基准价格。

伦敦的黄金定价是在“黄金屋（Gold Room）”——一间位于英国伦敦市中心的洛希尔公司总部的办公室里进行的。1919年9月12日，伦敦五大金行的代表首次聚会“黄金屋”，开始制定伦敦黄金市场每天的黄金价格。这种制度一直延续到了今天。五大金行每天制定两次金价，分别为上午10时30分和下午3时。由洛希尔公司作为定价主持人，一般在定价之前，市场交易停止片刻。此时各金商先暂停报价，由洛希尔公司的首席代表根据前一天晚上的伦敦市场收盘之后的纽约黄金市场价格以及当天早上的中国香港黄金市场价格定出一个适当的开盘价。其余四家公司代表则分坐在“黄金屋”的四周，立即将开盘价报给各自公司的交易室，各个公司的交易室则马上按照这个价格进行交易，把最新的黄金价格用电话或电传转告给其客户，并通过路透社把价格呈现在各自交易室的电脑系统终端。各个代表在收到订购业务时，会将所有的交易单加在一起，看是买多还是卖多，或是买卖相抵，随后将数据信息以简单的行话告诉给洛希尔公司的首席代表以调整价格。如果开盘价过高，市场上没有出现买方，首席代表将会降低黄金价格；而如果开盘价过低，则会将黄金价格抬高，直到出现卖家。定价交易就是在这样的供求关系上定出新价格的。同时，在“黄金屋”中，每个公司代表的桌上都有一面英国小旗，一开始都是竖着的。在黄金定价过程中，只要还有一个公司的旗帜竖在桌上，就意味着市场上还有新的黄金交易订购，洛希尔公司的首席代表就不能结束定价。只有等到“黄金屋”内的五面小旗一起放倒，表示市场上已经没有了新的买方和卖方，订购业务完成，才会由洛希尔公司的代表宣布交易结束，定价的最后价格就是成交价格。定价的时间长短要看市场的供求情况，短则1分钟，长可达1小时左右。之后，新价格就很快会传递到世界各地的交易者处。

伦敦金价之所以重要，与伦敦黄金市场在世界黄金交易中的核心地位密不可分。伦敦垄断了世界最大产金国——南非的全部黄金销售，使得世界黄金市场的大部分黄金供给均通过伦敦金市进行交易。而且，伦敦黄金市场上的五大金商在国际上声誉显著，与世界上许多金矿、金商等拥有广泛的联系；五大金商有许多的下属公司，下属公司又与许多商店和黄金顾客联系，这个范围不仅涉及伦敦黄金市场，而且扩展到整个世界。另外，在定价过程中，金商提供给客户的是单一交易价，没有买卖差价，价格比较合理，所以许多人喜欢在定价时进行交易。因此，在“黄金屋”里，由五大金商代表几乎全世界的黄金交易者，包括黄金的供给者、黄金的需求者和投机者们，决定出一个在市场上对买卖双方最为合理的价格，而且整个定价过程是完全公开的。由此，在定价时进行交易的客户可以肯定地知道这个成交价是合理的。正因为伦敦金价有以上的特点，伦敦黄金市场价格成为世界上最重要的黄金价格。

当前，伦敦黄金市场上的五大定价金行分别为：加拿大丰业银行(Bank of Nova Scotia - Scotia Mocatta)；巴克莱银行（Barclays Bank Plc)；德意志银行（Deutsche Bank)；美国汇丰银行（HSBC USA)；兴业银行(Société Générale)。这五大银行轮流担任定盘价主持人，每年轮换一次。

二、供需因素对黄金价格产生的影响

1. 与大宗商品相比，黄金供给具有什么样的特殊性？

一般来说，黄金的供给来自矿产金、再生金、央行售金和生产商对冲四个部分。矿产金是每年黄金的开采量，是黄金供给的主要方式，因为黄金探明储量有限，开采难度大，每年矿产金的产量相对稳定，很难在短期内提高，所以黄金价格的运行周期也很长。再生金指的是首饰等回收后再做成金锭投入黄金市场，而非以旧换新。央行售金是指各国中央银行和国际组织销售所持的黄金。生产商对冲是生产商利用现货、期货和期权市场进行保值的活动。

黄金供给的特殊性在于：黄金所具有的稳定性使得人类有史以来所开采的黄金大部分仍完好地保存在地面上，这就形成了巨大的黄金供给储备——地面存金。地面存金在黄金的供给和需求之间形成缓冲，使得黄金的供给更有弹性。对一般商品而言，需求的变化主要源于外生变量，如 GDP、经济周期等因素。因此，某种商品需求的突然增加无法被供给的相应增长所消化，这导致了此种商品价格的上涨。对黄金而言，地面存金会降低突发需求对价格形成的冲击，正因为如此，某些需求方面的变化就不会对黄金价格造成影响。例如，1979 年底黄金的价格还仅有 450 美元/盎司，而在短短几个月里，金价暴涨到超过 800 美元/盎司。这时，人们大量抛售手中的黄金，使得黄金供给在短期内大幅增加。金价在经历了疯狂地上涨后又迅速从 800 美元/盎司的高点回落到 500 美元/盎司，并由此开始了长达 20 多年的熊市行情。

地面黄金存量主要分为珠宝首饰、工业用金、投资、中央银行和其他五部分。各部分之间的比例在过去几十年间变化很大。例如：1950 年时首饰用量为 17000 吨，占当时地面存金总量的 27%；2006 年，首饰在地面存金总量中所占的比例则超过了一半。而中央银行分项的比例，包括中央银行，政府机构和超国家组织如国际货币基金组织、国际清算银行和欧洲中央银行，则从 1950 年的 50% 以上下降到了 2004 年的 18%。不过，地面存金总量一直保持上升趋势，截至 2009 年底，地面黄金存量为约为 165500 吨。图 5 - 1 显示的就是 2009 年底地面黄金存量的构成情况。

2. 全球矿产金的供给情况如何？

地球上的黄金分布很不均匀，虽然，目前世界上有 80 多个国家生产黄金，但是各国产黄金产量差异很大，各地产量颇为不平均。其中，2009 年世界前 4 名产金国依次为：中国、澳大利亚、美国、南非。中国黄金产量近三年来一直处于世界排名第一的位置，2009 年中国黄金产量大幅增加了 32 吨（即增长了 10%），达 314 吨，而原来一直占据世界第一产金大国的南非因为国内矿山资源逐渐枯竭以及开采难度和深度提高，目前已经落居第四。目前，世界每年矿产黄金 2500 吨左右，但是能达到目前这个产量是经过了人类几千年不断探索和努力的结果。

从人类社会发展的全局来看，19 世纪无疑是一个十分重要的世纪。在

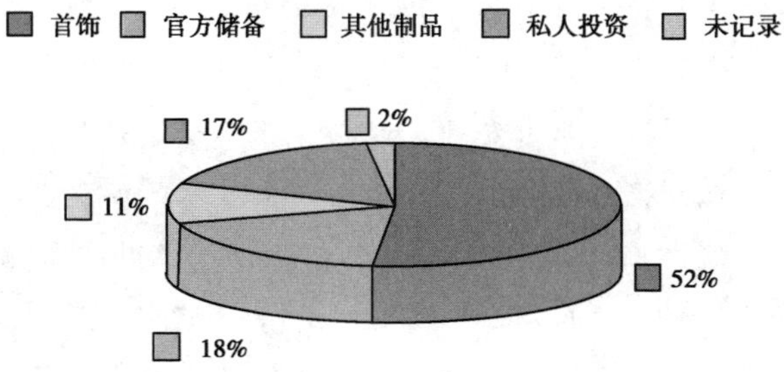

图 5－1 地面存金分布情况

数据来源：世界黄金协会。

数据处理：经易黄金研究中心。

注：截至 2009 年底总计 165554 吨。

19 世纪之前，人类社会的黄金生产力水平非常低，有人研究认为：在 19 世纪之前数千年的历史中，人类总共生产的黄金不到 1 万吨，如 18 世纪的 100 年仅生产 200 吨黄金。由于 19 世纪一系列黄金资源的发现，使得从那时起黄金产量得到了大幅度的提高，尤其是在 19 世纪后半叶的 50 年里，黄金产量超过了这之前 5000 年的总量。

19 世纪开创黄金生产新纪元的是俄国在 18 世纪中期乌拉尔山东坡岩金矿的发现。这个发现使俄国采金业开始复苏，不过当时产量不是很高，之后 40 年仅生产了 2.6 吨黄金。但这使俄国沙皇看到了希望，从而加强了金矿资源勘探工作，在这之后的 70 年里，俄国又发现并开采了许多金矿，到 1840 年俄国的黄金年产量已经达到 43.5 吨；到 1847 年俄国黄金年产量占全世界年总产量的 60%。但是俄国人所取得的这些成就同以后人们在美国加利福尼亚和澳大利亚所取得的收获相比却有些相形见绌了。

资料链接：加利福尼亚淘金潮

加利福尼亚淘金潮（California Gold Rush）（1848～1855 年）于 1848 年 1 月开始，始源于沙特磨坊黄金的发现。消息传开后，大约 30 万人从美国和世界各地来到美国加利福尼亚州。

这些早期的寻金者在严苛的情形下乘搭船只和马车到达加利福尼亚。虽然大部分的新移民是从美国其他地方来的，但也有数万人是从拉丁美洲、欧洲、澳大利亚和亚洲出发的。起初，探矿者都是用十分简陋的技术在河里寻金，后来发展出了越来越复杂的淘金技术。而这些新技术后来在世界其他地方也被用上，数以亿元计的黄金（以现时的价值计算）被发掘，导致一小部分人成为暴发户。不过，许多人都空手而归。

淘金潮带来的巨大后果。旧金山一夜之间从一个小村落发展成为一个市镇；道路、教堂、学校和新的市镇相继出现，制定出一系列的法律并成立政府，导致加利福尼亚在1850年正式成为美国的一个州。交通方面，蒸气船服务发展成为定期的服务，亦兴建了大量铁路。加利福尼亚州的农业（该州第二大的产业）也得到巨大发展。不过，淘金潮也带来了不良的后果：美洲原驻民被攻击，甚至被赶离他们的土地。大量的采矿亦造成环境破坏。

1848年，美国加利福尼亚州发现了黄金，很快就有数千人汇集在此处寻找金矿，第一年就生产了25万美元的黄金，第二年增加了40倍。之后，黄金产量逐年提高，到了1852年黄金产量达到77吨，1853年达到93吨。

美国发现黄金3年后的1851年，在澳大利亚也发现了黄金，澳大利亚黄金产量也开始快速提高。1852年澳大利亚产金26.4吨，1853年年产金达到70吨。之后1886年在南非发现了黄金，1887年南非的黄金产量仅有1.2吨，5年后增加了25倍，达到30吨，1898年达到120吨，居世界第一。一直到现在，南非总计生产了数千年来全世界矿产黄金总量的40%。

赶上19世纪黄金生产力大发展末班车的是加拿大。1896年两个探金者亨德森和卡马克在捕捞大马哈鱼时，在克朗代克发现了黄金，从而诞生了一个新城市——道森市。这一地区的黄金一直开采到1966年。

总结19世纪世界黄金生产历史可以看出：18世纪的100年间全世界共生产黄金不足200吨，到19世纪黄金生产跃上了新台阶，100年间生产的黄金达到了1.15万吨，是18世纪的57.5倍，其中1850～1900年间就生产了1万吨，也就是说，19世纪后50年平均每年全世界产金200吨。

进入20世纪后，总的来说，世界上黄金的生产总体呈上升趋势，分别出现过几次产量大增的现象。20 世纪最初几年，世界黄金产量每年 300 吨；在 20 世纪早期最高年份产量达到每年 700 吨，20 世纪 30 年代最高产量年份达到每年 1300 吨，20 世纪 60 年代最高产量年份产量接近 1500 吨，20 世纪 80 年代世界黄金年产量突破 2000 吨，20 世纪 90 年代至今产量总体还在增长。

19 世纪形成的世界黄金生产力分布的基本格局延续至今，19 世纪形成的产金大国目前仍然是当今世界上最重要的黄金产出国。自 1980 年以来，南非的产金量呈稳步下降趋势，尤其 20 世纪 90 年代以后，下降速度稍有加快，目前已经落居世界第四；进入 21 世纪，中国黄金产量稳步提升，目前已连续三年位居世界第一；美国的产金量一直处于不断增长状态，特别是自 20 世纪 80 年代后期起，已跃居世界第三位；澳大利亚的产金量自 20 世纪 80 年代末至 90 年代初，产金量趋于稳定，1997 年以后产量有所萎缩，目前位列第二。目前全球主要产金国有：中国、澳大利亚、美国、南非、俄罗斯、加拿大。不过，百年来世界黄金生产格局也有一些变化，特别是近年来，美国、非洲黄金产量下降的同时，南美的秘鲁、阿根廷以及东南亚的黄金产量在显著增加，其中，拉丁美洲黄金产量已占到全球的 14%。

目前，每年全球矿山生产的黄金为 2500 多吨，约占总供应量的 70%（见图 5－2）。2001 年全球黄金产量突破 2600 吨，是历史上最高点，随后一直呈现下降趋势。2004 年，金矿公司的储备量从 1992 年的 17 年的开采量减少到 11 年。据 2009 年统计数据来看，全年矿产金温和上涨。第一季度因印度尼西亚及俄罗斯表现强劲，南非出现温和增长，矿产金同比提高 3%。俄罗斯得益于库伯尔项目，使 Olimpiada 和 Pioneer 港口的吞吐量得以提高和改善。二季度印度尼西亚和中国因行业整合而使效率提升，产量增加。俄罗斯归功于库伯尔的生产产量继续放大。三季度是 2009 年矿产金增长最为迅猛时期，印度尼西亚金矿增产 15 吨，增幅居首，较 2008 年第三季度几乎翻了一番。这主要源于格拉斯伯格铜金矿和巴都希贾乌铜金矿含金等级的持续改善。此外，新金矿开工和增产也帮助坦桑尼亚和阿根廷产量分别上升 25%。中国和俄罗斯第三季度金矿产量也均创连续增长纪录。综合来看，中国继续占据世界矿产金总量第一的宝座，澳大利亚、南非分列二三位。2009 年全年矿产金总量为 2554 吨，较 2008 年 2407 吨增长 147 吨，涨幅为 6%。

值得注意的是，中国黄金的基础储量约 1400 吨左右，虽然中国黄金矿

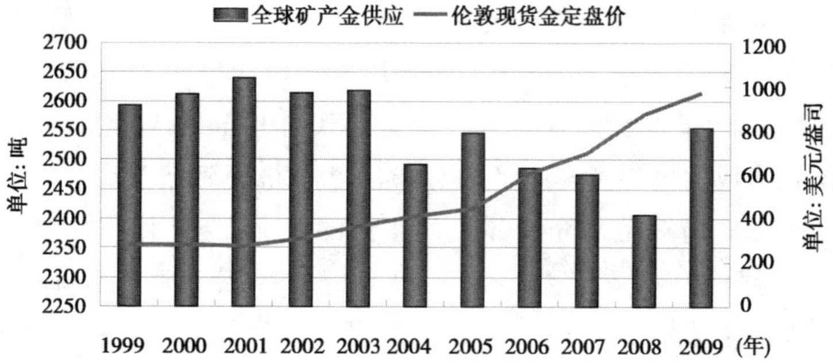

图 5-2 矿产金与黄金价格走势对比

数据处理：经易黄金研究中心。

产量目前每年保持 300 吨以上的产能，但其可持续增产能力不强。而以美国勘探局 2008 年公布的数据来看，目前全球已勘探的基础储量为 4.7 万吨，按照目前全球每年 2500 吨左右的开采速度计算的话，黄金仅能够开采 18 年。

由于地面存金量的存在，使得每年黄金产量与价格之间关系并不明显，不过产量上升会增加市场上黄金的总供应，因而抑制金价的上涨；反过来，金价上涨则会刺激对黄金开采业的投资，使黄金产量增加。

3. 再生金供给主要受什么因素影响?

黄金很容易重新熔炼加工后获得，于是，再生金成为黄金供给的重要组成部分。再生金是以前黄金制品重新恢复或提纯所制成的金条，它不包括未经重新加工就再次销售的珠宝、金条和金币。大部分再生金来自于珠宝首饰，少部分来自于工业产品、金条和金币。

通常人们认为，金价对再生金的供应量起着决定性的作用，当金价显著波荡时，供应量会大起大落。金价确实是影响再生金供应量的重要因素，但是，单纯的价格因素并不足以引发再生金的变化，因为再生金主要来自旧首饰、报废的电脑零件与电子设备、假牙以及其他各式各样的黄金制品，没有紧急需要人们不必将这些有实用价值的黄金变现。再生金的供应量往往受金价和其他因素共同影响，其中对金价变动的预期对再生金供给意义重大，当人们预期金价仍会继续上涨时，即使金价已经处于相当高的位置，人们也不会立刻抛售再生金，而是希望在更好的价位抛售。而如果人们预期金价将会下跌，则会选择立即抛售。

另一个影响因素是经济周期，在经济衰退的时候，再生金市场供求增加。这时，最先受到经济衰退影响，现金流出现问题的个人和机构会套现存有的、不能作为直接支付手段的黄金，形成再生金的供给。与此同时，对未来经济前景不确定的理性预期，使人们不会继续在股票等风险较大的证券上投入资金而投资风险小的产品。另外，政府为了刺激经济会调低利率，这时将资金存入银行或购买债券的低风险投资策略只是为保值而已，如果遇到通货膨胀，实际价值还会下降。相比之下，黄金的内在稳定性，它不像纸币本身不具有价值，受发行该纸币政府的信用和偿付能力的影响，是最可靠的保值手段，这使有剩余资金的人更愿意持有黄金。而在经济增长阶段，一方面，人们不需要急着将手中的黄金套现；另一方面，黄金和其他投资工具相比，既不会生息也不会分红，人们对黄金投资的热情就会降低，这使再生金的供给减少。

图 5 -3 反映了近年再生金供给的变化趋势。在历史上，1998 年再生金数量突破 1000 吨，主要是因为 1997 年开始的东南亚经济危机造成该地区黄金大量回收。其中韩国的黄金筹集活动聚集了来自民间大约 300 吨的黄金以帮助国家度过外汇短缺的危机。随后两年的金价上涨也使 2001 年、2002 年和 2003 年的再生金的数量分别从前几年的每年 600 多吨增加到了 700、800 和 900 多吨。

进入 2009 年一季度，再生金出现爆发性增长，随后逐渐回落，四个季度再生金供应分别为 569 吨、314 吨、283 吨和 370 吨。较高金价以及困难的经济环境使大量再生金进入到市场。使得 2009 年第一季度的总供应较 2008 年同期激增 34%。因为较高的金价以及全球不确定的经济环境使黄金回收数量达到了新的历史水平。曾经，非西方国家主导再生金市场的现象，在第一季度成为全球化的现象。西方市场的消费者由于财政困难和信贷紧缩被迫卖出黄金以获取流动性，同时非西方国家消费者在金价位于高位时卖出手头黄金获取收益。再生金供应在历史上是第一次几乎相当于矿产金供应。二季度再生金的供应要显著低于前季度的历史记录水平。由于二季度价格基本稳定，再生金在此时期下滑了 7%。这表明再生金下一次的回购高潮需要价格进一步上涨。第三季度再生金供应达到 283 吨，较 2008 年第三季度上

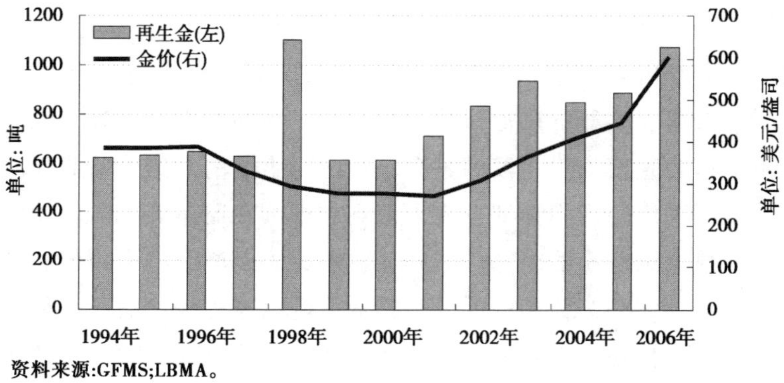

图 5－3　再生金与黄金价格走势对比

数据来源：世界黄金协会。

数据处理：经易黄金研究中心。

升 31%，不过较此前两个季度的高位水平有所回落。第三季度再生金降幅达到 10%，但同期平均金价涨幅达到 4%。相比 2009 年第一季度，第三季度再生金供应量下滑 50%，金价同期涨幅则达到 6%。四季度随着黄金价格迅速攀升，再生金供应有所增加，为 355 吨，但并未超过一季度的记录。2009 年全年再生金供应总量为 1549 吨，较 2008 年 1146 吨增长 403 吨，增幅为 35%。对于流动性的极度渴望以及高企金价的刺激是主导 2009 年再生金爆发增长的主因，再生金仍然与黄金价格存在正相关关系。

4. 央行售金为什么也作为黄金的供给量？央行售金对金价有什么影响？

各国中央银行和国际货币基金组织（IMF）拥有的黄金储备不到地面黄金存量的五分之一，信用货币体系的快速发展，前些年全球经济的高速成长以及黄金非货币化引发的黄金无用论，都使得近几年这一数字一直呈现减少趋势。在各国央行中，欧洲和北美的中央银行所持有的黄金占了央行黄金储备的绝大部分，这主要是以前这些国家实行金本位制和金汇兑本位制造成的结果。由于各国中央银行对持有黄金的态度各不相同，有的银行在增加黄金储备，而有些银行则采取减少黄金储备的政策，伺机出售黄金，所以，对国际市场的金价也有很大的影响。图 5 –4 显示出黄金存量在国家和国际组织之间的分布情况。

央行售金协定

央行售金协定（Central Bank Gold Agreement，CBGA）是 1999 年 9 月 27 日欧洲 11 个国家央行加上欧盟央行联合签署的一个协定。当时由于金价处于历史低谷，而各个欧洲央行为了解决财政赤字纷纷抛售库存的黄金，为了避免无节制的抛售将金价彻底打垮，这个协议规定在此后的 5 年中，签约国每年只允许抛售 400 吨黄金，5 年不能超过 2000 吨。

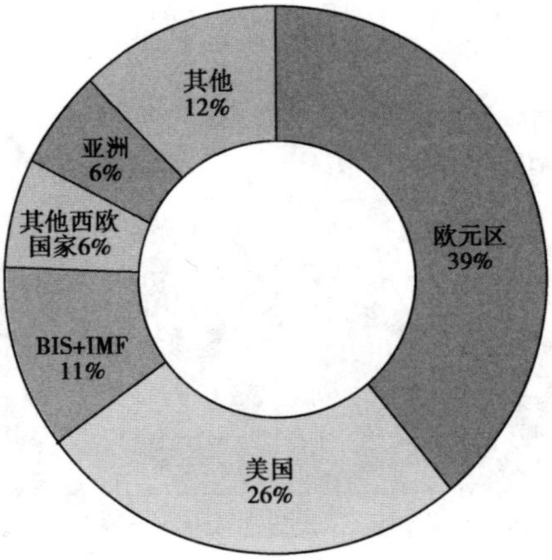

图 5 –4 黄金储备分布情况

数据来源：WGC。

数据处理：经易黄金研究中心。

1999 年，国际金价下跌到 20 年来的最低水平，其主要原因就是央行售金所产生的影响。5 月 7 日，英国宣布调整国家货币储备计划，决定出售黄金。随后，国际货币基金组织表示也将抛售手中的 310 吨黄金，所获收入用于资助重债国的债务减免。在一系列消息的刺激下，黄金价格一路下泻，8 月 25 日国际现货金价跌至 251.50 美元/盎司水平。为了防止金价进一步下跌，各国政府呼吁成立一个中央管理机制，统一管理今后国际市场的售金行为。在有关各方共同努力下，1999 年 9 月 26 日，欧洲 15 家中央银行达成了

《华盛顿协议》，协议对签字国未来5年的售金数量作出了限定，并限制了签字国在黄金借贷和衍生品方面的数量。9月27日，国际金价从270美元/盎司出现大幅飙升走势，到10月5日最高点一度触及338美元/盎司。1999年到2004年之间，央行年均黄金供给量在520吨左右，其中接近80%的出售来自于央行售金协议国。

进入2006年，央行售金情况出现了新的变化（见图5-5）。据央行售金协议国公布的信息显示，第二期售金协议很有可能达不到售金上限的2500吨。2005年伦敦贵金属市场年会上，俄罗斯、南非和阿根廷政府表示要增加黄金储备；此外，中国等美元储备快速增长的亚洲国家也有调整储备结构的需求。这些情况使得未来央行售金呈现下降的趋势，对黄金价格起到支撑作用。

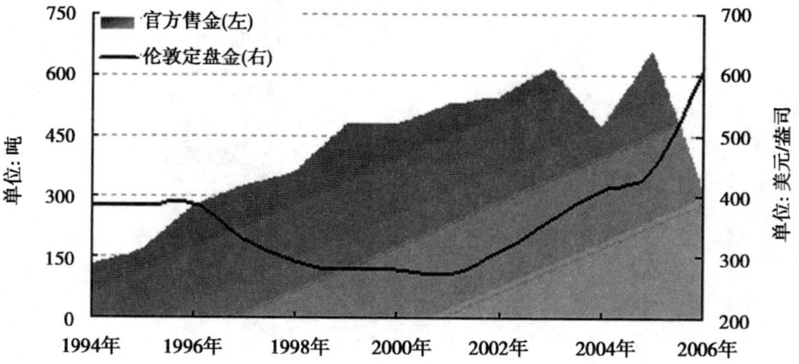

图5-5　官方售金与黄金价格走势对比

资料来源：GFMS，LBMA。

2009年，官方售金完成了净卖出向净买入的根本性转变。2009年第一季度央行售金的供应量只有35吨，还不足2008年同期水平的一半。在这个季度，荷兰完成了其在央行售金协议中供给165吨中的最后9吨。中国宣布其已经从2003年开始，共计买入454吨黄金以增加其储备，2009年二季度开始由卖出转为净买入。数据显示，中国央行在第二季度有14吨的净买入。随着中国在第二季度宣布增加了75%的黄金储备，在近几个月，根据目前央行售金协议卖出的步伐已经放慢，这种形式的供应因素似乎正出现某些改变。因全球官方第三季度购金量超过售金量15吨，官方第三季度总售金量仅为42吨，远低于2008年第三季度的223吨。第四季度随着信用体系持续动荡，各国为了多元化其外汇储备，尤其是俄罗斯持续买入黄金，官方售金仍然处于净买入。2007～2009年官方售金季度供应对比情况见图5－6。

由于法国、瑞典已完成抛售目标，第三季度在第二期央行售金协定（CBGA2）下的黄金抛售量放缓，在CBGA2协定下的售金总量为1883吨，低于该5年期协议2500吨的总量控制目标25%，甚至低于CBGA1设定的2000吨的限额。CBGA2最后一年的黄金抛售总量仅为155吨，为过去10年以来最低水平。自CBGA3开始实施以来，售金量已可忽略不计，截至2009年11月10日，数字仅为1.5吨。另外，国际货币基金组织（IMF）近期向印度央行直接出售200吨黄金，作为IMF此前宣布的403.3吨黄金出售计划的一部分。该笔销售金额达到67亿美元，单价达到了1045美元/盎司。2009年全年官方净买入44吨，在全球信用体系及货币体系仍处于动荡的2010年，官方售价净买入仍将持续。

截至2010年6月，美国的黄金储备量仍高居榜首，紧随其后的是德国、IMF、意大利和法国，中国排名第六。与上一次季度相比，IMF、日本、俄罗斯和委内瑞拉的黄金储备数量有所变化，其中IMF减少了38.5吨，日本减少了0.1吨，俄罗斯和委内瑞拉则分别增持了27.6吨和3.1吨。此外，由于沙特阿拉伯货币当局的调整，沙特阿拉伯自2008年一季度起的黄金储备数据都有所修改，此次的数据较上一季度发布的数据大幅增加179.9吨。

5. 黄金供给中的“生产商对冲”是什么概念？为什么要作为黄金供给量的一部分？

生产商的对冲又称做套期保值，是利用在现货市场和期货市场同时进行两个数量相等而方向相反的买卖，即在买（卖）现货的同时，在期货市场上签下卖（买）相同数量期货的合同，以便当市场发生不利于自己的变动时，可以在未来某一时间通过将期货平仓获利来抵偿因为现货市场价格变动所带来的风险。在黄金市场上，通过对冲对现货市场和期货市场的黄金进行组合投资，在一定的风险条件下不仅降低了风险，而且能够最大限度地获取利润；或者在预期收益一定的前提下把风险降到最低，并不仅仅是锁定交易者在现货市场部位的收益。这种对冲本身不一定是投机，而是一种主动的、

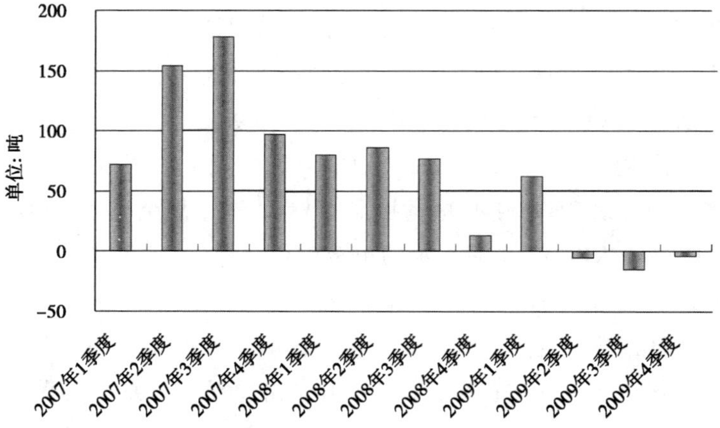

图 5-6　官方售金季度供应对比（2007~2009 年）

数据来源：GFMS。

数据处理：经易黄金研究中心。

稳健的操作行为，可以为投资者和企业防范价格波动风险，所以为国际上许多企业和投资者所运用。

生产商做对冲是为了套期保值，因为金价一直下跌，生产商要保证生产不亏本，就把还未开采出来的黄金提前售出。这样他们就可以提前知道未来能够获利多少，使生产得以正常地进行下去。为了扩大生产，矿山要进行勘探、开发新的项目，这就需要资金，为此需要向银行融资。银行往往同时要求矿山把未来开采出来的黄金做抵押，也就是提前出售，这也相当于做对冲。

在长期的黄金下跌过程中，形成了一个由矿山、商业银行和中央银行三边构成的稳定关系：矿山和从事黄金业务的商业银行签署合同，将未生产出来的黄金提前出售给商业银行，借以从银行获得贷款；商业银行根据将来能得到黄金的数量和期限向中央银行借同样数量和期限的黄金，然后在市场上出售，以获得货币转而投入其他投资领域；在贷金到期后再用货币向生产商或者在市场上购买同样数量的黄金还给中央银行。归还所借的黄金之后，商业银行获利是两种利率的差。目前因为黄金价格恢复了上涨趋势，金商们已经不能在这种模式中继续获利了，所以现在金商们都在减少套期保值的规模，每年来自这方面的供应，也开始出现了负数。

生产商进行对冲交易出于三种考虑：首先，通过远期销售以期货溢价的方式锁定未来的利润；其次，保护收入不受价格下跌的影响；最后，为融资需要偿还债务。在1980年到1999年期间，黄金价格不断下跌，许多金矿使用对冲来保护自己增加盈利。这样一来，市场上的黄金供应就增加了，因为不但有已经开采出来的黄金，而且有尚未开采出来的黄金在市场上出售，导致金价继续下跌。而金价越下跌，矿山的对冲就越多，有些金矿甚至把今后几年乃至十几年才能开采出来的黄金都拿来进行对冲。这种恶性循环在黄金价格接近生产成本250美元/盎司以后才出现了改观。

2000年后，低迷的金价和高企的成本使得减持对冲成为大多数矿山的基本政策。由于以前做对冲时，黄金已经提前在市场上销售，所以在减持的时候，市场上就减少了黄金的供应量。至今为止，对冲减持的趋势仍未发生改变。大量对冲减持是由到期交割和回购组成的，回购的主要原因是公司倒闭、兼并或降低对冲上限。减持对冲改变了黄金商品的供求关系，成为支撑金价上涨的又一因素（见图5－7）。

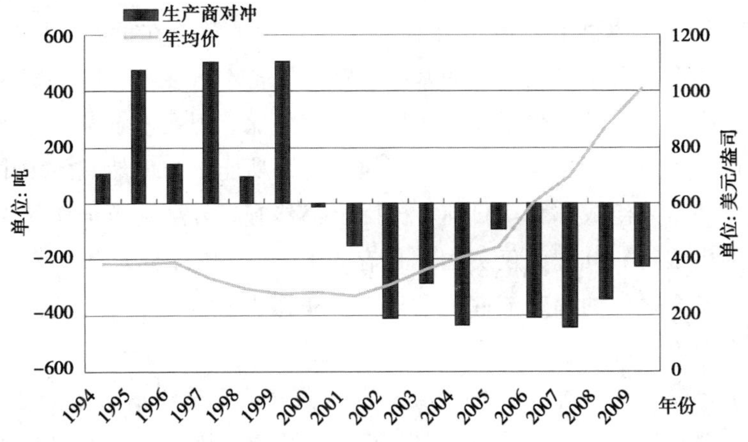

图5－7 生产商对冲变化图

数据来源：GFMS。

数据处理：经易黄金研究中心。

6. 黄金的需求由哪几个部分构成？

黄金需求分为黄金消费和黄金投资两部分。黄金消费是指用于首饰业及其他用金业如电子、装饰、医疗等行业的黄金；黄金投资则是指用于储备、储蓄或投机用的金条、金币等方面的黄金。

黄金的金融属性和商品属性决定了黄金需求的特殊性。现在，人类所生产出的16万多吨黄金中三分之二以上作为储备资产，体现了储藏价值的功能，这包括央行储备、个人投资和发展中国家个人持有的足金首饰；而不足三分之一作为一般性商品，体现了黄金消费功能，这包括西方国家喜爱购买的K金饰品和工业用金。消费和投资将黄金需求划分为两大类，实际上两者之间并没有清晰的界限，例如一些黄金首饰的购买是出于投资，而一些金币和奖章更贴近于消费。同样来说，消费需求是投资增长的基础；而投资增长又反过来促进消费的进一步增加。不过，由于黄金的投资需求消化了大部分地面存金和新增矿产金的供应，因此投资才是黄金价格上涨的真正动力。

黄金作为“超国家货币”，它的内在价值不依赖于任何政府或组织所赋予的信用而存在，这是黄金与其他资产如纸币、国债等的最大区别。随着1976年1月《牙买加协议》从法律上正式解除了黄金在世界主要市场的货币功能，黄金不再是各国汇率的基础，黄金储备不再在平衡国际贸易和国际收支逆差中起主要的支付手段的作用。尽管如此，现在断定黄金将彻底退出金融领域还为时过早。黄金虽然不再执行货币功能，却仍然是各国中央银行官方储备的重要组成部分。目前，国际上仍然有三万余吨黄金作为储备储存在各国中央银行，其中，仅美国就储存了8135.5吨黄金，自从美国宣布废除美元与黄金之间的固定汇率关系至今，美国的黄金储备就再没有变化过，同时还有两万多吨黄金是私人拥有的投资财富。

（1）首饰用金需求。首饰用金一直占据着黄金最终消费量的最大份额，由于无法严格区分首饰金中的消费与投资的比重，因此，仍然把首饰用金作为消费需求的一部分。由于首饰需求很大程度上受到文化和社会因素的影响，各国对首饰的需求癖好不尽相同。不过，不同的社会群体对黄金的情感却是相同的。例如，世界大多数人群对黄金的需求源于特殊的场合和日子，像情人节、婚礼、周年庆典或是生日等。另外，黄金首饰需求存在较强的季节性：每年的第四季度黄金需求出现明显的上涨，这是因为印度的排灯节、西方的圣诞节和公立新年的到来。第一季度的黄金首饰需求排名其次，主要源于中国的农历新年、印度的婚礼季节和西方的情人节。到了第二季度和第三季度，重大的节日相对较少，首饰用金数量自然会出现明显下降。另外，改革开放使我国广大群众富裕起来，长假消费成为黄金需求新的增长点，每年的“十一”长假期间黄金首饰需求也呈现出增长态势。

2001 年到 2002 年间，受铂金和钻石等其他材料首饰销量增加以及用 K 金首饰代替足金首饰倾向的影响，黄金首饰需求分别比上年下降了 3.88% 和 10.98%。到了 2006 年，受国际金价上涨和波动率增加的影响，首饰用金的消费量仅为 2280 吨，相比 2005 年下降了 16%，不过以平均金价估算，价值约在 440 亿美元，相比 2005 年增长了 13.7%（见图 5－8）。2007 年以来，随着黄金价格走稳并呈现节节盘升的局面，消费者对金价走势转为乐观，首饰需求出现恢复性上涨的可能性增加。

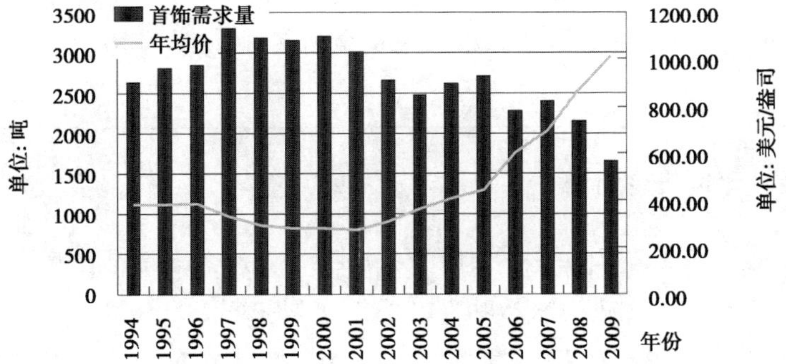

图 5－8 首饰需求量和需求金额的情况

数据来源：GFMS。

数据处理：经易黄金研究中心。

2009 年一季度和四季度金价都出现较大波动，其中一季度价格从 801 美元/盎司上冲至 1006 美元/盎司，而四季度价格从 985 美元/盎司一路上扬至 1226 美元/盎司的历史新高，随后回落至 1000 美元/盎司附近。高企的金价及大起大落的波动对首饰需求产生消极影响。值得注意的是，一方面在消费者信心减弱以及收入减少的直接影响下，价格的上涨使人们无法支付得起；另一方面因为黄金首饰在许多国家作为一种投资的形式，价格的上涨也降低了其投资欲望。加之2009年投资者仍然处于经济危机余威笼罩之下，全年首饰需求大幅下滑，全年需求1747吨，同比2008年2138吨下降391吨，下降幅度高达18%。

印度是世界上最大的黄金饰品需求国。统计表明，2006年印度首饰金需求量约为521吨，同比2005年下降了14%还多。不过，这一数据小于根据卢比金价高达38%的涨幅而预期的下降水平。受制于金价高企，2009年印度黄金全年消费回落至460吨。印度一半以上的黄金需求来自于农村和乡镇，在这些地区，金链子和金手镯等黄金饰品是个人保有财富的主要方式。

中国的黄金饰品行业直到2002年才刚刚放开。在中国绝大多数销售的金饰品是24k纯金，通常被用于正式的场合或者与其内在价值相关的储蓄。现在，来自意大利的k金和18k金革新成功地吸引了市民的需求。截至2009年，中国的黄金市场存在一种独特的能够抵御全球经济危机的能力。第二季度，中国是唯一一个首饰消费出现积极增长的国家。而且中国2009年上半年投资需求保持相对稳定，避免了许多东方国家所经历的获利回吐。值得注意的是，中国目前是全球第二大黄金消费国。

资料链接：印度黄金情结

印度是首饰金需求的第一大国，印度被称为拜金之城。印度人对黄金以及金饰品之所以情有独钟是因为购买黄金在印度是一种固有的传统，甚至印度的穷人手里一旦有了积蓄便会购置金银用于保值。黄金在印度社会中扮演了至关重要的角色，除了它的基本用途之外，还具有特别的宗教意义。通常在4月或5月到来的Akshaya Thrithiya节被认为是购买黄金的重要节日。在这一天购买黄金被认为会带来吉运（这一天是印度历中的第三吉日）。人们将黄金和“吉运”联系起来被认为是近年来推动黄金购买的原因。在过去的5年中，Akshaya Thrithiya节已经成为了南部印度购买黄金的主要时节，特别是在Tami Nadu州，该地区的黄金销售已经达到了空前的高度。从2005年开始，人们关于黄金和“吉运”有关的思想在印度的北部和西部广泛传播，这也使得黄金的销售在这些地区大幅增加。

> 黄金在婚礼仪式上同样扮演着非常重要的角色，在婚礼上新娘通常从头到脚都戴着黄金饰品。这些饰品中的大部分都来自新娘的父母给她准备的嫁妆。根据印度传统的规定，家庭的财产通常只会让儿子来继承。新娘收到的黄金（以及其他礼物）意味着新娘的父母能够保证她有经济保障并且能够至少享受和她童年相同的生活水平。在这一方面黄金显得特别重要，只要她仍然拥有黄金（她仍然能够保护自己），即使她对家中其他“财政事务”没有什么发言权。由于每年印度结婚的人数估计会达到1000万，和婚礼相关的需求就成了一个“大蛋糕”。这其中的大部分需求都发生在结婚季节，通常的结婚季节在10月~1月、4月~5月之间到来，但是仍然有大部分的购买在结婚季节来到之前就开始了。

（2）工业用金及其他需求。黄金的商品需求主要表现在工业用金方面，其中电子工业用金占到工业用金量的60%到70%。黄金具有独一无二的完美的性质：它具有极高的抗腐蚀的稳定性；良好的导电性和导热性；金的原子核具有较大捕获中子的有效截面的能力；对红外线的反射能力接近100%；在金的合金中具有各种触媒性质；金还有良好的工艺性，极易加工成超薄金箔、微米金丝和金粉；金很容易镀到其他金属和陶器及玻璃的表面上，在一定压力下金容易被熔焊和锻焊；金可制成超导体与有机金等。正因为有这么多有益性质，使它有理由被广泛用到最需要的现代高新技术产业中去，如电子技术、通讯技术、宇航技术、化工技术、医疗技术等。统计资料表明，世界工业用金量约占到总用金量的10%，这部分需求主要受经济周期影响，但对黄金价格影响不大（见图5-9）。

（3）黄金投资需求。一般来说，可确认的实物黄金投资被定义为金条和金币的购买，在某些发展中国家，金线和金块也可以作为投资对象。可确认黄金投资包括金条囤积、金币销售、奖章、黄金ETF和其他投资方式。有些统计方法把推断净投资列入其中，实际上，推断净投资是从其他供求因素推导出来余额，其计算方式是独立的，它主要反映出投资在黄金需求中的数量（在逆向投资的情况下，是在供给中的数量），而这部分投资是没有列入广义的世界投资范畴之内的。黄金投资的投资者可分为个人投资者和机构

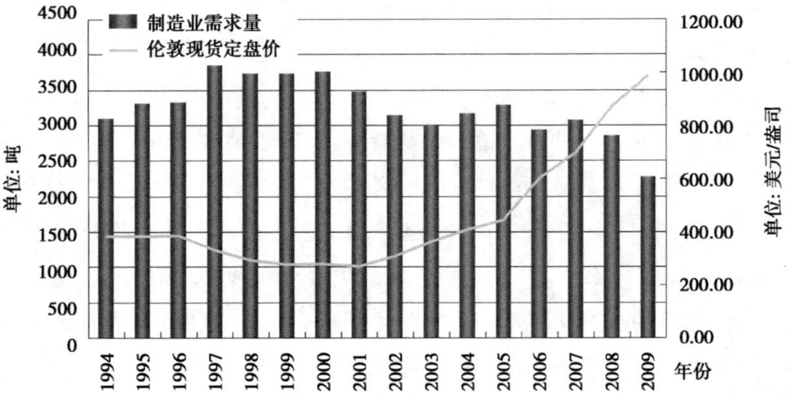

图 5－9　其他制造业需求量和需求金额情况

数据来源：GFMS。

数据处理：经易黄金研究中心。

投资者。实际上，这两类人群很难区分，有些时候个人投资者可以拥有相当数量的黄金。黄金投资受世界政治、经济形势的影响，也和各个国家、地区的形势有关。近两年，全球地缘政治形势紧张、恐怖主义威胁加大、经济复苏缓慢等造成黄金投资增加。此外，也有其他的因素影响，例如在 2002 年初，日本银行取消对大额存款的保险，导致日本人大量买入黄金，使黄金投资剧增。

图 5－10 反映的是近年来黄金可确认投资需求的走势变化图。从中可以看到，金条囤积不仅占据了可确认投资的大部分比重，而且变化相对活跃，这种变化反映出投资者对实物黄金的需求程度。2006 年，受日本金条囤积大幅减少的影响，金条囤积仅为 226 吨，相比 2005 年减少了 14%。与金条囤积相比，金币和奖章的用量相对平稳，2006 年两者的用量分别为 129 吨和 59 吨。

投资需求在 2009 年第一季度出现爆发性增长，二、三、四季度稍有回落，但同比还是有较大幅度增长。2009 年全年投资需求总额为 1775 吨，同比 2008 年 891 吨增长 864 吨，涨幅高达 98%，其中可确认投资为 1271 吨，其他投资为 504 吨。从需求分项可以看出，可确认投资在一季度率先启动，黄金 ETF 在一季度大幅增仓推动金价大幅上扬；随后其他投资需求开始跟进，在黄金 ETF 持仓变化不大情况下，于四季度追赶可确认投资成为主导投资需求的主要因素。

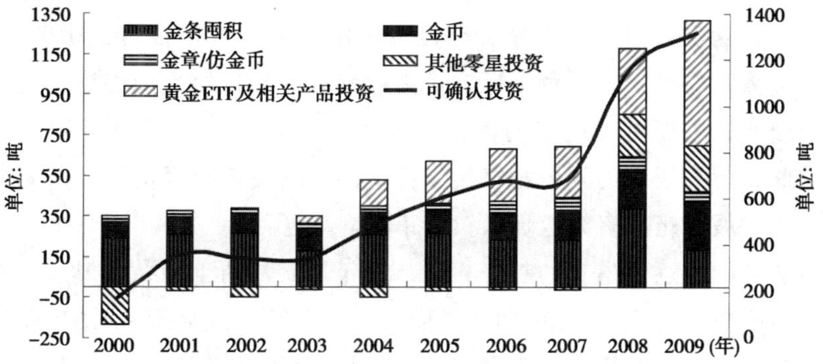

图 5 - 10　黄金投资趋势变化图（1995 ~ 2006 年）

数据来源：GFMS。

数据处理：经易黄金研究中心。

从而，可以看出，黄金投资市场首先受确认投资渠道如金条、金币及黄金 ETF 刺激展开上升势头，吸引更多投资者进入黄金市场，进而出现更多投机因素推动金价上扬，从而出现其他投资需求上涨（见图 5 - 11）。

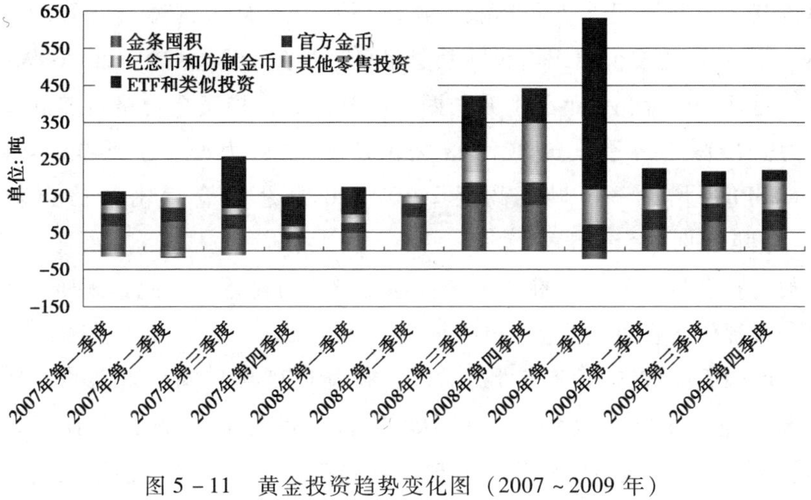

图 5 - 11　黄金投资趋势变化图（2007 ~ 2009 年）

数据来源：GFMS。

数据处理：经易黄金研究中心。

从更为细分项数据来看，黄金 ETF、金条与金币囤积及其他零售投资分别在一、二、三、四季度主导黄金投资需求。可以看出，黄金 ETF 是点燃黄金投资需求的导火索，也是反应最为敏感的分项，然后投资热情逐渐传导到投资金条，进而引发更多的其他投资渠道，如零售投资加入黄金投资领域。因此，黄金投资的发展脉络始于衍生品，然后传导至实物金条与金币投资，最后发展零售投资渠道加入黄金市场。

与金条囤积逐年递减的趋势相比，近年来交易所上市黄金基金（ETFs）成为黄金投资的新亮点（见图 5 – 12）。2003 年，黄金指数化产品上市以来，就被众多人士追捧，这来自于一个被长期事实论证的道理：首先，黄金以及相关指数产品长期趋势是向好的；其次，指数基金的表现可以跟踪指数产品的表现，指数基金长期表现优于所有主动化投资基金的平均水平，因此，指数基金成为最好的投资选择。2004 年 11 月 18 日，美国的第一支黄金 ETF 产品 Street TRACKS Gold tracker ETF（简称 GLD，合并后现称 SPDR）开始交易之后，场面十分火爆。GLD 刚刚推出时，规模不过 0.62 吨，到了 12 月 1 日，GLD 的总规模已经增加到 103.57 吨，市值近 15 亿美金。前后不过 10 个交易日，规模就增长了 167 倍。2005 年上半年，黄金价格出现调整而该基金的规模仍然不断增长，这表明投资黄金机构继续看好后势。到 2005 年，GLD 的规模继续增长，其总量已经达到 263.28 吨。而 2009 ~ 2010 年两年是 SPDR 持仓量迅猛上升的两年，其成为助推黄金价格接连新高的重要动力。2009 年一季度黄金 ETFs 需求从 72.7 吨大幅上涨 540% 至 465.1 吨，单 SPDR 增仓 347 吨，截至 2010 年 6 月总持仓量刷新历史新高至 1316.17 吨（见图 5 – 13）。

黄金基金投资者的目标是市场长远而持续的收益，因此其规模变化无疑为投资者提供了良好的指引。

总的来看，2009 年全年投资需求总额为 1775 吨，同比 2008 年 891 吨增长了 864 吨，涨幅高达 98%，其中可确认投资为 1271 吨，其他投资额为 504 吨。目前全球黄金投资仍然呈现上升趋势，投资热情的高涨成为推动金价上涨的主要动力。

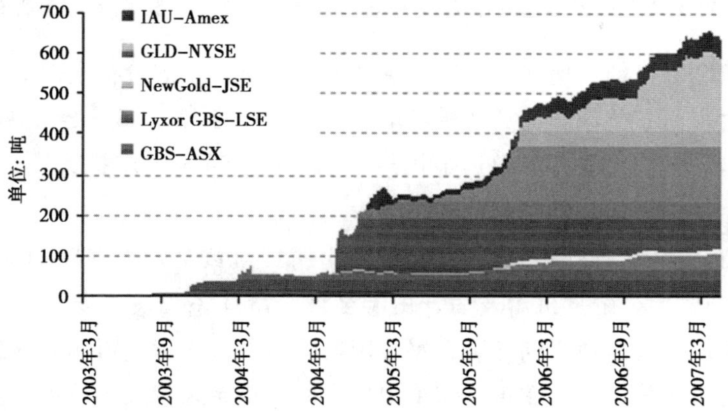

图 5-12 全球主要黄金 ETFs 基金持有黄金情况

数据来源：GFMS。

数据处理：经易黄金研究中心。

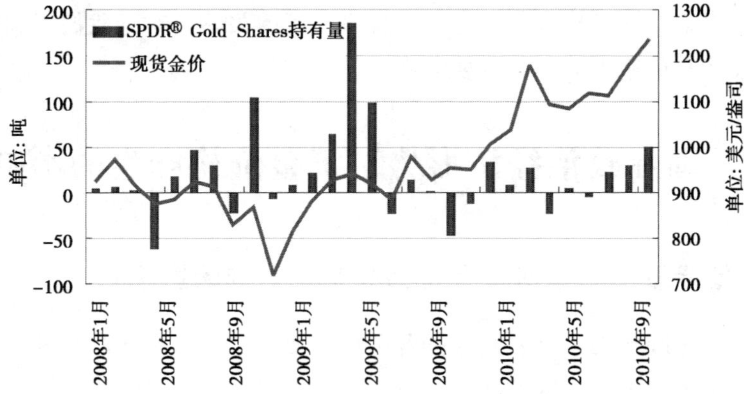

图 5-13 全球主要黄金 ETFs 基金持金量及金价变化情况

数据来源：GFMS。

数据处理：经易黄金研究中心。

7. 与其他大宗商品相比，实物供需因素对金价的影响如何？

从黄金价格的长期走势来看，黄金的供需与黄金的价格走向之间的关系与其他大宗商品类似。当黄金供给增加时，金价承压；当黄金需求增长时，金价坚挺。金价上涨，刺激黄金供给增加，抑制黄金需求扩大；金价下跌，抑制黄金供给增加，推动黄金需求扩大。

但与其他大宗商品相比，黄金的货币属性对黄金价格的影响不容忽视。特别是2008年金融危机爆发后，由于全球金融体系动荡不安，去杠杆化使得信用货币的可靠性受到怀疑，资金因避险需求进入黄金市场寻求保值，黄金投资需求增长迅速，在黄金需求中所占的比重越来越大，成为黄金价格快速上涨的重要推动力量。

要全面认识黄金价格走向的内在原因，不能机械地仅仅分析黄金市场供需变化幅度，要高度重视黄金的货币属性。观测黄金价格变动与官方售金、生产商对冲、再生金生产和投资需求等供需因素之间相互影响的内在联系，找出供给量和需求量中间变化最为活跃的部分，这才是与黄金价格变化关系最密切的因素。正确理解黄金供需与价格之间的关系，对于我们正确研判和预测未来黄金价格走向具有重要意义。

三、国际政治经济形势对黄金价格产生的影响

1. 地缘政治因素对黄金价格具有什么样的影响？

分析地缘政治因素主要是根据各种地理要素和政治格局的地域形势，分析、预测世界或地区范围的战略形势和有关国家的政治行为。伴随工业化和产业分工全球化发展，交通、通讯技术高速发展，重要经济资源（如石油、铁矿石等）和产成品供求全球化，金融和货币关系全球化，军事和国家安全全球化，这些因素在一定的机制下形成了地缘政治的国际化。

分析国际政治形势对黄金价格的影响可以从以下思路入手。

（1）从全球观视角进行分析。政局出现不稳定预期的经济体，其政体发行信用货币形成的对货币持有人的负债，存在承诺危机。同时，黄金货币

属性的非负债性质，在负债性质的信用货币政府清偿和资源配置能力下降时，黄金与货币比价关系就会调整。

东南亚危机的时候，危机传导到哪个国家，那个国家的金价都会飞涨，同时伴随这些国家的本币贬值；现代的国际经济和金融投资、地缘政治已经紧密地结合在一起了，一旦一个环节出现问题，世界的经济、金融就会出现连锁反应。这种连锁反应会导致区域或整体性的不稳定，一旦出现这种局面，所有的金融投资市场都会发生机制性调整，引发现行国际金融投资市场危机。2008年美国次级债危机爆发后发生的连锁反应直接波及全球，导致了全球范围内金融危机的爆发，黄金的避险需求大幅上升。所以，在进行黄金投资分析时，一定要从全球观的视角来看待地缘政治问题、经济问题和投资问题。

（2）高度关注重要战略资源富集国家。当前世界的资源配置具有全球化特征，一旦某一个重要战略资源富集国家和地区的政局出现不稳定预期，这种资源供给的稳定性就会受到威胁。同时，当前工业化世界资源需求具有刚性特征。在经济资源刚性需求特征下，如果重要资源产地地缘政治问题出现了不稳定的预期，由可能引发局部或整体的政治、经济或金融危机预期，形成黄金价格巨幅波动。

（3）重要文明之间的不协调可能导致重大国际地缘政治事件发生。重要文明间关系出现不协调的迹象，对应地区出现地缘政治不稳定预期；黄金价格与地缘政治关系是相互影响和验证的，重大国际地缘政治事件发生前后，黄金价格会有所反应。

（4）地缘政治事件对金价影响需要具体问题具体分析。由地缘政治引发的军事冲突对黄金价格产生的影响并不是单一的上涨格局。在分析具体情况时应把握以下几个特点：

①战争规模与持续时间对金价波动产生主要作用。

②在战争或区域冲突爆发前金价趋于上涨的概率较大。

③战争过程中，战局发展可预测性的强弱对金价产生支持与抑制作用。

④战争结束或进入尾声阶段金价下跌的概率增加。

【案例5-1　全球地缘政治动荡引发黄金价格剧烈波动】

全球地缘政治局势动荡往往会导致短期内黄金避险需求攀升，从而推动金价上涨。1980 年 1 月 21 日国际金价达到历史高点——850 美元/盎司，一个重要原因是当时世界政治局势动荡——1979 年 11 月发生了伊朗挟持美国人质事件，12 月苏联入侵阿富汗，金价受避险需求推动，每日以 30 ~ 50 美元/盎司的速度飙升（见图 5 - 14）。

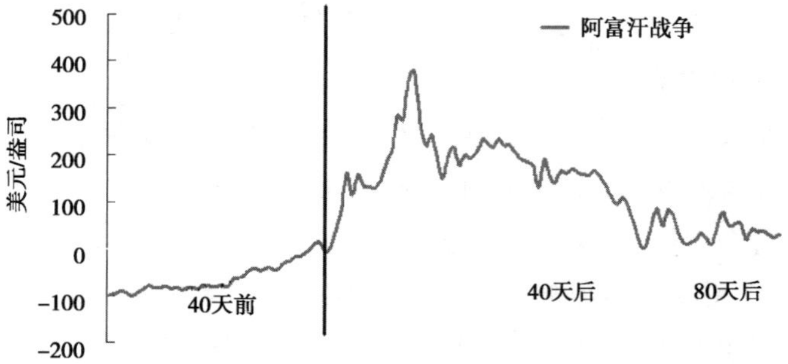

图 5 - 14　苏联入侵阿富汗对金价的影响

战争往往导致金价激烈波动，但战争发生的地域范围、交战双方的实力对比和市场对战争结果的预期决定着金价的走向。

下面以海湾战争为例，分析战争对黄金价格走势的影响：1990 年 2 月初，国际金价曾经冲破 420 美元/盎司大关，但在随后半年内一路暴跌，并在 1990 年 6 月触及 345.85 美元/盎司，创下 1986 年以来的历史新低（见图 5 - 15）。

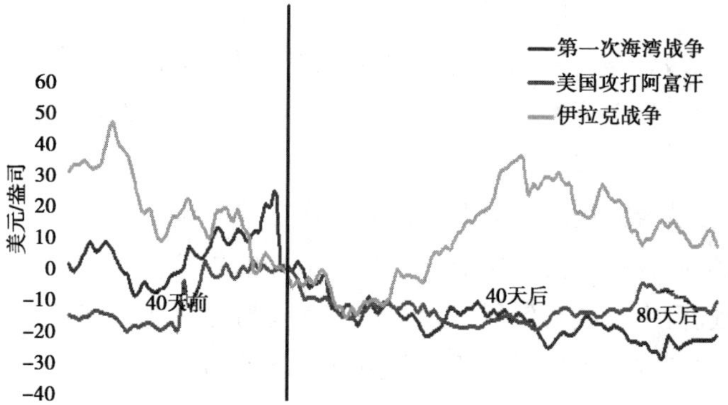

图 5 - 15　第一次海湾战争对金价的影响

这一期间金价下跌的主要原因是苏联经济状况恶化，人们猜测苏联政府可能会抛售其黄金储备，以偿还外债，结果导致市场出现崩溃性下挫。

从 1990 年 7 月末金价开始回升，特别是 1990 年 8 月 2 日伊拉克入侵科威特当天，伦敦现货金价从 370.65 美元/盎司跳升至 380.70 美元/盎司，随后又升至 413.80 美元/盎司，在 1991 年 1 月 7 日美英出兵之前一直在 370 美元/盎司到 400 美元/盎司之间波动（见图 5－16）。

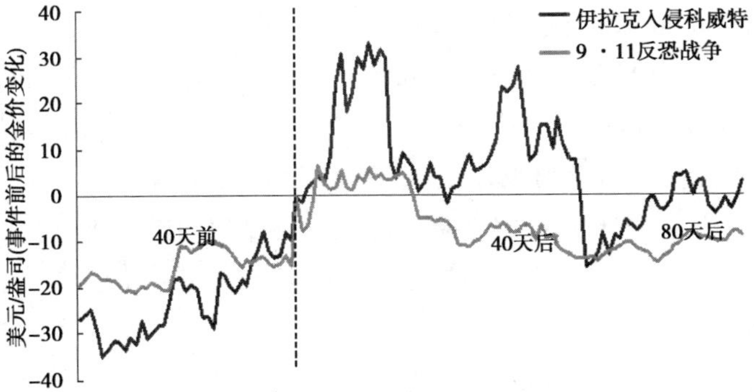

图 5－16　伊拉克入侵科威特对金价的影响

在这期间，金价主要随着全世界为和平解决科威特问题的努力和政治斡旋而变化，人们对战争与和平的忧虑一直是金价的重要支撑力。在联合国安理会通过 678 号决议之后，对伊拉克下达了最后通牒，金价又开始向上振荡；在安理会规定伊拉克必须撤军的最后期限 1991 年 1 月 16 日，在战争恐慌的推动下金价再次突破 400 美元/盎司；但在 1 月 17 日“沙漠风暴”行动开始后，战争走向已经明朗，市场对战争结果预期明确，黄金避险需求下滑，伦敦金价在两个交易日内便下降到 380 美元/盎司。1 月 24 日，联军开始实施代号为“沙漠军刀”的地面攻势，2 月 26 日，伊拉克宣布无条件接受安理会 678 号决议，从科威特撤出其军队。在海湾紧张局势基本得到解决的情况下，金价很快回归到 360 美元/盎司左右的正常水平。

从以上实例可以简单分析战争对金价影响的特点：在战争结果成为事实之前，预期主宰价格的波动，第二次世界大战以后的战争都是局部性的战争，对世界的影响都局限在一定范围内，因此战争的风险溢价往往持续的时间不长。我们做两项分类，一是突发性的战争爆发。因为普遍在人们的预期之外，所以对金价的影响也是爆发性的，金价往往走出快速上涨后快速下跌的走势，如伊拉克突然入侵科威特，金价就表现为短时间内大幅飙升。第二是在人们预期内的战争爆发。在战争真正爆发前，金价已经在跟随预期在价格中有了体现，战争的爆发就已宣告了其对金价促涨作用的结束。

2. 黄金价格与经济周期的关系是什么样的?

经济周期是指总体经济的繁荣和萧条交替反复出现的过程，也称经济波动。每一个经济周期都可以分为上升和下降两个阶段。上升阶段是经济增长时期，经济增长的最高点称为顶峰。然而，顶峰也是经济由盛转衰的转折点，此后经济就进入萧条阶段，即衰退。衰退严重则经济进入萧条，衰退的最低点称为谷底。当然，谷底也是经济由衰转盛的一个转折点，此后经济进入上升阶段。一次完整的经济周期是从一个谷底到下一个谷底，也可以是从一个顶峰到下一个顶峰。

经济周期与黄金价格波动有着非常密切的关系，在经济周期中不同的时间点，资金的配置和流向具有不同的特点，对黄金价格波动也会产生不同的影响。通常，国际经济形势稳定和发展良好，实体经济和虚拟经济领域充满投资机会，短期资本机会成本较高，刺激短期资本流向收益较高的实体经济投资或虚拟经济领域的证券市场投资，流入黄金市场的短期资本流量下降，黄金价格在趋势上趋于下降。如果国际经济形势不稳定或出现危机预期，实体经济和虚拟经济领域投资机会减少，短期资本机会成本下降，刺激短期资本从实体经济或虚拟经济领域的证券市场分流，流入黄金市场的短期资本流量增加，黄金价格在趋势上趋于上升。

投资界有一个“投资钟”理论，研究机构通过对大约 30 年的经济数据统计分析发现，在不同的经济周期都有最适合投资的投资品种。例如，在经济周期中的复苏阶段最适合投资股票，在过热阶段适合投资商品类资产。黄金由于兼具商品和货币属性，其投资价值的凸显既可能出现在经济过热的阶段，也可能出现在经济危机时，前者是由于投资者规避通胀风险投资黄金，后者则是因为投资者规避金融或者经济风险而投资黄金。

资料链接：美国经济周期、美国股市与黄金价格

美国的股市被称作是美国经济的晴雨表。虽然美国的经济周期与美国的股市周期并不完全一致，但经过长期的观察我们仍然可以发现美国的股市基本上是美国经济周期变化的一个很好的先行指标。股票市场通过利润与利率对经济活动作出反应。随着经济扩张的结束，生产成本上升、利润下降。同时，利率也可能上升，因为贷款需求增加或者是通货膨胀压力提高，这两个因素导致股票价格下跌，即使经济活动在继续扩张。所以，美国的宏观经济运行的总体趋势对美国股市有很大的影响，尽管二者之间的波动周期不会完全一致。

美国股市走势与黄金价格在长时间区间内关系相对紧密。信用泡沫催生了1980~2000年间美国股市的20年牛市，而证券市场对信用泡沫的吸纳缓解了实体经济的通货膨胀压力，加速了黄金的非货币化进程。与这段时间相对应的正是黄金的20年熊市。2000年美国新经济泡沫破裂以后股市见顶，至今仍未达到2000年的高点（可以参见美国各大股指的走势，S&P500指数比道琼斯指数的走势更清晰），并且从走势上来看，面临了重大的下跌风险。与此同时，黄金价格在1999~2001年之间见底后开始了上升趋势。

四、国际金融形势对黄金价格产生的影响

1. 黄金价格为什么与美元关系密切？

黄金价格和美元并不是天生就联系紧密的，二者之间的关系是伴随着国际货币体系的发展而建立起来的。

国际货币体系大致经历了五个阶段：第一是1870~1914年间的古典金本位时期；第二是1915~1945年间的前布雷顿森林体系时期；第三是1945~1975年的布雷顿森林体系时期；第四是1975年以后的全球浮动汇率为特征的后布雷顿森林体系时期；第五是20世纪80年代中后期以金融全球化为背景的货币区域化和美元化时期。

自20世纪30年代以后，美国经济迅速发展，美元的地位开始因美国的黄金储备和强大的经济体系而空前稳固。这样就出现了一个以美元为主体的国际货币体系。美元的国际货币地位是以黄金储备作为支撑的，美元与黄金挂钩，其他国家的货币再与美元挂钩，美元与黄金之间建立起了紧密的联系。20世纪70年代以后，美国经济在世界经济中的比重下降，布雷顿森林体系解体后美元的影响力也在下降，但美元仍然是全球范围内主要的结算货币，其在国际货币体系中的特殊地位并未发生本质变化，各国货币的汇率仍以美元为中心进行浮动。即使是目前，美元在国际结算和储备货币中仍然占有60%～70%的比重，全球主要黄金市场的黄金价格都是以美元报价。此外，由于国际投资在很大程度上是在美国本土上的金融投资，美国资本市场是世界上最大的投资市场之一，即使是因美国经济在世界经济中的比重下降，导致美元地位下滑，美元和黄金价格之间仍然存在一定的关联性。

不过，全球金融危机后，美国对世界经济的影响力进一步下滑，美元的影响力也再次受到削弱，很多国家的央行已经开始考虑减持美元储备以规避美元贬值带来的风险，逐步采取储备资产多元化的策略。国际货币体系的动荡使得美元与黄金价格的关联性较之过去有所减弱，但从长期来看，美元仍然与黄金价格维持着明显的负相关关系，美元维持弱势，对黄金价格具有一定的支撑作用，从2003～2009年黄金价格及美元指数之间的关系就可以看出（见图5－17）。

通常，在美国经济稳定与发展形势良好的条件下：如果利率水平和货币发行量稳定，黄金的商品属性成为影响黄金价格的主导因素；如果利率水平和货币供应量稳定，美国的经济资源配置循环是稳定的；美国的资本市场成为吸纳游资的场所，金价趋于下降。在金融史上，这个时期出现在1983年以后。20世纪80年代后里根上台，推动金融创新和金融投资市场发展，相伴出现了黄金价格20年的熊市，同期美国股市获得了持续20年牛市的难得机遇。

当美国出现经济危机的时候，美国货币供应量出现波动，黄金的货币属性成为影响黄金价格的主导因素。此时，资本市场吸纳游资能力下降，金价趋于上升。20世纪60年代中期美国越战导致货币供应量增加和通货膨胀的出现，2000年以后，美国新经济泡沫破裂，股市上升的动能消失，金价上升趋势显现。

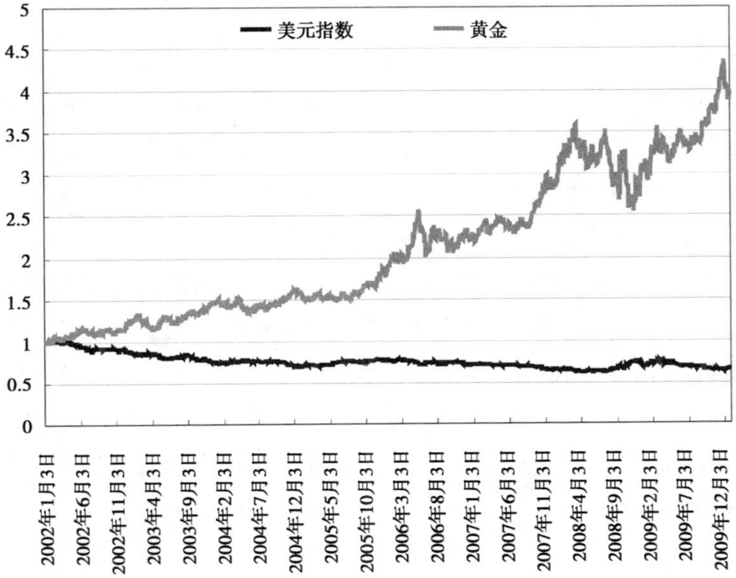

图 5 - 17　黄金价格与美元指数走势图

数据处理：经易黄金研究中心。

2008 年，因美国次级债危机引发的金融风暴导致了全球范围内的经济衰退，去杠杆化进程使得金融体系出现大范围的资金缺口，世界信用货币体系受到巨大冲击。为了刺激经济复苏，各国政府均采取了量化宽松的货币政策，信用货币的过量发行使得黄金的货币属性再次得到凸显，黄金价格在投资需求的推动下不断突破历史高点。而美元因美国政府的低利率政策和高财政赤字面临重重压力，美元走弱与黄金强势相伴。

分析美元与黄金价格之间的关系，可以从以下三个方面入手：

①美元在世界货币体系中的主导地位是导致美元与黄金价格关系密切的主要原因。

②进入 21 世纪后，美元与黄金价格之间的相关性有减弱的迹象。

③长期来看，美元和黄金呈现负相关关系，但在短期内，二者可能出现同向变化的情形。

2. 如何分析黄金价格和原油价格之间的关系？

在人类社会中，无论过去还是现在，黄金和石油都扮演着重要的角色：黄金是公认的硬通货，而石油自工业革命以来，成为现代社会的血液。黄金和石油在价格波动上有相似之处。长期以来，虽然金价与油价的涨跌幅度不尽相同，但二者却有着千丝万缕的联系，当国际油价大涨时，金价往往也随之上涨；而国际油价低迷时，金价亦常常走低。

原油是全球重要的资源性原材料之一，原油价格的波动通常受经济增长速度、美元汇率、通胀预期、国际政治突发事件等因素影响。原油价格的涨跌能够反映出市场对未来通胀预期的强弱，而黄金作为应对通胀的避险工具，其价格同样受到通胀预期的影响，影响原油和黄金价格的各类因素之间存在着内在的关联性。从长期来看，原油和黄金价格表现出正相关关系（见图 5－18）。

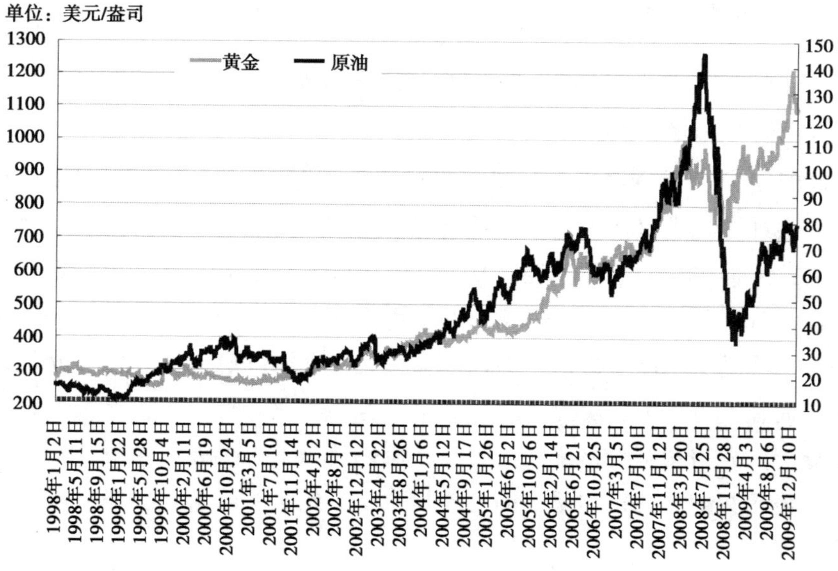

图 5－18 黄金原油价格走势对比

数据处理：经易黄金研究中心。

分析黄金和原油价格之间的关系，可以从以下几个方面考虑：

（1）由于原油和黄金均用美元标价，因此当美元汇率波动时，往往会对原油和黄金价格产生同方向的推动作用。在国际市场上，黄金和原油都以美元报价，当美元升值或贬值时，都会带动黄金价格和原油价格的同向变化。当美元升值时，金价和油价降低；而当美元贬值时，金价和油价又往往升高。

不过近年来，受国际金融形势动荡影响，二者之间的比价变动较大。次贷危机爆发后，美国政府扩大货币发行量，实行量化宽松的货币政策，推动美元贬值，投资者在构建资产组合时倾向于降低美元份额，增加其他资产所占的比重，特别是黄金的比重，推动黄金价格维持长期涨势。客观上看，美元贬值同样对原油价格形成支撑，但在2008年第四季度，由于全球范围内的金融危机爆发，去杠杆化进程使得大量资金抽离商品市场，原油价格大幅回落，而黄金受避险需求支撑，跌幅相对较小，二者比价出现了一定范围的波动。但从长期来看，原油和黄金价格仍保持了正相关关系（见图5－19）。

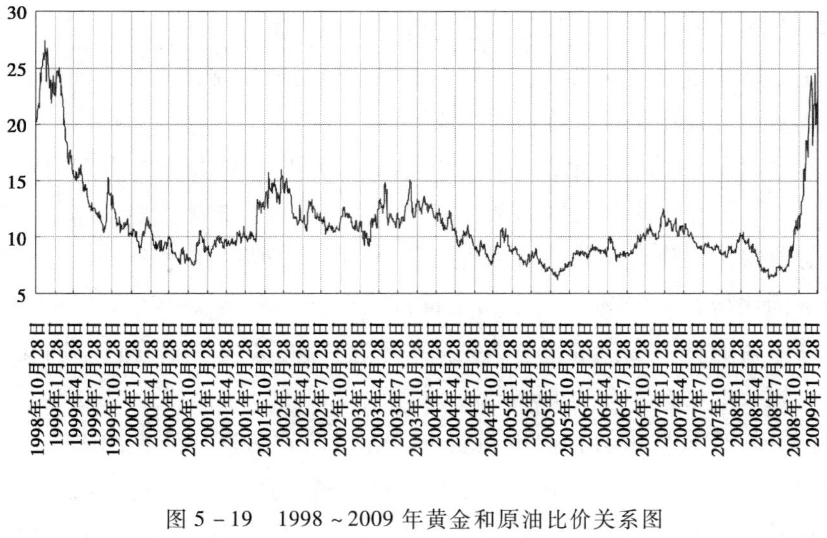

图5－19　1998～2009年黄金和原油比价关系图

数据处理：经易黄金研究中心。

（2）高油价加剧通货膨胀预期，避险需求推动金价上涨。黄金具有良好的抗通胀性和保值性，是通货膨胀的对冲工具。在经济增长过程中，温和的通货膨胀率对原油和黄金的价格影响不大。但是短期内如果原油和其他大宗商品价格大幅上涨，出现强烈的通货膨胀压力，导致信用货币购买力下降，必然会引起人们的恐慌，出于避险需求人们购买黄金，推动金价上涨。2008 年上半年，原油价格一路飙升，逼近 150 美元/桶，导致市场对通胀的预期在短期内迅速升温，为了规避通胀导致的货币贬值风险，投资者买入黄金，推动金价突破 1000 美元/盎司关口。

（3）原油价格波动，影响产油国对黄金的运作，同样会导致黄金价格波动。原油价格上涨，原油生产国贸易顺差增大，由于国际贸易中原油通常以美元进行结算，油价上涨使得产油国手中积累了大量美元（通常称为原油美元）。为了规避美元汇率波动导致的资产贬值风险，原油输出国往往将原油美元中的一部分转换成为其他资产寻求保值。黄金作为应对通胀和投资保值的工具，自然受到了产油国的青睐。产油国提高黄金在其国际储备中的比例，从而增加了对黄金的需求。由于原油美元数额巨大，原油输出国操作集中性强，往往会推动黄金价格上涨。

反之，原油价格下跌，原油出口收入不足以弥补产油国进口支出，那么原油生产国将通过削减一部分黄金储备，确保本国经济正常发展。这种削减扩大了全球黄金市场的供给量，客观上对金价构成压制，有时产油国甚至低价抛售黄金，加剧了黄金价格的下跌。

2005 年，原油与黄金价格同时上涨。油价的上涨为原油输出国带来了丰厚收入，这些国家和地区的黄金需求伴随着原油价格的上涨而增加，推动了黄金价格的上涨。根据世界黄金协会的统计，2005 年中东地区的黄金投资需求同比增长了 38%，其中几个重量级产油国对黄金的投资需求尤为强烈，阿联酋的黄金需求增长率达到 33%，沙特的黄金需求增长率同比增加 82%，埃及的增长率高达 150%。

（4）尽管长期来看，油价和金价呈现出同方向变动的正相关关系，但短期内二者也会出现反向背离的情形。这种情形在 1999 年前后的几年中曾经出现过，当时原油价格已走出了长达 20 年的低迷期，逐步进入上涨，而黄金价格仍然表现低迷，1999 年 8 月甚至达到了近 20 年的最低点 252 美元/盎司。这一阶段金价和油价背离的主要原因是欧洲央行售金行为导致黄金市场供给增加，1999 年世界银行与瑞士银行宣布抛售黄金后，英国央行也抛售了其储备的约 715 吨黄金中的 415 吨，黄金价格应声下跌 2%。另外，由于黄金价格长期低迷，很多黄金开采商担心价格进一步滑落，纷纷与大型银行签订套期保值协议，合同规定按当时的价格出售以后所产的黄金。因此，大型银行向央行拆借黄金，在市场上抛售出去，将所得资金支付给开采商，再用开采商以后提供的黄金还给央行，这更刺激了当时对黄金储备的大肆抛售，进一步加剧了黄金市场的低迷。

从长期来看，影响黄金价格和原油价格的各类因素相互交织、相互影响，使得二者表现出较为明显的正相关关系，我们可以通过其中一者价格的涨跌，结合当时市场的主导因素，来判断另一者的价格走向。但这种关系并不能作为判断短期价格走势的绝对依据，当某个独立的因素影响程度比较大，压过了金价、油价的共同影响因素时，黄金和原油价格的运动趋势可能会出现短期背离。

五、国际投资对黄金价格的影响

1. 热钱是如何推升黄金价格的?

热钱是游资的别称，是那些脱离于实体经济以外，没有固定的投资领域，以追逐高额短期利润而在各市场之间移动的短期资本。短期资本的易流动性决定了游资能够迅速地从一个市场转移到另一个市场，从一个国家或地区转移到另一个国家或地区，为其不断寻找投资机会提供便利。所以，人们形象地称之为“热钱（Hot Money)”。

热钱在市场上流动，所追求的是短期高额利润，而非长期利润，因此短期、高利是热钱的两大天性，“短期”是它运行的一种时间特征，而高利才是它的终极目的。这种高利还不能在总量规模上太小和时间太短，否则也不适应国际游资流动的要求，因为国际游资的规模较大，它进出某一市场总得有一个策划或运动过程。所以说，这种高利，基本上是指那种通过一定涨落空间和市场规模而获得的高利。这也就是说，国际游资流动一般都伴随较大的金融投资工具行情变化。金融全球化的发展使得热钱的流动范围扩大到全球的各个市场当中，涵盖了外汇、房地产、商品、艺术品等投机性较强的市场。

黄金作为金融投资工具，其价格机制的形成与货币供应量有关，但对黄金价格构成影响的不是货币供应量的全部，而是货币供应总量中脱离实体经济而成为游资的那一部分货币供应量。与实体经济相对应的那一部分货币供应量的存量不会对黄金价格形成机制构成重大影响，特别是在短期。热钱对黄金价格形成影响是通过汇市、股市、期货（商品）和黄金市场的联动来实现的。国际投资市场的开放性允许资本在各个市场间不断地流动，资本在各个投资市场间的这种流动，一个客观结果就是带动了各个投资市场的价格联动。这种价格联动在短期很容易捕捉到，在一个较长的时期我们也能够获得这种联动的信息。例如："9·11"事件后，道琼斯指数灾难性地从9月10日的9605点下挫至9月19日的8235点，而金价则从271美元/盎司升至292美元/盎司。2002年，随着安龙、世通丑闻的曝光，道琼斯指数一路不振，而金价则几年来第一次突破300美元/盎司大关，一路上扬且稳定在了300美元/盎司以上。

分析热钱对黄金市场产生的影响，最重要的是注意短期资金联动和短期资金成本核算。在投资市场关注的众多经济指标中最重要的是美元利率，利率与短期资本的资金成本高度相关。例如：2008年美国经济因次贷危机爆发而陷入衰退，实体经济因消费大幅下滑而严重受损。为了刺激经济，美国政府实行量化宽松的货币政策，将联邦基金利率维持在创纪录低点附近，高居不下的财政赤字和创纪录的低利率共同压制美元走低。宽松货币政策大大降低了资金借贷成本，货币体系的动荡刺激了黄金投资需求，热钱以各种途径进入黄金市场，包括黄金ETF、黄金期货和期权等黄金投资工具受到追捧，金价在2009年末突破历史高点，一路攀升。

2. 基金操作与黄金价格的基本关系是什么？

在国际投资市场中有着各种类型的投资、投机基金。这些基金有着良好的研究能力及市场把握能力，同时基金交易行为也五花八门，种类繁多，有投机性质的、投资性质的以及在商品市场或商品期货衍生品市场进行套利交易的，还有直接与现货企业或具有现货背景的企业进行联合协作完成期市运作等模式。这些基金资金量巨大，动辄几十亿美金，甚至上百亿美金。他们通过长期的研究，并通过一些富有操作经验的基金经理将旗下委托的大量投资基金运作于市场之中。

在黄金市场的交易中，同样也显现出基金操作下的黄金价格走势特征。值得注意的是，正是由于基金投资者的长期关注和介入才使得金价的波动显现出日趋理性化的特征，而正是在这种理性化的特征中，基金投资者也发现并完善了众多诸如套期保值、套利等市场特有的交易模式。我们下面以CFTC公布的每周黄金市场基金持仓及商业持仓情况与黄金价格的走势为研究对象，通过适当的统计方法对比揭示基金及商业持仓情况对黄金价格的影响程度。

CFTC第一次公布持仓报告（Commitments of Traders，缩写为COT）是在1962年6月30日，共包括13种农产品的持仓数据。当时的做法是每月11日或12日公布上个月月底的数据。

在随后几年中，为了进一步公开期货市场交易信息，CFTC采取了多种途径来提高持仓数据的发布效果。首先是增加发布频率——1990年开始在每个月的月中和月末发布一次数据；1992年开始每两周公布一次；2000年开始则是每周公布一次持仓报告。其次是提高公布速度——从数据截至日后的第六个交易日（1990年）提前到数据截至日后的第三个交易日（1992年）。第三是丰富持仓报告的内容——增加每一类交易者的数量、集中比率（20世纪70年代初）、期权头寸数据（1995年）等；2007年，CFTC还根据市场变化增加了指数基金持仓部分。最后，持仓报告的发布渠道也不断拓宽——从最初的订阅邮寄发展到后来的收费电子版（1993年）和免费网络浏览（1995年）。

目前，CFTC于美国东部时间每周五15：30公布本周周二的持仓数据。持仓报告分为“期货（Futures - Only）”和“期货与期权（Futures - and - Options）”两种。通常所说的持仓报告是指前者。当然，了解期权头寸的变化情况也有助于我们追踪和分析基金动向。

（1）从基金市场参与结构特点与变化特征分析（见图5 -20、图5 -21）。

从上面两张图可以看到COMEX市场自2001年起基金逐渐进入，并不断增加其多头头寸，基金空头始终维持相对较低的水平。而商业持仓运行相对平稳，多头比重呈现下降趋势，空头比重维持原有水平。非报告持仓多空比重均呈现下降趋势。以上情况说明近几年COMEX黄金市场是基金参与规模逐渐扩大的。就持仓方向看，基金保持净多头态势已经维持了5年多的时

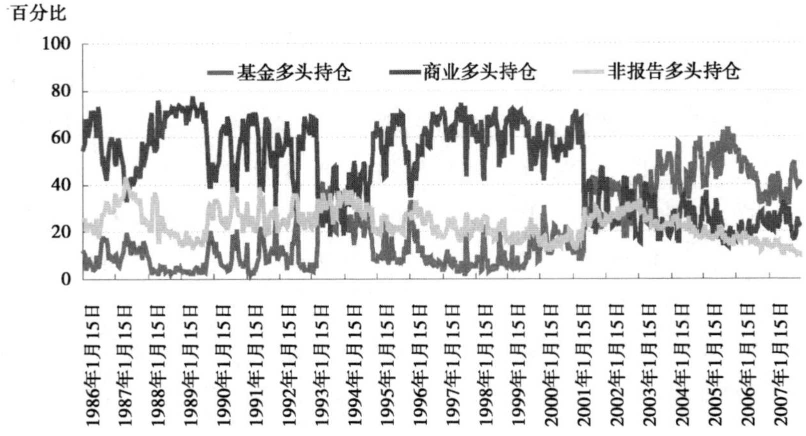

图 5－20　COMEX 黄金期货多头持仓结构分析

数据处理：经易黄金研究中心。

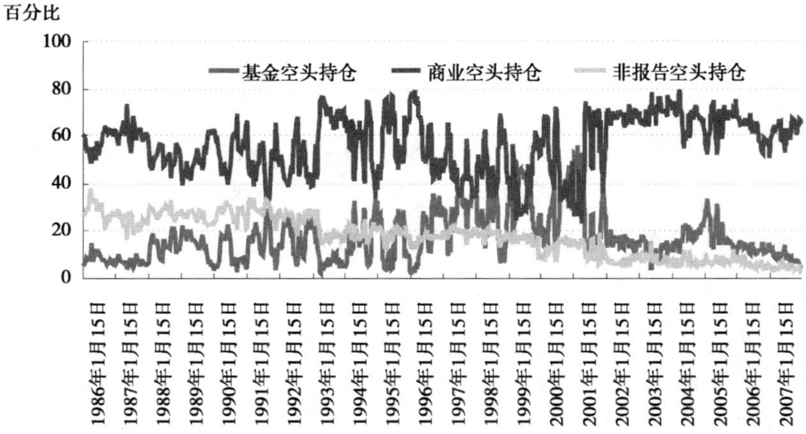

图 5－21　COMEX 黄金期货空头持仓结构分析

数据处理：经易黄金研究中心。

间，而商业持仓规模发展相对平稳，而且主要以卖出保值交易策略为主，普通投资者在整体市场发展过程中的增速低于机构投资的速度。这一特点帮助我们进一步缩小了对持仓报告的研究重点与对象。由此我们得出结论，基金持仓是影响近期黄金价格的主要因素（见图5－22）。

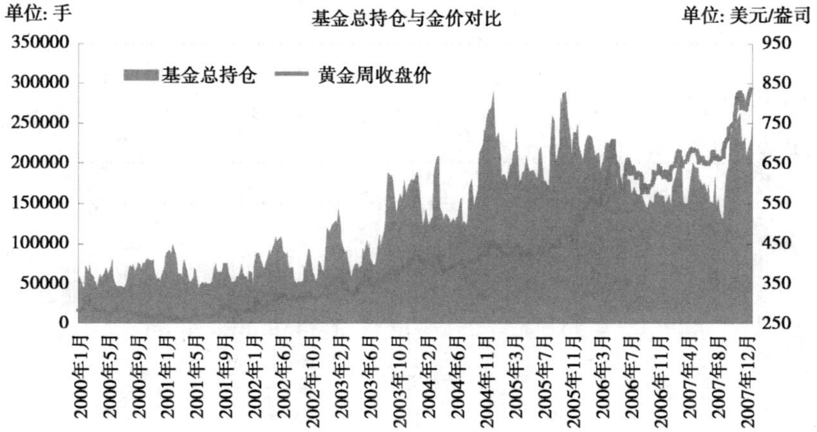

图5－22 COMEX黄金期货基金总持仓与金价变化

数据处理：经易黄金研究中心。

从图5－22中可以明显看出，基金行为主导黄金价格，基金持仓规模的变化直接影响黄金市场价格的上下波动。一般来说，基金持仓与黄金价格同向而行，基金持仓规模增加时，金价因需求上升而上涨；当基金持仓规模因获利回吐或因持仓规模受限而被迫减少时，金价因遭遇抛售而下跌。自2002年起，黄金总持仓逐年上升，黄金价格也随同总持仓数量不断上涨。2006年5月份黄金价格一度达到730美元/盎司的高点。此后总持仓虽略有下降，但仍处于高水平，因此预期黄金价格仍将保持高位。目前，基金总持仓创出历史新高，金价同步也创出历史新高（见图5－23）。

与总持仓相比基金净持仓对价格的影响更为明显。自2001年以来基金对黄金的持有兴趣始终保值多头头寸且不断呈现趋势性增长态势，这表明基金对黄金的长期看好观点目前尚未改变，而金价也伴随着净多头的增加不断走强。这一观点将在近期或相对较长的时间范围内有助于我们对黄金期货市场价格运行方向性判断提供较为明确的支持。

下面我们用定量的方法分析它们之间的这种关系以及基金仓位的变化对金价造成影响程度的大小。通过计算可以发现价格的变动（以周二价格计

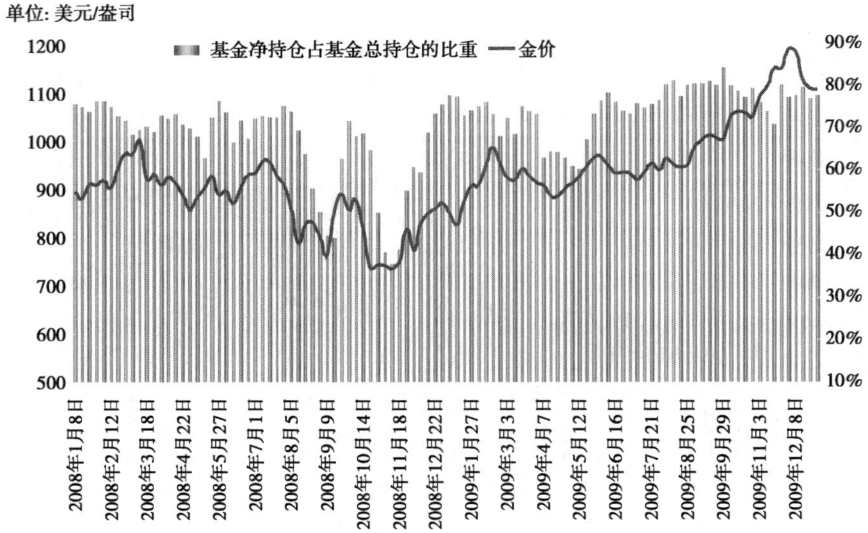

图 5－23　COMEX 黄金期货基金净持仓与金价变化

数据处理：经易黄金研究中心。

算的价格波动幅度）与基金多头持仓、基金空头持仓、基金净持仓、商业空头持仓和商业多头持仓变动的相关性是不同的。

表 5－1　　基金持仓情况与金价波动率变化

相关性	基金净持仓变化	基金多头	基金空头	商业空头	商业多头
金价波动率	73.34%	71.40%	－30.03%	67.25%	－28.02%

从表 5－1 可以看出基金净持仓与金价波动率相关性最强，其次是基金多头和商业空头。说明价格的波动主要受基金多头和商业空头变化的影响，而基金多头更处于主导地位。基金多头增加引发价格上涨这是合理的现象，但是商业空头的增加也和价格变动呈现正相关却好像与常理违背，因为商业空头的增加应该打压价格，二者应该表现为负相关关系。但仔细想来这种现象是有其合理性的，因为商业空头的增加往往是被价格上涨吸引所致，价格上涨，现货商认为有利可图才会增加抛售。这一现象也说明了现在 COMEX 的格局，即基金多头和商业空头形成了对手盘。净持仓变化比基金多头与金

价波动的相关性高是因为基金多头增仓时，基金空头也会相应的减少，二者的联动使基金净持仓变化与价格变化相关性变高。所以，我们在研究基金持仓变化对金价的影响时也更应该考虑基金净持仓的变化。

图 5－24 是 2007 年每周基金净持仓每变动 1 万手黄金价格变动幅度的直方统计图。从图上我们可以看到价格波动的均值是 0.016，如果按照 2007 年高点 845 美元/盎司计算，基金净持仓每变动 1 万手，价格平均变动 13.92 元。我们可以用 2007 年 845 美元/盎司高点那次调整做一次验证。当时基金净持仓从开始调整至调整的最低点共减仓 3.4601 万多手，根据上面的结论金价应调整 48 美元，而当时的实际情况是如果以收盘价计算黄金下跌了 43 美元，这与我们上面推论的结果十分接近。当然我们讨论的前提是市场的参与结构不发生变化，如果市场规模扩大，基金对价格影响力将下降。另外，由于统计的数据过短，价格波动并不符合正态分布，波动左偏，小于均值的波动出现的概率更高。对此，希望投资者在实际运用过程中予以注意。

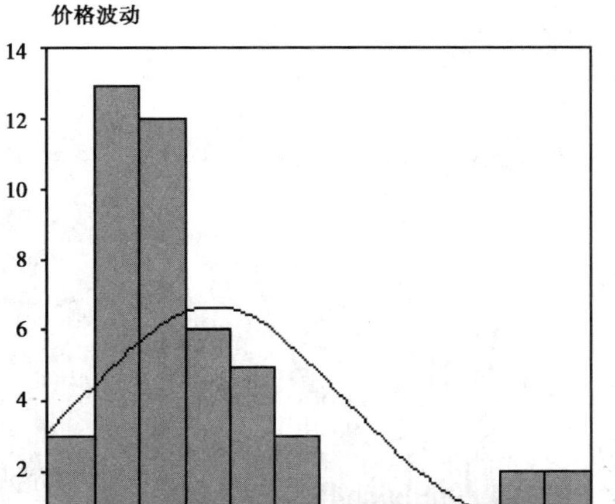

图 5－24 COMEX 黄金期货基金净持仓与金价波动情况对比

数据处理：经易黄金研究中心。

（2）从基金近期在黄金市场中的操作特点分析（见图 5－25、图 5－26）。

从上两个图中我们可以看出，基金总持仓和基金净持仓占总持仓的比重

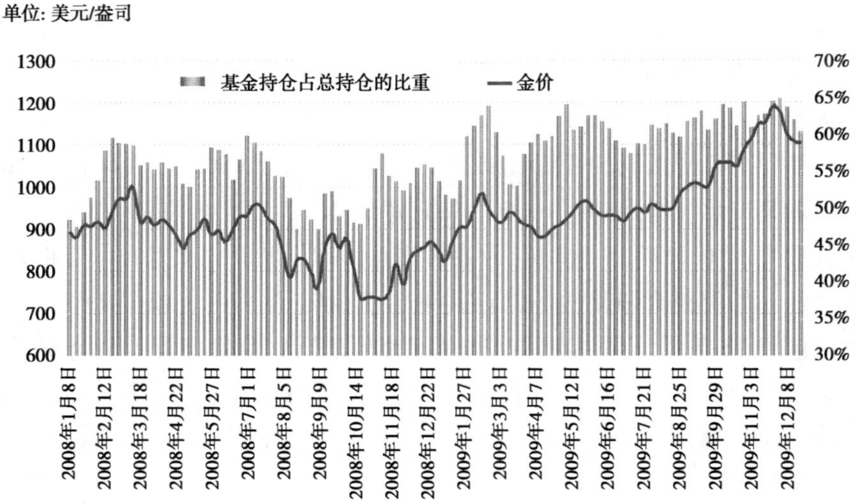

图 5－25　COMEX 黄金期货基金总持仓占比与金价波动情况对比

数据处理：经易黄金研究中心。

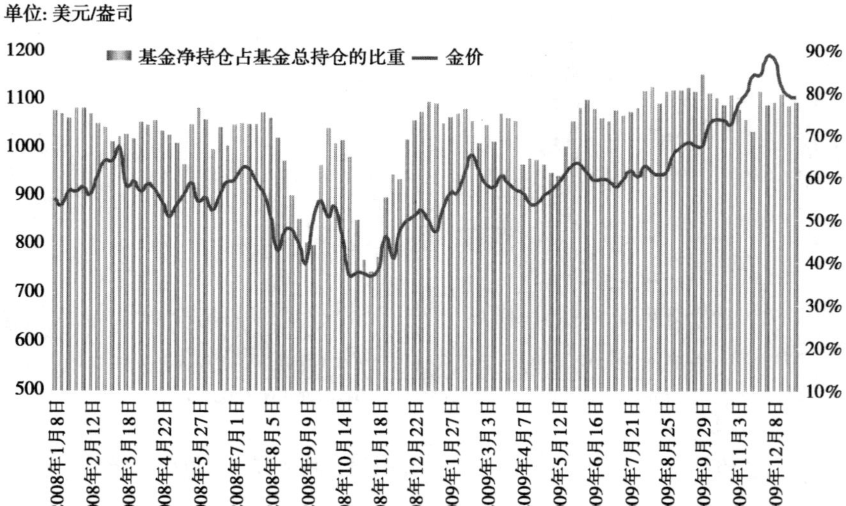

图 5－26　COMEX 黄金期货基金净持仓占比与金价波动情况对比

数据处理：经易黄金研究中心。

呈现着明显的规律性变化。金融海啸爆发后，基金持仓占黄金期货市场持仓比重较以往提高，但往往当基金持仓占总持仓的比重超过 52.5% 的时候，基金会开始调整仓位，使比重下降。对于这一点，笔者认为这可能是因为当基金持仓比重升高时，说明商业持仓并未随着基金持仓升高而增长，基金缺乏对手盘，这样的话，基金即使再增加仓位推高，金价也不能获得更高的利润，只能换来的是基金内部的多空搏杀。在商业持仓是被动变化的前提下，基金就开始了主动的调仓行为。从图中还可以观察到基金净持仓的调整范围是 5% ~20% 。根据这一规律，再结合上面提到的净持仓变化对价格的影响程度，就可以大致推算出金价调整的幅度。当然，每年黄金市场的环境都在变化，运用这种推算方法是还是要结合当时的市场环境具体分析。特别是金融危机爆发后，黄金市场投资需求大幅攀升，市场结构与此前相比发生了较为显著的变化。

六、黄金与主要大宗商品价格之间的关系

前面我们已经详细分析了黄金与原油之间的关系，黄金作为一种特殊的商品，其价格变化与大宗商品也有着十分密切的关系。当大宗商品价格快速大幅上涨时，通货膨胀压力迅速扩大，投资者处于规避通胀风险的需求，会增加投资组合中黄金的比重，黄金投资需求上升同样会拉动金价上升。反之，大宗商品价格大幅下跌，通胀压力缩小，处于通胀避险而投资黄金的需求减弱，也会对金价构成抑制。不过，由于黄金所具有的金融属性，我们在分析黄金与大宗商品价格之间的关系时，既要把黄金放在大商品的范畴内考虑，又要考虑黄金所具有的金融属性。例如，在 2008 年全球金融危机爆发后，由于资金快速抽离大宗商品市场，导致大宗商品价格快速深幅回落，对金价形成压制。但同时，金融危机导致信用货币体系动荡不安，美元持续贬值，很多国家和地区在减持美元储备的同时增加黄金储备，因此黄金价格并没有像大宗商品价格一样大幅下挫，而是在回调后继续上涨，维持了长期涨势。

从商品的属性上看，农产品是与黄金相差最远的商品，二者之间的关系应该不会太紧密，2007 年以前二者的相关性较低。但是，2007 年二者的相关性趋势是上述商品中最高的。这一点主要是通货膨胀的传导效应造成的。

农产品价格的上涨是通货膨胀从工业品逐步向农产品传递的必然结果，同时也预示着全球经济从结构性通胀向全面通胀的发展趋势。

黄金与基本金属的走势也通常表现出正相关性，毕竟两者同属商品大类。不过，后者的金融属性明显弱于黄金，故两者走势差异性或短期偏离性比较大。在极端情况下，两者可能负相关。如在2007年8月以来的美国次贷危机中，基本金属的暴跌更多表现出市场对美国经济的担忧，其商品属性表现得淋漓尽致。而黄金的避险需求增加，金价自680美元/盎司附近扶摇之上，一度摸高到900美元/盎司附近，金融属性在此担当主演。二者在极端市况下的表现可见一斑。考虑到现阶段宏观经济形势没有出现根本性的变化，基本金属依然紧跟市场预期，而黄金依然着重体现金融属性，保值避险的功能依然刺激着对黄金的需求。

在商品中，有很多商品是交叉商品，兼具双重属性，像天然橡胶和棉花，兼具农产品和工业品的特点。白银也是一种这样的商品，它兼具了基本金属和贵金属的特点。白银虽然是一种贵金属，但是它的价值相对黄金来说较低，甚至低于一些基本金属，并且因为在人类的货币史上很少有国家实行过纯粹的银本位（中国和墨西哥是银本位），白银更多的作为一种辅币，所以它的金融属性并不像黄金那么强。在工业上，白银也经常作为铜、铝等的替代性商品，所以基本金属的走势对白银也有一定影响。在2007年的走势中，我们可以看到白银的涨幅远远小于黄金，它的走势更接近铜的走势，这说明经济衰退的担忧也影响到了白银的上涨（见图5－27、图5－28）。

图5－29是黄金与铜的价格走势对比。

总结而言，以信用货币计价的大宗商品价格在定价机制上有一定内在关联，黄金与铜、原油等等商品以及代表商品价格的CRB指数走势有一定相关性。但黄金兼具金融属性，因此其价格波动在节奏和幅度上都和其他大宗商品存在明显差异。在分析黄金与大宗商品价格变化之间的关系时，应该结合宏观经济形势，从通胀压力、资金流向等角度分析大宗商品市场的变化，为判断和预测黄金价格提供依据。

本章在首先分析黄金价格体系构成的基础上，从黄金供求关系、国际政治形势、国际经济形势、国际投资格局等因素对黄金价格的影响进行分析，同时还分析了其他商品市场与黄金市场价格变化的相关关系，提供了了解和

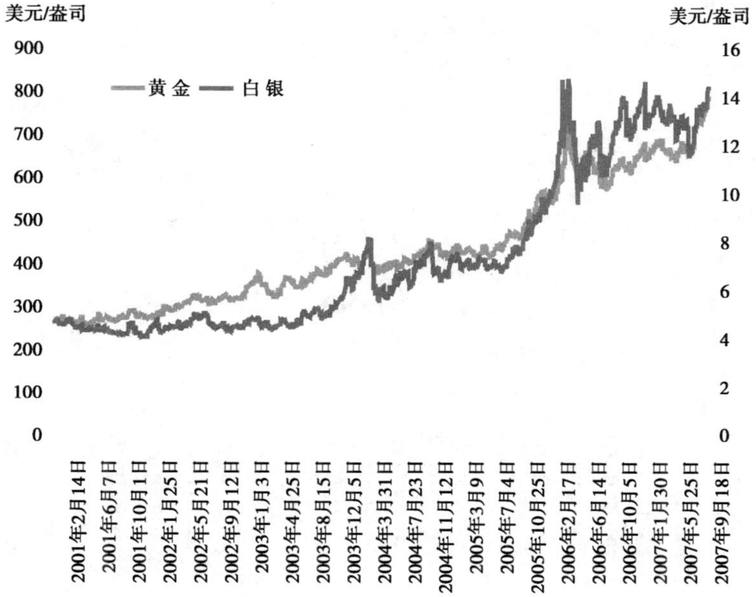

图 5－27　黄金与白银价格走势对比

数据处理：经易黄金研究中心。

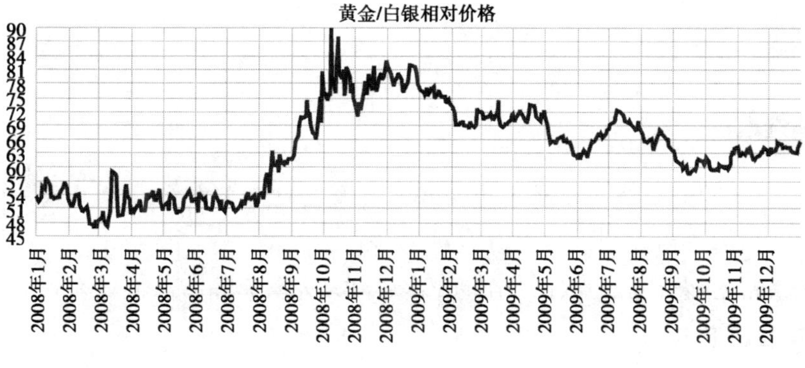

图 5－28　黄金与白银相对价格变化

数据处理：经易黄金研究中心。

分析黄金市场的思路和方法，为投资者投资黄金期货提供了基本知识。同时就黄金投资过程中可能碰到的具体问题为投资者提供了分析思路。

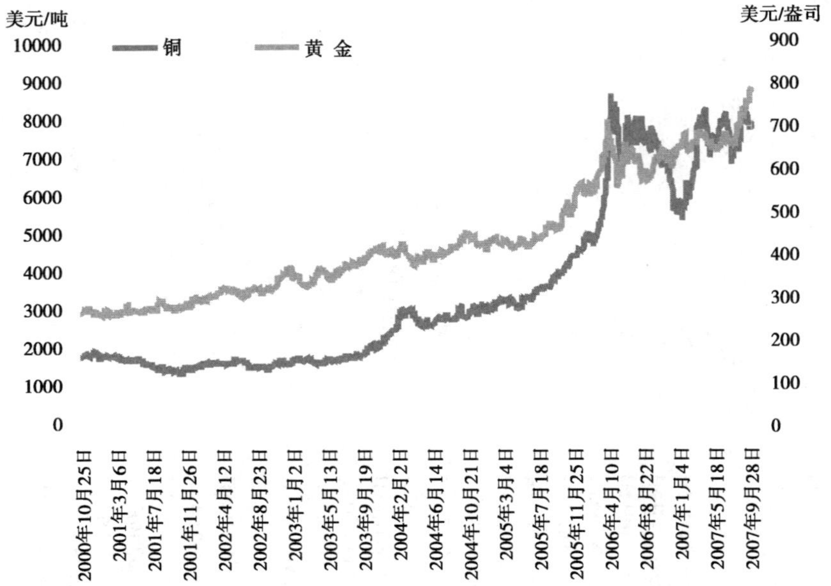

图 5－29　黄金与铜价格走势对比

数据处理：经易黄金研究中心。

自　测　题

一、单选题

1.（　　）是被中央银行用作与官方黄金进行有关黄金活动而采用的一种价格。

A. 市场价格　　　　B. 生产价格

C. 官方价格　　　　D. 准官方价格

2. 2009 年最大黄金矿产国是（　　）。

A. 美国　　　　B. 澳大利亚

C. 南非　　　　D. 中国

3. 国际货币基金组织 1976 年 1 月达成《　　》协议，规定黄金退出货币体系。

A. 牙买加协议　　B. 清迈协议
C. 华盛顿协议　　D. 北京协议

4. 黄金储备需求的主体不包括(　　)。

A. 各国中央银行　　B. 国际清算银行
C. 国际货币基金组织　　D. 世界贸易组织

5. 黄金最主要供给方式为(　　)。

A. 矿产金　　B. 再生金
C. 官方售金　　D. 生产商对冲

6. 目前，地表存金最大的储存形式为(　　)。

A. 首饰　　B. 金币
C. 官方金条　　D. 工业零配件

7. 目前，黄金最主要需求形式为(　　)。

A. 首饰　　B. 工业
C. 投资需求　　D. 牙医

8. 影响短期黄金价格波动的主要因素不包括(　　)。

A. 矿产金　　B. 宏观经济
C. 地缘政治　　D. 投资需求

9. 黄金市场主要价格不包括(　　)。

A. 市场价格　　B. 生产价格
C. 官方价格　　D. 准官方价格

10. 最新一期售金协议5年内最大售金额度是(　　)。

A. 2000吨　　B. 2500吨
C. 3000吨　　D. 3500吨

二、判断题

1. 目前世界上黄金价格主要有三种类型：市场价格、生产价格和准官方价格。(　　)

2. 1973年签订《牙买加协议》后，黄金退出货币体系。(　　)

3. 准官方价格是被中央银行用作与官方黄金进行有关活动而采用的一种价格，在世界黄金交易中已成为一个较为重要的黄金价格。(　　)

4. 截至2010年6月，世界官方黄金储备超过3万吨。（　　）

5. 2009年世界前4名产金国依次为：中国、美国、澳大利亚、南非。（　　）

6. 目前常用的黄金市场价格主要有三个：一是伦敦市场的定盘价；二是全球市场的现货黄金连续成交价格；三是COMEX黄金期货的主力合约价格。（　　）

7. 黄金的供给来自矿产金、再生金、央行售金和生产商对冲四个部分。（　　）

8. 战争发生后，黄金价格一定上涨。（　　）

9. 一般来说，黄金属性分为货币属性及商品属性两类。（　　）

10. 从货币标价角度来看，美元黄金与美元指数成负相关关系。（　　）

三、填空题

1. 世界上黄金价格主要包括（　　）。
2. 常用的黄金市场价格主要包括（　　）等三个。
3. 影响黄金供应的主要因素是（　　）。
4. 影响黄金需求的主要因素是（　　）。
5. 影响黄金价格的主要因素是（　　）。
6. 生产商做对冲是为了（　　）。
7. 目前，全球每年矿产金数据约（　　）吨。
8. 长期来看，大宗商品与黄金价格成（　　）关系。
9. 判断战争对黄金价格影响主要考虑战争的（　　）。
10. （　　）需求是目前主导黄金价格的主要因素。

参考答案

一、单选题

1. D　2. D　3. A　4. D　5. A　6. A　7. A
8. A　9. C　10. A

二、判断题

1. 对　2. 错　3. 对　4. 对　5. 错　6. 对　7. 对
8. 错　9. 对　10. 对

三、填空题

1. 市场价格、生产价格、准官方价格
2. 伦敦定盘价、连续现货价格、COMEX 期货价格
3. 矿产金、官方售金、再生金、生产商对冲
4. 首饰、制造业需求、投资需求
5. 供求关系、国际政治经济形势、大宗商品价格、美元指数等
6. 套期保值
7. 3 万
8. 正相关
9. 可预测性
10. 投资需求

第六章 黄金期货投机交易

【本章要点】

通过黄金期货投机交易的讲解，本章能够使投资者正确认识黄金投机行为的作用和性质，了解参与黄金投机交易需要掌握的知识、技巧和操作规范，如何把握黄金市场价格波动带来的机会，如何在运用技术分析的方法指导黄金投机交易，掌握黄金投机交易中的基本技术分析方法。

一、黄金期货投机交易——捕捉市场的盈利机会

1. 黄金期货的投机交易比其他品种更容易吗？

投资者对黄金期货的投机交易往往分为两种不同观点：有人认为黄金特性难以把握，不像其他商品期货那样，主要以供需状况为线索进行价格分析，容易进行预测，黄金的金融属性使得其价格的影响因素错综复杂，有时

候影响价格的主导因素是规避通货膨胀风险，有时候又是央行售金行为，有时候金价和美元反向变动，有时候又和美元同向变化，在不同阶段主导黄金市场的主要线索不同，很难对金价的涨跌和波动幅度进行预测；有的人则对投资黄金情有独钟，不仅投资黄金衍生品，同时还投资实物黄金，因为黄金的长期趋势相对容易判断，而且在金融格局动荡，商品价格大幅下跌时，黄金能够作为资产组合中保值的部分，具有避险的作用。

实际上，从交易机制来说，黄金期货同其他商品期货一样，实行保证金交易机制，投资者在进行投机交易的时候要承担风险，以获得风险收益。但与其他期货品种相比，黄金期货又具有自身的特点。

（1）与国内现有的商品期货相比，黄金价格的国际联动性更强，国内外黄金期货合约的标的物品质一致，没有价格上的升贴水。而且国际黄金市场是 24 小时连续交易，国内外市场价格波动节奏非常接近，这为投资者分析黄金价格提供了便利。投资者不仅可以从各种途径收集信息，还可以参考隔夜国际市场黄金价格的变化制定投资策略。

（2）黄金具备极高的变现能力，隐性库存可以通过回收金、央行抛售等方式重新回到现货流通中来，也就是说，即使是在黄金的矿产金量下降的情况下，因为大量隐性库存的存在，黄金市场不会像其他商品市场那样出现因供应的减少或现货需求的急剧加大而出现现货升水的现象，黄金市场长期处于一个贴水的格局之中，黄金现货的升水的现象几乎是不存在的。黄金自身的属性决定了黄金市场大多时候表现为正向市场（贴水市场）。

（3）从日均波动幅度来看，黄金的日内波动幅度明显低于其他大宗商品，通常维持在3%以内（见图 6－1），因此，黄金更适合中长线投资。

（4）黄金的中长期趋势较为稳定，更利于制订投资计划，进行资金管理。

（5）由于黄金期货合约的价值较高，进行黄金投机交易的交易成本较高，对投资者的资金实力有一定要求。

2. 进行黄金期货投机交易需要做哪些准备？

在进行黄金期货的投机交易之前，投资者除了资金上的准备之外，还需要做一些必要的准备。

（1）充分了解黄金期货的交易制度。为了尽可能准确地判断黄金期货

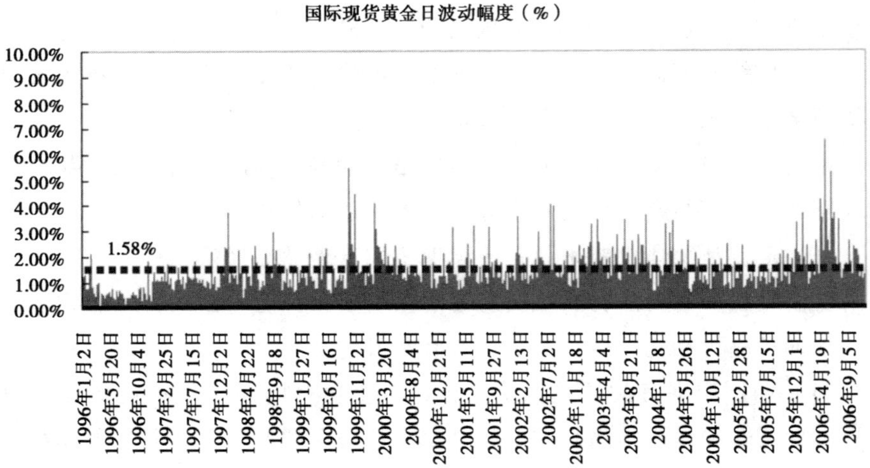

图 6－1　国际黄金价格的日波动幅度

数据处理：经易黄金研究中心。

价格的变化趋势，在决定是否购买或卖出黄金期货之前，投资者应对其种类、数量和价格作全面、准确和谨慎的研究。只有对相关的交易制度和黄金属性有了足够的认识，才能入市进行交易。投资者入市后，在买卖合约时切忌盲目入市，应在对黄金市场及期货交易制度具有一定了解的基础上才能入市进行交易。

（2）熟悉黄金市场的特点及分析方法。与其他商品期货相比，影响黄金期货的因素更为复杂，各类因素相互交织，相互影响，而且在不同时期影响市场的主导因素往往会发生变化，普通投资者往往难以把握。分析黄金价格不仅要用到宏观经济方面的理论，还包括历史、政治和金融等方面的知识，这就要求投资者在进入市场之前对黄金的属性和黄金市场的分析方法进行必要的了解，盲目入市往往容易导致巨大损失。

（3）事先制订交易计划。无数投机者的经验教训表明，没有明确的交易计划，根本不可能长期在期货市场上立足。一个漫不经心毫无计划的投机者，最明显的特征就是缺少交易的策略计划。在期货交易中交易计划就是获取成功的蓝图。制订交易计划可以使交易者被迫考虑一些可能被遗漏或考虑不周或没有给予足够重视的问题；可以使交易者明确自己正处于何种市场环境，将要采取什么样的交易方向，明确自己应该在什么时候改变交易计划，以应付多变的市场环境；可以使交易者选取适合自身特点的交易方法，方法正确才能有机会获得预期收益。

（4）及时止盈或止损。一般情况下，投资者应事先决定可接受的最低获利水平和最大亏损限度。通过对黄金价格进行分析，把现实的和潜在的各种可获得的交易策略结合起来，获利的潜在可能性应大于所冒的风险。既然从事投机交易就同时面临着盈利和亏损两种可能，那么，在决定是否买空或卖空期货合约的时候，交易者应该事先为自己确定一个最低获利目标和所期望承受的最大亏损限度，作好交易前的心理准备。在达到预定的收益目标或者损失限额时，应严格执行预期计划，采取相应的交易策略。能否严格执行交易计划，严守止盈或止损目标是成熟投资者与无序投资者的重要区别。

（5）设置合理的资金投入比例。在确定了获利目标和亏损限度后，还要确定用于风险的资金额度。为了尽可能增加获利机会，增加利润，以下三点有必要做到：第一，要分散资金投入方向，而不是集中用于某一笔交易，这样有利于减少风险性；第二，持仓应限定在自己可以完全控制的数量之内；第三，还应有长远的眼光，为可能出现的新的交易机会留出一定数额的资金。一些投机商得出这样的经验，即只有当最初的持仓方向被证明是正确的，即证明是可获利后，才可以进行追加的投资交易，并且追加的投资额应低于最初的投资额。应该按照当初制定的交易计划进行交易头寸的对冲，严防贪多。不过，市场变化反复无常，投机商应该根据市场行情的实际变化作出战略调整，保持一定的灵活性和应变能力，做到既按计划行事，又不墨守成规。对于一笔交易的获利愿望主要取决于投机商的经验和个人偏好。成功的交易预测和交易最终还是会受个人情绪、客观现实、分析方法和所制订的交易计划的影响。

（6）在交易过程中应向专业机构进行咨询，及时调整交易策略。投资者在进行期货投资时往往容易受自身的情绪和倾向等因素影响，对市场环境作出不客观的判断和分析。在获得收益时过度自信，高估自己的能力；在遭受损失时一蹶不振，不愿面对判断失误带来的损失。为了避免在黄金期货投资过程中盲目决策，损失惨重，投资者应该在投资过程中向专业机构咨询，为正确判断市场状况，制定适当的投资策略提供帮助。

二、黄金期货投机交易策略

1. 黄金期货投机交易的主要参与者有哪些?

黄金期货投机是以获取价差收益为目的的投资行为。通常，根据其持有黄金期货合约时间的长短，可以把黄金期货投机交易者分为三类：第一类是长线投机者，此类交易者再买入或卖出期货合约后，将持有一段时间，从几天到几周甚至几个月不等，只到价格达到其预设目标后才平仓出场；第二类是短线交易者，这类交易者主要从事日内交易，不持仓过夜；第三类投机者的交易更为频繁，他们根据黄金期货价格的细微变化进行交易获取微利，在一个交易日内交易很多次，这一类型的交易者也常被称之为“抢帽子者”。相对于其他商品期货而言，黄金期货的日内波动幅度较小，更适合进行中长线投资。

2. 黄金期货投机交易的投资策略有哪些?

（1）平均买低和平均卖高策略。如果建仓后市场行情与预料的相反，可以采取平均买低或平均卖高的策略。在买入合约后，如果价格下降则进一步买入合约，以求降低平均买入价，一旦价格反弹可在较低价格上卖出止亏盈利，这称为平均买低。在卖出合约后，如果价格上升则进一步卖出合约，以提高平均卖出价格，一旦价格回落可以在较高价格上买入止亏盈利，这就是平均卖高。

但需要特别指出的是，投机者在采取平均买低或平均卖高的策略时，必须以对市场大势的看法不变为前提。在预计价格将上升时，价格可以下跌，但最终仍会上升。在预测价格即将下跌时，价格可以上升，但必须是短期的，最终仍要下跌。如果逆势操作，操作方向与大趋势相反，就很容易因此蒙受巨大损失。

（2）金字塔式买入卖出。如果建仓后市场行情与预料相同并已经使投机者获利，可以增加持仓。增仓应遵循以下两个原则：只有在现有持仓已经盈利的情况下，才能增仓；持仓的增加应渐次递减。

例如：某投资者预计未来 3 个月黄金价格将会持续上涨，买入 5 手黄金期货合约，成交价为 160 元/克，随后价格如预期上涨，在一周后上涨到

165 元/克，这位投资者再买入 4 手黄金期货合约，成交价为 165 元/克，随着价格的进一步上升，这位投资者随后又分别在 168 元/克的价位买入 3 手合约，在 170 元/克的价位买入 2 手合约，在 174 元/克买入 1 手合约。这时，他一共持有 15 手合约，平均买入价格为 165.2 元/克。具体操作过程见图 6－2。

价格（元/克）	持仓数（手）	平均价（元/克）
174	0	165.2
170	0　0	164.57
168	0　0　0	163.67
165	0　0　0　0	162.22
160	0　0　0　0　0	160

图 6－2　金字塔式买入

采取金字塔式买入合约时持仓的平均价虽然有所上升，但升幅小于合约市场价格的升幅，市场价格回落时，投机者可以有充足的时间卖出合约并取得预期利润。金字塔卖出策略的做法与此类似。

如果建仓后，市况变动有利，投机者增加仓位不按原则行事，每次买入或卖出的合约份数总是大于前次买入或卖出的合约份数，买入或卖出合约的平均价就会和最近的成交价相差无几，只要价格稍有下跌或上升，便会吞噬所有利润，甚至蚀本，因而倒金字塔式买入不应提倡。

为了尽可能利用市场的有利变动，可以采取一种金字塔式的变形。最初建仓时买卖少量合约，如果市况有利，分次买入或卖出同种合约，每次买入或卖出的合约份数均大于前次买卖的数量。在所持有的持仓达到一定数量后，分次逐步递减买卖合约。持仓的增加情况见图 6－3。

最后一次买/卖　→　0
0　0
0　0　0
0　0　0　0
0　0　0
0　0
建仓　→　0

图 6－3　金字塔变形操作方法

三、黄金期货投机交易中的技术分析

1. 黄金期货投机交易中技术分析有用吗?

在大多数期货品种的交易过程，投资者都是运用基本面与技术面结合的分析方法，但黄金因其兼具商品、货币和金融属性，因此其影响因素较为复杂，更加难以把握。相比于黄金的基本面分析，技术分析方法在黄金期货投机交易中更为直观，在剔除黄金市场自身价格波动的特点外，其他商品期货的技术分析方法同样适用于黄金期货。

在进行技术分析之前，投资者需要明确的是：技术分析的大多数成功来自对市场的经验，并不具备严谨的科学特征。因此，技术分析带有浓烈的主观色彩，实际上把技术分析称为一门艺术或市场心理预测更为合适。技术分析的目标不是找到所谓的对价格预测的准确性，其首要目的是要通过最擅长的技术分析方法发现交易的时机，减小或控制投资风险。而且，不论哪一种技术分析都存在一定缺陷，运用技术分析水平与能力的提高必须经过市场验证。

2. 黄金期货投机交易的技术分析方法有哪些?

技术分析是通过对市场上每日价格的波动，包括每日的开市价、收盘价、最高价、最低价、成交量等数字资料，通过图表将这些数据加以表达，从而预测未来价格的走向。技术分析方法往往来自投资者自身在市场中的经验，所以具有很强的主观性，而且每种分析方法都不是十全十美的，我们既不能对技术分析过分的依赖，也不能否定技术分析的合理性。从理论上来讲，投资者在交易时，可以结合黄金市场基本面分析，再运用技术分析来捕捉每一个金市的上升浪和下跌浪，低买高卖，以赚取更大利润。而且，技术分析是以数学统计方程式为基础的一种客观分析方法，有极强的逻辑性，它把投资者的主观见解进行过滤，要比凭借个人感觉的分析更为客观。

在进行黄金市场的技术分析时，主要是通过分析技术图表，以捕获主要和次要的趋势，并通过估测市场周期长短，识别买入/卖出机会。按照投资者的交易策略，可以使用日内（每 5 分钟、每 15 分钟、每小时）技术分析，也可使用每周或每月技术分析。下面我们分别用几种主要的技术分析理论对黄金市场进行分析：

（1）道氏理论。道氏理论的基本思想是，价格虽然是变化多端的，但总是遵循着一定的趋势而发展变化的。认识了这种趋势，投资者就可以通过研究价格过去的变动轨迹，来预测价格的变动趋势。道氏理论认为，市场上价格变动的各种状态可以归结为三种，即主要趋势、次级趋势及短期趋势（见图6－4）。这三种运动在市场中同时发挥作用。其中，最重要的是主要趋势的变动。在主要趋势的发展中，有时会被相反方向的次级趋势所打断。而次级趋势又是由不重要的短期趋势或日常波动所组成的。

对投资者来说，主要趋势变动持续的时间通常为一年或者一年以上，主要趋势持续上升就形成了多头市场，持续下降就形成了空头市场。次级趋势持续的时间则从3周到数月不等，其上升或下降的幅度一般是主要趋势的1/3或者2/3。短期趋势主要是几天内的变动情况，次级趋势往往由3个或者3个以上的短期趋势组成。

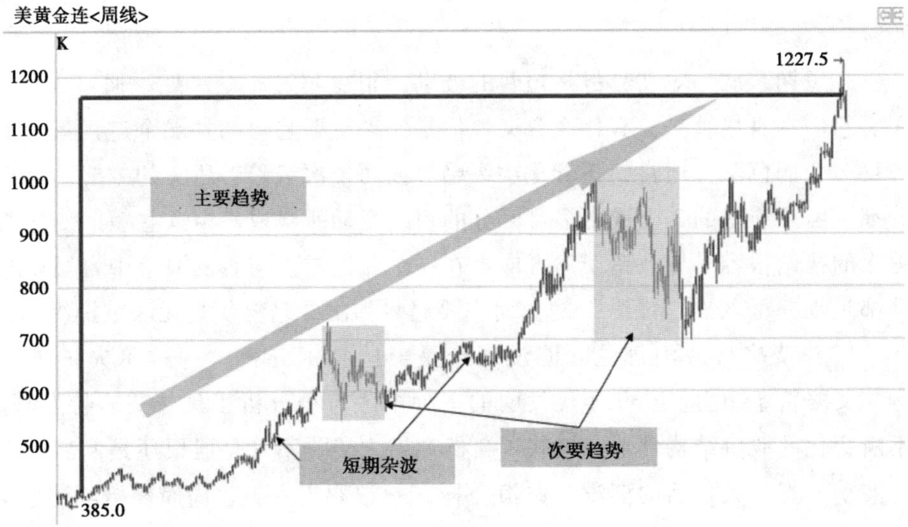

图6－4　黄金价格的趋势分析

数据处理：经易黄金研究中心。

①主要趋势，即从大的角度来看的上涨和下跌的变动。其中，只要下一

个上涨的水准超过前一个高点。而每一个次级的下跌其波底都较前一个下跌的波底高，那么，主要趋势是上升的。这被称为多头市场。相反，当每一个中级下跌将价位带至更低的水准，而接着的弹升不能将价位带至前面弹升的高点，主要趋势是下跌的，这称之为空头市场。通常主要趋势是长期投资者在三种趋势中唯一考虑的目标，其做法是在多头市场中尽早买进黄金，只要他可以确定多头市场已经开始发动了，一直持有到确定空头市场已经形成了。对于所有在整个大趋势中的次级下跌和短期变动，长期投资者是不会去理会的。当然，对于那些作经常性交易的人来说，次级变动也是非常重要的机会。

②次级趋势。它是主要趋势运动方向相反的一种逆动行情，干扰了主要趋势。在多头市场里，它是中级的下跌或“调整”行情；在空头市场里，它是中级的上升或反弹行情。通常，在多头市场里，它会跌落主要趋势涨升部分的1/3至2/3。然而，需要注意的是：1/3到2/3的原则并非是一成不变的。它只是几率的简单说明。大部分的次级趋势的涨落幅度在这个范围里。它们之中的大部分停在非常接近半途的位置，回落原先主要涨幅的50%。

③短期杂波。短期趋势是短暂的波动。很少超过3个星期，通常少于6天。它们本身尽管是没有什么意义，但是使得主要趋势的发展全过程富于了神秘多变的色彩。通常，不管是次级趋势或两个次级趋势所夹的主要趋势部分都是由一连串的3个或更多可区分的短期变动所组成。由这些短期变化所得出的推论很容易导致错误的方向。在一个无论成熟与否的股市中，短期变动都是唯一可以被“操纵”的。而主要趋势和次要趋势却是无法被操纵的。

（2）艾略特波浪理论。波浪理论是美国技术分析大师拉尔夫·纳尔逊·艾略特于20世纪30年代发明的一种金融市场分析工具。艾略特发现，不断变化的股价结构性形态反映了自然和谐之美。不管是股票还是商品价格的波动，都与大自然的潮汐、波浪一样，一浪跟着一波，周而复始，具有相当程度的规律性，展现出周期循环的特点。他把周期分成时间长短不同的各种周期。艾略特指出，在一个大周期之中可能存在小的周期，而小的周期又可以再细分成更小的周期。每个周期无论时间长短，都以相同的模式进行，即“八浪循环”。而每个周期的时间跨度可从15分钟至数10年不等（见图6-5）。

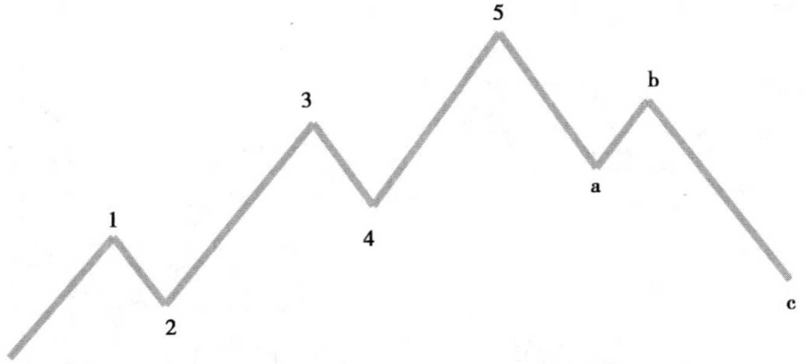

市场遵循着一种周而复始的节律，同时重视三个方面的内容：形态、比例、时间

图 6-5　波浪理论的基本形态

数据处理：经易黄金研究中心。

同其他技术分析工具一样，波浪理论需要结合其他分析方法进行相互验证。例如，分析黄金市场的基本面以判断长期趋势，以及趋势可能的延续周期。在黄金市场上，波浪理论在长期趋势的运用中往往有效性要强于短期趋势。

下面我们就以一个实际例子来进行分析，为投资者提供思路。

熟悉黄金市场的人都知道，当代首次黄金大牛市始于 1968 年，金价从 35 美元/盎司涨到 1980 年的 850 美元/盎司，长达 12 年的时间，期间投资黄金每年有 30% 的收益率。此轮的大牛市，作为更大级别的超级大牛市的大一浪上涨。

自 1980 年 1 月 21 日金价创出历史最高价 850 美元/盎司以来，价值回归和央行抛售等原因促使金价经历了长达 20 年的大熊市，最低跌至 1999 年 8 月 25 日的 252 美元/盎司。此轮的大熊市，作为上一轮大牛市的大二浪调整。

而目前金价正处在自 1999 年 252 美元以来的大三浪上涨之中，未来至少 12 年的时间，黄金市场都将延续这次大级别的牛市，1980 年 850 美元/盎司的历史最高价，已经轻而易举地被超越，金价将在此主升浪中涨至多数人难以预料的高位。之后市场价格将迎来第四大浪的调整与第五大浪的上升。1999 ~ 2009 年黄金价格的波浪理论分析见图 6-6。

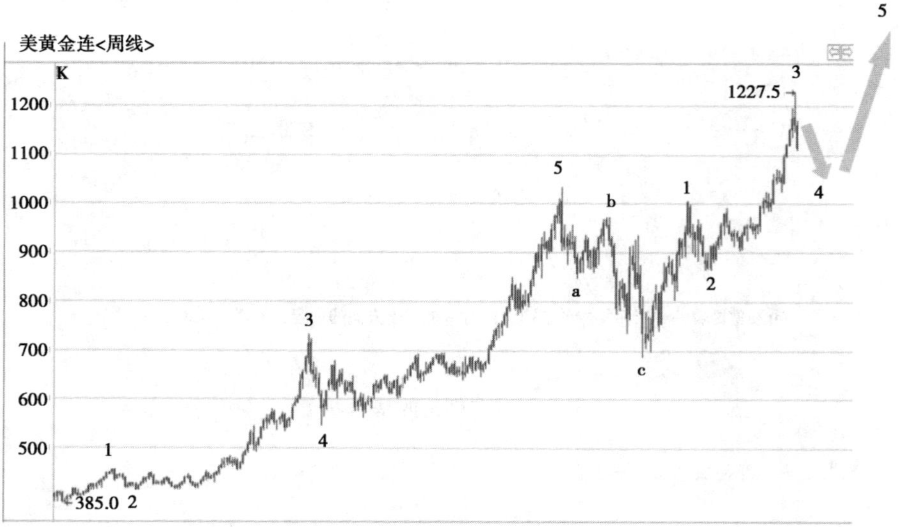

图 6－6　1999～2009 年黄金价格的波浪理论分析

数据处理：经易黄金研究中心。

通过图 6－6 我们可以利用波浪理论对未来黄金价格进行预测。结合时间范围显示，按照波浪理论的基本形态特征，我们可以认为目前（2009 年 12 月第 2 周）美国黄金期货价格正处于上升 5 浪中的第 4 浪调整过程中，调整结束后将可能迎来第 5 浪的上升。

但需要说明的是，投资者在利用波浪理论对市场价格进行分析时应注意一下几个基本原则：

①波浪形成的基本概念。

a. 一个运动之后必有相反运动发生。

b. 主趋势上的推进波与主趋势方向相同，通常可分为更低一级的 5 个波；调整波与主趋势方向相反，或上升或下降．通常可分为更低一级的 3 个波。

c. 8 个波浪运动（5 个上升，3 个下降）构成一个循环，自然又形成上级波动的两个分支。

d. 市场形态并不随时间改变。波浪时而伸展时而压缩，但其基本形态不变。

②各浪的基本特征。

a. 第 1 浪通常是最短的，也是最难判断的。大约 50% 以上的情况看上去更像是小幅反弹。

b. 第 2 浪通常回撤第 1 浪的全部或大部分。

c. 第 3 浪通常是最长的，也是最猛烈的。第 3 浪上穿第 1 浪顶部时构成买入信号。在第 5 浪结构中第 3 浪不可能是最短的一浪。

d. 第 4 浪大多数是一个复杂形态。第 4 浪低点绝不能低于第 1 浪高点。

e. 第 5 浪的形态通常比第 3 浪要平和。第 5 浪在不同市场下表现形式不同。

f. A 浪常常被误解成一般的回撤，如果 A 浪具备第 5 浪结构，将预示市场进入了下跌过程中。

g. B 浪是新趋势的反弹，一般情况下交易量不是很大。这是不利头寸最后的离场机会，同时也是建立新头寸的时机。

g. C 浪的低点常常会超过 A 浪的低点，有很多情况下 C 浪与 A 浪的幅度相等。

i. 主要推动第 3 浪的形态。第 3 浪的波动获得了动力并且到达了第 1 浪的顶部。在第 1 浪顶部被突破的同时，那些止损单被触及了。根据止损量的大小，将在第 3 浪上产生一个跳空缺口。在第 3 浪上升的过程中，跳空缺口是一个好的现象，在止损单被触及之后，第 3 浪的波动将引起交易者的注意。

以下的序列将是这样：初始时在底部做多头的交易者可以观望。他们甚至可能决定增加头寸。处于止损出局状态的交易者（经过一段徘徊不安之后）断定行情是向上的，并决定买进参与波动，这种突增的兴趣给第 3 浪的波动提供了动力。这时，大多数的交易者已经断定这浪行情是上升的。最后，这种买进的疯狂变弱了，第 3 浪进入了停滞。这时获利回吐开始蔓延，在低点做多的交易者决定将利润兑现。他们获得了良好的交易并开始保护他们的利润。这就引发一次价格的回落，从而形成第 4 浪。

③波浪理论原则的总结。

a. 完整的市场周期由 8 浪构成。

b. 如果当前趋势与比它更高一层的趋势方向一致，则划分 5 浪结构。

c. 调整浪始终以 3 浪结构出现，以锯齿形与平台形为主。三角形大多发生在最后一浪之前，也可以在 b 浪中出现。

d. 某一主浪延长时，另两个在时间与幅度上基本相当。

e. 菲波纳奇数列序是波浪理论的数学基础。

f. 交替规则提醒我们，同一类型的形态不可能连续出现。

g. 第 4 浪不能与第 1 浪重叠。

h. 波浪理论由波浪形态、比数以及时间三方面构成，其重要程度依次降低。

i. 波浪理论与其他技术工具协同使用效果会更好。

（3）形态理论。

价格形态是指在图表上特定的形态，它们具有预测性价值。价格形态有两种最主要的分类——反转型形态和持续型形态。

常用的反转型形态包括：头肩形、三重顶（底）、双重顶（底）、V 字顶（底）以及圆形顶（底）。持续型形态包括：三角形、旗形和三角旗形、楔形以及矩形。

下面我们介绍利用形态理论进行黄金价格分析的具体实例。图 6－7 中重点显示了持续形态、三角形与反转形态、倒头肩形态的用法。

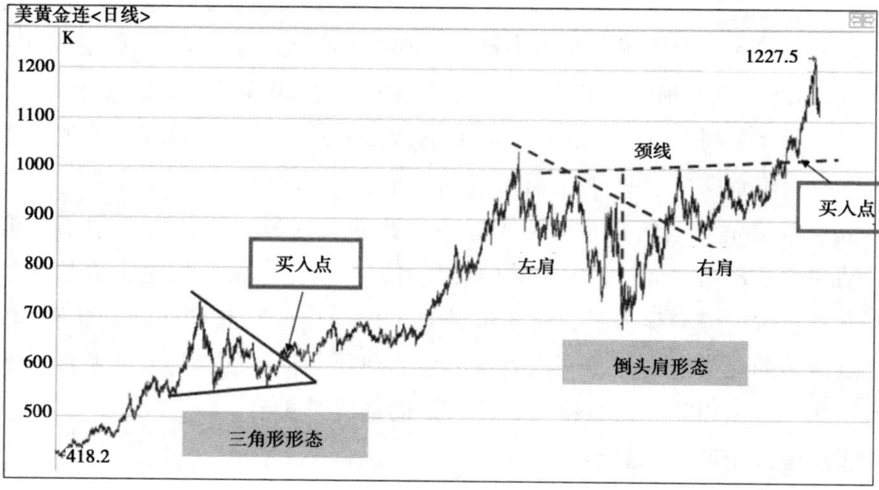

图 6－7　利用形态理论分析黄金价格

数据处理：经易黄金研究中心。

三角形是持续形态的典型形态，我们必须清楚地认识到，既然在该形态形成以前，黄金价格处于上升的趋势当中，那么我们就要遵循着价格突破三角形顶部的压力线以后进行买入操作。而更为激进的投资者会采用价格接近三角形底部支撑线时买入的操作策略。但就持续形态理论本身而言，如果价格没有形成真正的突破前该形态不能成立，因此，我们不能鼓励那些操作更为激进的投资者在持续形态没有真正形成以前作出交易决定。

倒头肩形的底部形式是顶部形式的镜像。其中，最重要的区别是在形态后半部分的成交量形态上。在底部过程中，自头部弹起的上冲，应当具有较大的成交量，而当颈线被突破时，交易活动应更是具有迸发性的扩张。回向颈线的反扑在底部过程中也较为多见。

在具体操作过程中需要注意反转形态所共有的基本原则：

①在市场上事先确有趋势存在，是所有反转形态存在的前提。

②现行趋势即将反转的第一个信号，经常是重要的趋势线被突破。

③形态的规模越大，则随之而来的市场动作越大。

④顶部形态所经历的时间通常短于底部形态，但其波动较强。

⑤底部形态的价格范围相对较小，但其酝酿时间较长。

⑥交易量在验证向上突破信号的可靠性方面，更具参考价值。

在此必须提醒投资者，不论是主要反转形态，还是持续形态，它们的预测过程依然是以主观分析为主。前人总结的各种形态在真实的市场中均存在不同程度的变形。交易量和时间在形态分析与预测中占有相当重点因素。形态理论对市场方向的预测明显强于对价格波动幅度的预测。

（4）指标体系。指标体系的出现是伴随着计算机的发展和普及为背景的，大多数指标诞生于20世纪六七十年代。其特点与图表分析相比，指标分析更加客观。各种指标通过一定的方程计算得出，其数值被解读为买卖信号。目前，对于黄金价格研究的主要指标大致可以归纳为两大类：一类是趋势指标，通过指标可以得到趋势变化的信号，通常趋势指标滞后于趋势的演变；另一类是摆动指标，指标仅在一个固定的区域内波动，无论价格如何变化，摆动指数的区域基本是水平发展的。

①移动平均线。

ⓐ计算公式。N天的移动平均线就是将最新的N天的收市价格进行算术平均得到的连线，移动平均线是应用最广泛的趋势指标。

10日的移动平均线的生成：

第一个移动平均值 = $P_1 + P_2 + \cdots + P_{10}/10$

第二个移动平均值 = $P_2 + P_3 + \cdots + P_{11}/10$

第 X 个移动平均值 = $P_X + P_{X+1} + \cdots + P_X + 10/10$

ⓑ移动平均线分类。

简单移动平均线：每天收盘价的权重是一样的。

线性加权移动平均线：越新的收盘价所占的权重越大。

指数加权移动平均线：不仅给较新的收盘价以较高的权重，而且将所有价格的权重都计算在内。

ⓒ移动平均线特点。

跟踪趋势的技术工具：它追随市场而不能超前于市场。平滑工具：短期的移动平均线较长期的移动平均线对市场的反映更敏感，长期的移动平均线发出的趋势信号更可靠。

ⓓ移动平均线的应用（见图 6－8）。

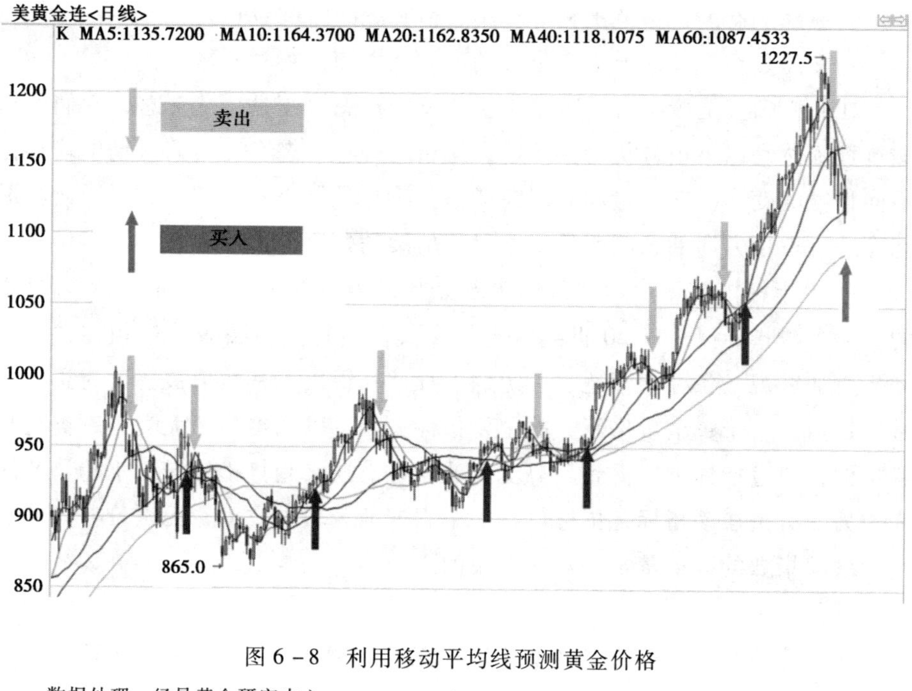

图 6－8 利用移动平均线预测黄金价格

数据处理：经易黄金研究中心。

单一移动平均线的应用：当收市价对移动平均线进行穿越时就构成了买卖信号；较短期的移动平均线由于非常贴近市场价格，时常发生穿越现象，错误的概率增加，可以通过施加过滤器减少伪信号的影响。

组合移动平均线的应用：当收盘价同时穿越两条以上的均线时构成入市信号；当短期均线穿越长期均线时也可以构成入市信号。

投资者在使用移动平均线作为分析工具时应该注意把握其基本特征：

第一，趋势的特征，平均线能够表示出价格运动的基本趋势。

第二，稳定的特征，移动平均线不会像日线那样大起大落，而是起落得相当平稳。向上的平均线经常是缓缓向上，向下也是这样，要改变平均线的运动趋势相当不容易。

第三，安全的特性。通常愈长期的平均线，愈能表现出安全的特性，即移动平均线不会轻易地往上往下，必须等市势明朗后，平均线才会真正改变方向。经常是市势开始回落之初，平均线却是向上的，等到市势落势显著时，才见平均线走下坡，这是平均线的最大特色。

第四，助涨的特性。价格从平均线下方向上突破后，平均线也开始向上移动，可以看成是多头的支撑线，市价每次跌回平均线附近时，自然会产生支撑力量。短期平均线向上移动的速度较快，中长期移动平均线向上移动的速度较慢，但都表示一定期间内平均持仓成本增加。

第五，助跌的特性。价格从平均线上方向下突破后，平均线也由此开始向下方移动，这时平均线成为空头的阻力线，市价每次反弹至平均线附近时，自然产生阻力，因此在平均线往下运动时，每当股价反弹到平均线附近都是卖出的时机，平均线此时具有助跌的功能，如果市价下跌逐渐趋缓，平均线开始减速下行，此时若股价再次与平均线接近，则可能向上冲破均线开始升势，此时均线的助跌的功能减弱。

另外，我们也应该清楚地认识到移动平均线的固有缺陷。比如，移动平均线的信号是对价格趋势的判断，因此，在短期价格波动的预测效果不明显；移动平均参数越大其滞后性越强；在市场处于盘整趋势时，移动平均线不但发挥不了作用而且经常给出错误信号。

②摆动指标。在此之前，实质上我们所讨论的技术指标都是追随趋势的。其目的在于预期新趋势的萌生，或者在新趋势刚一露头后，尽快把它揭

示出来。现在所要探讨的与上述追随趋势方法不同，属于另外一种技术——摆动指标。

当市场进入了无趋势阶段时，价格通常在水平区间中上下波动，在这种情况下，绝大多数跟随趋势系统都不能正常工作，而摆动指标却是独树一帜。因此，对技术型交易商来说，摆动指标对症下药，使他们能够从经常出现的无趋势市场环境中获利。然而，摆动指标的用途并不仅限在水平向的交易区间中。在趋势阶段，如果我们把摆动指标与价格图表参照使用，那么，当市场即将出现短暂的极端状态，即通常所谓“超买”或“超卖”状态时，它也能够及早提醒交易者。同时，当趋势的动力正在衰退，而这一危机尚未在价格上明显地显露出来的时候，我们从摆动指标上也能找到线索。

相对强弱指标（RSI）应用见图 6 -9。

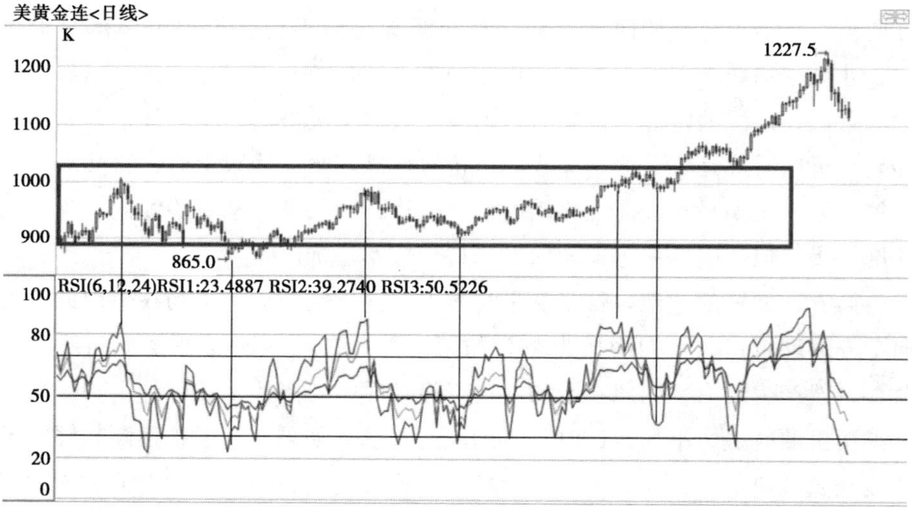

图 6 -9 相对强弱指标（RSI）应用

数据处理：经易黄金研究中心。

a. 一般 RSI 的单位时间为 14，时间跨度越大指标相对平缓。如果以短线交易为主，要求摆动更为明显可把单位时间改设为 9 或 7，再短的话，指标过于灵敏丧失指导意义。

RSI 的垂直刻度为 0 ~100，其围绕 50 为轴线上下摆动，当指数超过 70

时，理论上显示超买状态，而指数低于30时，显示超卖状态。两种情况特殊，一因时间跨度越短，指标摆动越灵敏，所以相对强弱指标单位被设为9或9以下情况，指标到80为超买，到20为超卖。二是在相对牛市或熊市时，通常RSI会发生漂移、钝化现象，因此在牛市中80为超买水平，在熊市中20为超卖水平，牛、熊市为套用股市理论在期市中应为单边上升或单边下降市。除此两种情况，一般应以70~30为界。

因RSI指标相对比较灵敏，在指标上升至70或下降到30以下时，只应理解为一种警告信号并不代表行情要出现反转，即指到70时的价格可以作为多头换手的点位，平仓离场观望，但决不可反手做空。到30时反之亦然。

b. 要点：目前有两种RSI形态，对行情反转的辅助判断比较有效。也就是说，一旦RSI指标出现这种行态，行情出现反转的概率较大。正是其最有价值之处。

顶部背离：指RSI指标创新高后例如达到80随即出现衰竭现象，价格一路攀升到RSI虽无明显下降却不曾再次突出前期高点，与价格明显出现背离，此时可判定行情短期内会有回调或反转的可能。反向到30情况相反，不再赘述。

两次突破：RSI突破70以上后向下回落至70或70以下，然后再次上升达到70以上后再次向下突破70水平线，可判定行情即将出现回调或反转。

随机指标（KD）应用见图6-10。

a. 当D值在80以上呈超买状态，20以下虽超卖状态，但只起警告作用。甚至D值进入10~15或85~90区域也起警告作用，提醒投资者可平仓换手而不能以此认定买点、卖点。除非在D线形态呈现衰竭背离走势，价格又创新高而D值无力再至新高，相反亦然，则可判断此为有效买卖点。

b. K线向上穿越D线，形成金叉为买入讯号，向下穿越形成死叉为卖出讯号，但必须遵从以下三个原则才较准确。

第一，交叉位置在80以上或20以下时才可明确卖出或买进信号。

第二，配合趋势，如果在上升趋势中出现金叉，可作买点参考。反之，亦然。

第三，两次穿越原则，如在80以上D线两次下探，而K线两次有效下

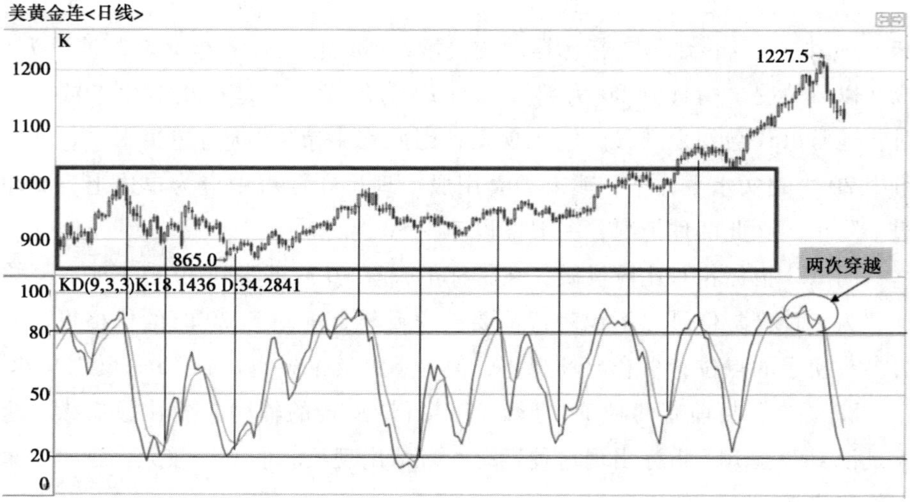

图 6－10　随机指标（KD）应用

数据处理：经易黄金研究中心。

穿 D 线，如图形构造还呈现出背离走势，投资可果断入市做空。

摆动指标必须附属于基本的趋势分析，从这个意义上说，它只是一种第二位的指标。当我们谈到技术分析者手中的各类摆动指数的时候，都要强调指出，市场的主要趋势是压倒一切的，顺着它的方向交易这一原则具有重要意义。然而，一旦市场运动趋于尾声，或进入横盘走势时，摆动指标就极有价值了。

本章在介绍黄金期货投机交易的基础上对黄金市场的技术分析方法进行了详尽的分析和探讨。通过对投机交易的参与者、投机交易的原则及常见策略的分析，力图使投资者能够在进行黄金期货交易前了解投机交易所需具备的基本知识和分析技能，对投资者的交易提供指导。

自　测　题

一、单选题

1. 与国内现有的商品期货相比，黄金期货具有(　　)的独特之处。

A. 采用保证金交易机制

B. 国内外黄金期货的标的物品质一致，国际联动性强

C. 标的物难以变现

D. 个人投资者不能参与实物交割

2. 从日均波动幅度来看，黄金的日内波动幅度明显低于其他大宗商品，通常维持在(　　)以内。

A. 5%　　B. 7%

C. 3%　　D. 6%

3. 在进行黄金期货的投机交易之前，投资者除了资金上的准备之外，还需要做一些必要的准备，其中不包括(　　)。

A. 充分了解黄金期货的交易制度

B. 熟悉黄金市场的特点及分析方法

C. 事先制订交易计划

D. 到地下金公司试试身手

4. 投资者在进行黄金期货交易前，应根据自己的资金情况，设置合理的资金投入比例，为了尽可能增加获利机会，应该做好准备，其中不包括(　　)。

A. 要分散资金投入方向，而不是集中用于某一笔交易，以减少风险

B. 持仓应限定在自己可以控制的数量之内，避免占用资金比例过高

C. 要看准机会，认为行情判断较准确时应满仓操作

D. 有长远的眼光，为可能出现的新的交易机会留出一定数额的资金

5. 下面对于黄金投机交易策略的描述，(　　)是不准确的。

A. 投机者在采取平均买低或平均卖高的策略时，必须以对市场大势的看法不变为前提，如果逆势操作，操作方向与大趋势相反，就很容易因此蒙受巨大损失

B. 如果建仓后市场行情与预料相同并已经获利，可以增加持仓。增仓应遵循以下两个原则：只有在现有持仓已经盈利的情况下，才能增仓；持仓的增加应渐次递减

C. 为了尽可能利用市场的有利变动，可以采取一种金字塔式的变形。最初建仓时买卖少量合约，如果市况有利，分次买入或卖出同种合约，每次

买入或卖出的合约份数均大于前次买卖的数量。在所持有的持仓达到一定数量后，分次逐步递减买卖合约

D. 投资者在买入黄金期货合约后，当行情与自己预期相反时，应该通过不断加仓，摊低成本

6. 下列关于技术分析的描述，正确的是(　　)。

A. 技术分析的大多数成功来自对市场的经验，并不具备严谨的科学特征

B. 技术分析反映的是市场的客观变化，具有很强的客观性

C. 技术分析的目标是准确预测价格

D. 黄金期货价格走势严格符合技术分析的结论

7. 某投资者预计黄金价格将会持续上涨，买入5手黄金期货合约，成交价为260元/克，随后价格如预期上涨，在一周后上涨到265元/克，这位投资者再买入4手黄金期货合约，成交价为265元/克，随着价格的进一步上升，这位投资者随后又分别在268元/克的价位买入3手合约，在270元/克的价位买入2手合约，在274元/克买入1手合约。这时，他一共持有15手合约，平均买入价格为(　　)元/克。(在不考虑手续费的情况下)

A. 265　　B. 265.2

C. 270　　D. 256

8. 道氏理论的基本思想是(　　)。

A. 价格虽然是变化多端的，但总是遵循着一定的趋势而发展变化的。认识了这种趋势，投资者就可以通过研究价格过去的变动轨迹，来预测价格的变动趋势

B. 市场上价格变动的各种状态可以归结为三种，即大趋势、中间过渡及短期异动

C. 价格变化过程中最主要的是次级趋势

D. 短期趋势同中期趋势和大趋势一样，是无法被操纵的

9. 按照波浪理论的观点，下面属于上升浪的是(　　)。

A. 第3浪　　B. A浪

C. B浪　　D. C浪

10. 按照形态理论的观点，下列属于持续形态的是(　　)。

A. 三角形　　B. 三重顶

C. 头肩形　　D. 双重底

二、判断题

1. 与国内的其他商品期货相比，黄金价格的国际联动性更强，国内外黄金期货合约的标的物品质一致，没有价格上的升贴水。（　）

2. 黄金具备极高的变现能力，隐性库存可以通过回收金、央行抛售等方式重新回到现货流通中来。（　）

3. 黄金市场长期处于一个升水的格局之中，黄金现货的贴水的现象几乎是不存在的。（　）

4. 技术分析的目标不是找到所谓的对价格预测的准确性，其首要目的是要通过最擅长的技术分析方法发现交易的时机减小或控制投资风险。（　）

5. 道氏理论认为，短期趋势主要是几天内的变动情况，次级趋势往往由 5 个或者 5 个以上的短期趋势组成。（　）

6. 艾略特指出，在一个大周期之中可能存在小的周期，而小的周期又可以再细分成更小的周期。每个周期无论时间长短，都以相同的模式进行，即“八浪循环”。而每个周期的时间跨度可从 15 分钟至数十年不等。（　）

7. 就持续形态理论本身而言，如果价格没有形成真正的突破前该形态不能成立。（　）

8. 不论是主要反转形态，还是持续形态，它们的预测过程依然是以主观分析为主。前人总结的各种形态在真实的市场中均存在不同程度的变形。（　）

9. 通常时间跨度越短的平均线越能表现出安全的特性。（　）

10. 摆动指数必须附属于基本的趋势分析，从这个意义上说，它只是一种第二位的指标。（　）

三、填空题

1.（　　）是成熟投资者与无序投资者的重要区别。

2. 技术分析的目标不是找到所谓的对价格预测的准确性，其首要目的是要通过最擅长的技术分析方法发现交易的时机，(　　)。

3. 道氏理论认为，市场上价格变动的各种状态可以归结为三种，即主要趋势、次级趋势及(　　)。

4. 对投资者来说，主要趋势变动持续的时间通常为一年或者一年以上，主要趋势持续上升就形成了(　　)市场，持续下降就形成了(　　)市场。

5. 通常(　　)是长期投资者在三种趋势中唯一考虑的目标，其做法是在多头市场中尽早买进黄金，只要他可以确定多头市场已经开始发动了。

6. 短期趋势是短暂的波动。很少超过三个星期，通常少于(　　)。

7. 在黄金市场上，波浪理论在(　　)趋势的运用中往往有效性要强于(　　)趋势。

8. 按照形态理论，常用的反转型形态包括(　　)、(　　)、(　　)、(　　)以及(　　)。

9. N 天的移动平均线就是将最新的 N 天的(　　)进行算术平均得到的连线，移动平均线是应用最广泛的趋势指标。

10. 摆动指数的用途并不仅限在水平向的交易区间中。在趋势阶段，如果我们把摆动指数与价格图表参照使用，那么，当市场即将出现短暂的极端状态，即通常所谓(　　)或(　　)状态时，它也能够及早提醒交易者。

参考答案

一、单选题

1. B　2. C　3. D　4. C　5. D　6. A　7. B
8. A　9. A　10. A

二、判断题

1. 对　2. 对　3. 错　4. 对　5. 错　6. 对　7. 对
8. 对　9. 错　10. 对

三、填空题

1. 严守止盈或止损目标
2. 减小或控制投资风险
3. 短期趋势
4. 多头　　空头
5. 主要趋势
6. 六天
7. 长期　　短期
8. 头肩形、三重顶（底）、双重顶（底）、V 字顶（底）、以及圆形顶（底）
9. 收市价格
10. “超买”　　“超卖”

第七章 黄金期货套利交易

【本章要点】

本章向投资者讲解黄金套利交易：包括黄金期货套利交易成立的原理和基础，套利交易收益的来源，套利交易的基本策略等。通过阅读本章，投资者能够正确认识黄金的投资行为，并通过了解不同的投资策略使投资者对自身投资行为有个清楚的认识，选择合适的策略进行黄金交易，认识到并不是所有投资者都适合进行套利交易，套利交易同样可能存在较大的风险。

一、黄金期货市场上的套利机会

1. 黄金期货市场的套利机会是怎样产生的？

随着中国经济的发展，国内对黄金投资市场的需求迅速攀升，近年来众多黄金投资市场出现并迅速发展，无疑为投资者提供了较丰富的投资机会。但是，由于黄金独特的金融及金属属性，金价波动对于普通投资者难以把握，特别是个人投资者在金价行情变化之中获取收益风险较高。2009 年 1 月 20 日，Au（t+d）正式成为上海黄金交易所向个人开放的首个保证金交易品种，这为个人投资者提供了一种新的投资机会——黄金套利，这是一种能够获取稳健收益的低风险投资方式。

在黄金期货市场中，除了投机者、套期保值者之外，还有大量套利者，套利交易者主要关注的不是黄金价格的涨跌，而是黄金期货市场上不同合约之间、或者不同市场之间的价差变化，寻找价差偏离正常区间的机会，通过套利交易等待价差回归正常区间，获取收益。简而言之，套利交易者们关注的是市场出现“错误”的机会。

市场会犯错误吗？这是很多投资者在初涉黄金期货市场时的疑惑，事实证明，在期货市场中，由于各种原因，会导致同一市场中不同合约之间、不同市场的黄金期货之间、黄金和其他大宗商品之间的价差偏离正常范围，为投资者提供进行套利交易的机会。

通常，产生套利机会的条件主要包括：

（1）其历史差价变化必须具备一定的规律。在大多数情况下，差价变化会在一定幅度内波动，极少有差价突破波动区间上下边沿的情况。当差价扩大或缩小到一定程度之后，差价波动会向相反的方向变化。从历史数据来看，这种差价在一定幅度内的波动是一个大概率事件。

（2）套利合约之间的价格波动必须具备一定的相关性和联动性。这一点可以从概率统计学角度计算其相关系数，由此来证明相关性和联动性的大小。实践经验表明，相关系数为 0.70～0.95 的期货品种间套利效果较好。如果相关性过高，风险固然很小，但套利空间太小，收益率较低；而如果相关性过低，套利空间会明显加大，收益率显著提高，但风险也大为增加。

（3）套利的合约应有足够的流动性和足够的容量，并且互相匹配，以便于套利盘出入。

上海期货交易所上市黄金期货之初，由于投资者对黄金的热捧，导致国内外黄金期货价格出现了较大的偏离，出现了良好的套利机会。

相关系数

相关系数是变量之间相关程度的指标。样本相关系数用 r 表示，总体相关系数用 ρ 表示，相关系数的取值范围为［-1，1］。$|r|$ 值越大，误差 Q 越小，变量之间的线性相关程度越高；$|r|$ 值越接近 0，Q 越大，变量之间的线性相关程度越低。相关系数又称皮（尔生）氏积矩相关系数，说明两个现象之间相关关系密切程度的统计分析指标。

相关系数用希腊字母 γ 表示，γ 值的范围在 -1 和 $+1$ 之间。

$\gamma>0$ 为正相关，$\gamma<0$ 为负相关。$\gamma=0$ 表示不相关；

γ 的绝对值越大，相关程度越高。

两个现象之间的相关程度，一般划分为四级：

如两者呈正相关，r 呈正值，$r=1$ 时为完全正相关；如两者呈负相关则 r 呈负值，而 $r=-1$ 时为完全负相关。完全正相关或负相关时，所有图点都在直线回归线上；点的分布在直线回归线上下越离散，r 的绝对值越小。当比例数相等时，相关系数的绝对值越接近 1，相关越密切；越接近于 0，相关越不密切。当 $r=0$ 时，说明 X 和 Y 两个变量之间无直线关系。通常 $|r|$ 大于 0.8 时，认为两个变量有很强的线性相关性。

2. 投资者如何利用黄金期货套利机会获得收益？

通俗地讲，套利机会是黄金市场上某两个投资产品的价差偏离正常范围导致的，投资者正是抓住了价差在短期内出现的“错误”进行套利交易，等待价差回归正常范围。在进行套利交易时，交易者注意的是不同合约价格之间的相互变动关系，而不是绝对价格水平。他们买进自认为是“便宜的”合约，同时卖出那些“高价的”合约。如果价差的变动方向与当初的预测相一致，交易者即可从两合约价格间的相互变动中获利。

套利的潜在收益不是基于商品价格的上涨或下跌，而是基于两个套利合约之间的价差扩大或缩小。因此，套利获得利润的关键就是差价的变动。通常套利有两种方式，一种是当前价差过大，预计价差未来将要缩小时进行的套利；另一种是当前价差过小，预计价差未来将要扩大时进行的套利。套利交易原理见图 7－1。

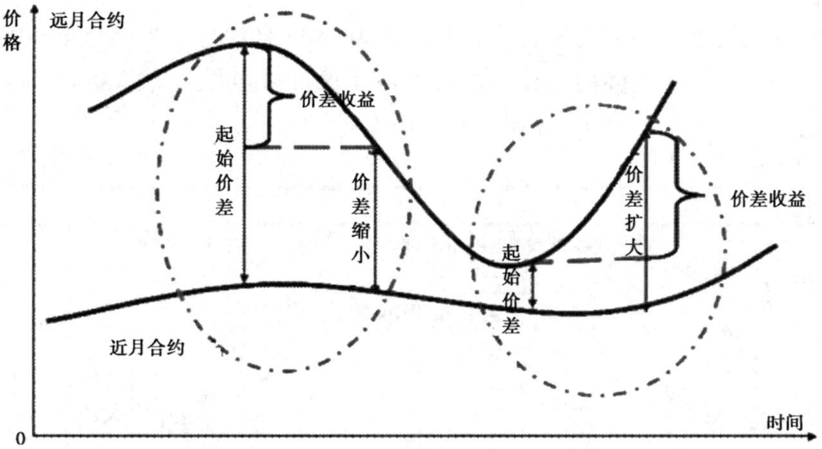

图 7－1　套利交易原理

资料来源：经易黄金研究中心。

二、投资者如何进行黄金期货的套利交易

1. 黄金期货交易中可能产生哪些套利机会？

理论上讲，期货市场中的套利交易主要包括跨期套利、期现套利、跨市套利、跨商品套利等。但从全球黄金市场运行的情况看，黄金期货价格的日内波动幅度相对于其他商品期货较小，价格日均波幅通常小于 3%，黄金市场上的跨期套利机会和跨商品套利机会并不容易捕捉。结合我国黄金期货市场的现状来看，目前最具可操作性的主要是期现套利。

【案例 7－1　黄金期货的期现套利机会】

2008 年 1 月 9 日，上海黄金期货首日挂牌交易，受隔夜美盘 COMEX 期金大幅飙升的刺激以及国内投资者争抢黄金期货交易第一单的狂热情绪影响下，7 个挂牌交易的黄金期货合约均以涨停开盘，致使黄金期货价格对黄金现货（上海黄金交易所“黄金延期”品种）大幅升水，两市正向套利机会显现。

图 7 - 2 是上海期货交易所的黄金期货 Au0806 合约与上海黄金交易所现货 Au（t + d）价格走势的对比图。从黄金期现价格走势及价差变动特点可以发现，1 月 9 日 ~3 月 17 日存在着套利机会。

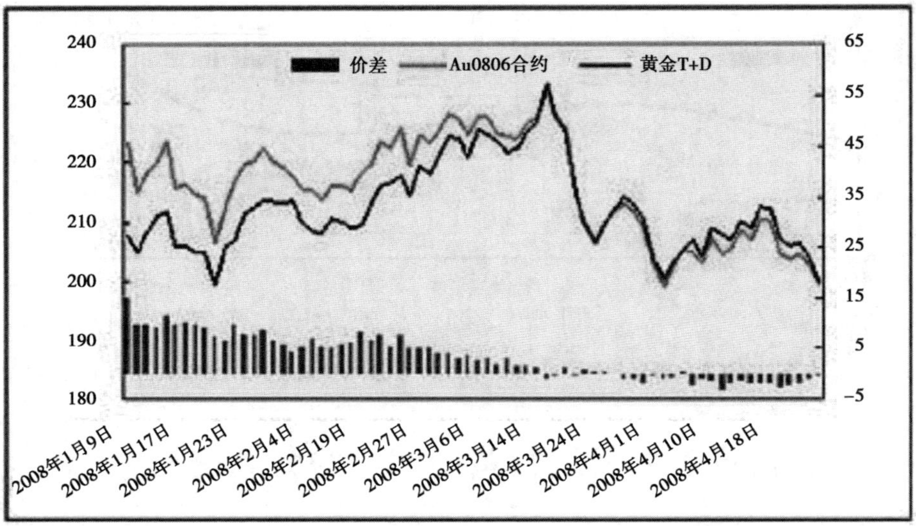

图 7 - 2 Au0806 合约与黄金 T + D 及价差走势

2. 投资者进行黄金期货期现套利需要注意什么？

（1）寻找和评估套利机会。通常，寻找套利机会要把握两个步骤：判断价差是否存在和存在的价差是否能够获利。在评估期现套利机会时，套利成本是考虑重点，只有期现价差大于套利成本时才可进行套利操作。具体来说，在现货市场上主要考虑买卖黄金的手续费和递延费等，在期货市场上主要考虑买卖黄金期货的交易手续费等。

在进行期现套利时，首先应观察期现价差的正常波动区间，随后再评估套利机会是否能够真正获利。

（2）严格遵守套利交易的基本原则。

①买卖方向对应原则，即在建立多头仓位的同时建立空头仓位。

②买卖数量相等原则，即在建立一定数量的多头仓位的同时建立相等数

量的空头仓位。多空数量不匹配会使得头寸裸露而面临较大风险。

③同时建仓原则，即多空头寸的建立应在同一时间。

④同时对冲原则，即套利头寸经过一段时间的波动之后达到了所期望的利润目标时，应通过同时对冲操作锁定利润。

在进行套利时，必须坚持同时进出的原则，即开仓时同时买入卖出，平仓时也要同时买入和卖出。套利者在开仓时能够同时买入卖出，但是在准备平仓的时候，一些套利者自以为是，先了结获利的那笔交易平仓，而继续持有损失的另一笔交易，寄希望市场能够出现反转。这样，套利行为就变成了完全的单边投机行为，失去了套利的初衷，风险就扩大了。

⑤合约相关性原则，即套利一般在两个相关性较强的合约间进行，而不是所有的品种之间可以进行套利。因为只有合约的相关性较强，其价差才会出现回归，即差价扩大（或缩小）到一定的程度又会恢复到原有的平衡水平，这样才有套利的基础。

（3）注重资金管理。在期现套利中，当期货价格波动方向与持仓相反时，可能导致期货保证金不足，如果不能及时追加就会被强行平仓，导致套利交易失败。

（4）要考虑实际操作过程中可能产生的问题。

①流动性的问题。期货市场的流动性较好，但上海黄金交易所“黄金延期”的流动性较差。此外，两个市场都存在一定的冲击成本。

②两个交易账户均须备有足够的预留保证金，会增加利息成本，从而降低收益率。

③如果参与交割，须保证有足够的资金交付。

④实际交易中，资金借入的期限和套利头寸的持有期限可能并不匹配。

⑤成本预测中的增值税金额为估计值，使得整个收益的测算具有轻微的不确定。

⑥如果持有期间期货价格由原来的升水转变为贴水，则可在到期前平仓。

升贴水

在期货市场上，现货的价格低于期货的价格，则基差为负数，远期期货的价格高于近期期货的价格，这种情况叫“期货升水”，也称“现货贴水”，远期期货价格超出近期期货价格的部分，称“期货升水率”（Contango）；远期期货的价格低于近期期货的价格、现货的价格高于期货的价格，则基差为正数，这种情况称为“期货贴水”，或称“现货升水”，远期期货价格低于近期期货价格的部分，称“期货贴水率”（Backwardation）。

3. 黄金套利交易的盈亏是如何计算的？

2008 年 1 月 9 日，随着中国黄金期货的上市，由于大量投机和保值者的参与，黄金期货价格波动大，受外盘影响也更为明显，期货价格的较大波动为黄金套利提供了一个理想的平台。

由于套利的目标是利用两个市场不合理的价差“套取”中间的利润，即当两市黄金报价出现不合理的差异时，建立数量相同、方向相反的头寸，因而市场的交易量、便捷程度、价格波动等对套利效果的影响较大。在我国黄金期货与现货之间进行套利，具有这个特点的现货品种是 Au（t+d），因此在期货与 Au（t+d）之间进行套利无疑成为市场的首选。

事实上，在黄金期货上市一年多的时间内，部分机构投资者在黄金期货与 Au（t+d）之间的套利能够获取超过 80% 的低风险高额回报率。但是，由于 Au（t+d）的交易权限主要集中在会员或会员代理机构之间，这对于对黄金市场情有独钟的个人投资者无疑是一个较大的限制。随着银行向个人投资者开放 Au（t+d）业务，个人投资者有机会进行套利投资，这就需要深入了解黄金套利的原则及规则，熟悉套利过程之中的风险控制，进而获取稳健收益。

上海黄金期货挂牌交易首日，受隔夜美盘 COMEX 期金大幅飙升的刺激，以及国内投资者争抢黄金期货交易第一单的狂热情绪影响下，7 个挂牌交易的黄金期货合约均以涨停开盘。致使黄金期货价格对黄金现货（上海黄金交易所“黄金延期”品种）大幅升水，两市正向套利机会显现。

期现正向套利

黄金期货合约和黄金现货市场的价差大于其持有成本时，出现买入黄金现货的同时沽空黄金期货合约的无风险套利机会。但需要注意的是，正向无风险套利是对有交割能力的投资者而言，对于不愿交割或是没有交割能力的投资者而言，存在一定的不确定因素。

投资者在进行套利盈亏时按照下面的步骤进行分析：

套利上界 = 现货价格 + 持有成本

期货市场持有成本明细：

（1）交易佣金：0.095/克；

（2）交割手续费：0.06 元/克；

（3）入库费：0.002 元/克；

（4）入库调运费：0.04 元/克；

（5）借入利率：3.5%；期限 6 个月。

现货市场持有成本明细：

（1）交易佣金：0.0008 × 现货价格/克；

（2）递延费：0.006 × 6 × 现货价格/克；

（3）交割手续费：0.002 元/克；

（4）运保费：0.07/克；

（5）仓储费：0.006/克；

（6）增值税：17%，按 30 元价差计算为 5.1 元/克；

（7）借入利率：3.5%，期限 6 个月。

若以上海黄金交易所“黄金延期”价为 205 元/克计算，同时在两个交易账户内均预留 1 倍的保证金。期金 6 月合约期现套利的上界大约为 218.88 元，而盘中 6 月合约的价格曾一度高达 230 元，无风险套利收益可达 12.78%/单次或 25.57%/年。

我们以下面的例子进行详细计算。

【案例 7－2——黄金期货的期现套利操作】

2008 年 1 月 9 日，某投资者发现黄金期货 Au0806 合约价格与黄金

Au （t+d)现货合约价格价差过大，达到15.24元/克，存在着期现套利机会。此时Au0806合约和黄金Au（t+d）合约价格分别为223.3元/克和208.06元/克。该投资者在上海期货交易所卖出1手Au0806合约的同时，在上海黄金交易所买入1手Au（t+d)黄金。3月14日，投资者对期货理论价格与实际价格进行分析判断后，决定平仓了结，买入1手Au0806合约平仓的同时，卖出1手黄金Au（t+d）合约平仓。3月14日Au0806合约和黄金Au（t+d）合约的收盘价分别为227.87元/克和226.88元/克，此时价差缩小为0.99元/克。整个套利过程详见表7-1。

表7-1　　黄金期货Au0806合约与黄金现货Au（t+d）交易合约期现套利过程

开仓：1月9日	卖出1手Au0806合约，价格为223.3元/克	买入1手Au（t+d）合约，价格为208.06元/克	价差：15.24元/克
平仓：3月14日	买入1手Au0806合约，价格为227.87元/克	卖出1手Au（t+d）合约，价格为226.88元/克	价差：0.99元/克
盈亏计算	亏损：4.57元/克	盈利：18.82元/克	价差缩小：14.25元/克
套利结果	1手（1手黄金合约为1000克）期限套利净盈亏： （18.82-4.57）×1000=14250（元）		

期现套利净盈亏：（18.82-4.57）×1000=14250（元）

上述套利结果显示，投资者进行黄金期现套利不但利润丰厚，而且风险比单纯的投机交易要小得多。

表7-2显示的是考虑了交易手续费之后的期现套利利润情况。其中，上海黄金交易所Au（t+d）交易每手的手续费为合约价值的0.4‰，上海期货交易所每手黄金期货合约交易手续费为合约价值的0.2‰。

表 7－2　　考虑黄金期货 Au0806 合约与黄金现货 Au（t＋d）交易合约期现套利费用后的利润情况

日期	黄金期货手续费	黄金现货手续费	费用合计（元/手）
开仓：1 月 9 日	卖出 1 手 Au0806 合约的费用：223.3 元/克 ×1000 克 ×0.0002 ＝44.66（元）	买入 1 手 Au（t＋d）合约的费用：208.06 元/克 ×1000 克 ×0.0004＝83.22（元）	127.88
平仓：3 月 14 日	买入 1 手 Au0806 合约的费用：227.87 元/克 ×1000 克 ×0.0002 ＝45.57（元）	卖出 1 手 Au（t＋d）合约的费用：226.88 元/克 ×1000 ×0.0004＝90.75（元）	136.32
费用合计	90.23（元）	173.97（元）	264.2
实际利润	（14250－264.2）＝13985.8（元/手）		

4. 怎么进行黄金期货的套利交易？

（1）跨期套利。由于黄金期货价格波动率较低，并且各合约之间价格波动的相关性非常高，黄金期货不同月份合约之间的跨期套利空间相对较小。我们以正向跨期套利交易为例进行分析。

套利交易介绍

跨期套利

跨期套利是套利交易中最普遍的一种，是利用同一商品但不同交割月份之间正常价格差距出现异常变化时进行对冲而获利的，又可分为牛市套利（Bull Spread）和熊市套利（Bear Spread）两种形式。例如在进行金属牛市套利时，交易所买入近期交割月份的金属合约，同时卖出远期交割月份的金属合约，希望近期合约价格上涨幅度大于远期合约价格的上涨幅度；而熊市套利则相反，即卖出近期交割月份合约，买入远期交割月份合约，并期望远期合约价格下跌幅度小于近期合约的价格下跌幅度。

跨市套利

跨市套利是在不同交易所之间的套利交易行为。当同一期货商品合约在两个或更多的交易所进行交易时，由于区域间的地理差别，各商品合约间存在一定的价差关系。例如伦敦金属交易所（LME）与上海期货交易所（SHFE）都进行阴极铜的期货交易，每年两个市场间会出现几次价差超出正常范围的情况，这为交易者的跨市套利提供了机

会。例如当 LME 铜价低于 SHFE 时，交易者可以在买入 LME 铜合约的同时，卖出 SHFE 的铜合约，待两个市场价格关系恢复正常时再将买卖合约对冲平仓并从中获利，反之亦然。在做跨市套利时应注意影响各市场价格差的几个因素，如运费、关税、汇率等。

跨商品套利

跨商品套利指的是利用两种不同的，但相关联商品之间的价差进行交易。这两种商品之间具有相互替代性或受同一供求因素制约。跨商品套利的交易形式是同时买进和卖出相同交割月份但不同种类的商品期货合约。例如金属之间、农产品之间、金属与能源之间等都可以进行套利交易。在现实中，通常会存在一定的时间先后顺序，也可能是以很小的概率出现亏损，但仍被称作“套利”，主要是从广义上而言。

【案例 7－3　黄金期货的跨期套利交易】

我们以 Au0806 与 Au0812 合约之间的跨期正向套利交易为例进行分析。

具体套利过程：在 2 月 13 日，某投资者发现 Au0812 与 Au0806 合约价格比率为 1.0173，此时价差为 3.69 元/克，价格比率偏离波动中轴 1.005 较大，存在套利机会，此时进行卖出套利交易（预计价差会缩小）。即在期货市场卖出 1 手 Au0812 合约的同时，买入 1 手 Au0806 合约。到 2 月 20 日，投资者发现两个合约价格比率为 1.005，达到中轴值，此时在期货市场将 Au0812 和 Au0806 合约同时平仓。在 2 月 13 日，Au0812 合约和 Au0806 合约收盘价分别是 217.38 元/克、213.69 元/克，此时价差为 3.69 元/克；2 月 20 日，Au0812 合约和 Au0806 合约收盘价分别是 221.06 元/克、219.81 元/克，此时价差为 1.25 元/克。整个套利过程如图 7－3 所示。

在不考虑交易费用的情况下，上述套利交易的结果见表 7－3。

表 7－3　　跨期套利交易过程及结果

2 月 13 日 开　仓	Au0812 卖出价格： 217.38 元/克	Au0806 买入价格： 213.69 元/克	价差：3.69 元/克
2 月 20 日 平　仓	Au0812 买入价格： 221.06 元/克	Au0806 卖出价格： 219.81 元/克	价差：1.25 元/克
盈亏计算	亏损：3.68 元/克	盈利：6.12 元/克	价差缩小：2.44 元/克
套利结果	1 手套利净盈亏：（6.12－3.68）×1000＝2440（元）		

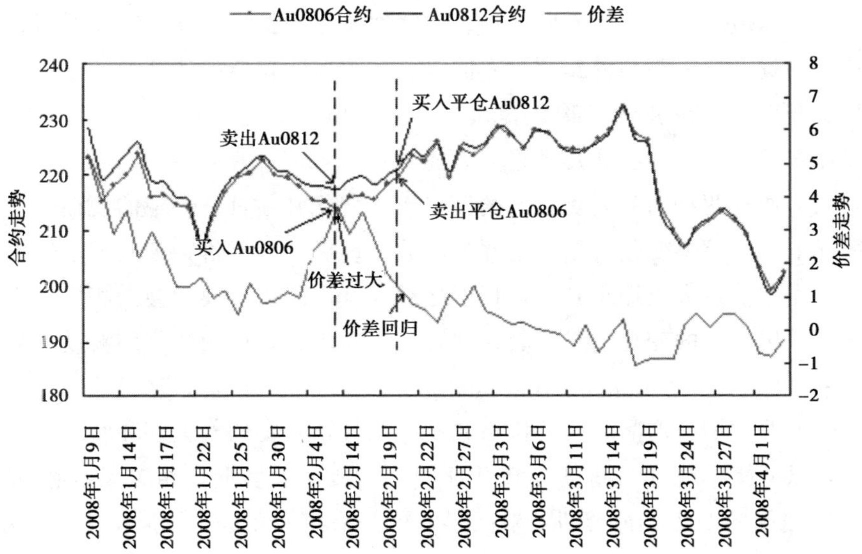

图 7-3 Au0806 与 Au0812 合约及价差走势

当然，投资者在实际操作过程中，还应该对套利的持有成本进行计算，包括以下步骤：

持有成本 = 仓储费 + 交易佣金 + 交割费用 + 增值税 + 利息成本

黄金期货持有成本明细：

（1）交易佣金：0.095/克；

（2）交割手续费：0.06 元/克；

（3）入库或出库费：0.002 元/克；

（4）仓储费：0.0018 元/克 × 天，按 30 天计算；

（5）入库或出库调运费：0.04 元/克或 0.07 元/克；

（6）增值税：17%，按 30 元价差计算为 5.1 元/克；

（7）利率：3.5%。

（2）跨商品套利。

跨商品套利是利用两种不同的，但相互关联的商品之间的合约价格差异进行套利的一种方式。它通过买入某种商品某一交割月份的期货合约，同时卖出另一相互关联商品相同交割月份的期货合约，然后在有利时机将这两个合约进行对冲平仓而获利。由于其获利不是基于单个商品合约价格的上涨和下跌的绝对值，而是基于不同品种合约之间价差的扩大和缩小的相对值，相对其他投资方式，跨品种套利具有同等收益下风险较低的特征。

实践表明，在进行跨商品套利交易时，如果所选期货合约满足以下条件，那么成功套利的实现几率将大大提高：

（1）所选两种商品期货合约的历史差价变化必须具备一定的规律。大多数情况下，其差价变化会在一定幅度内波动，极少有差价突破其上下边沿的情况。当差价扩大或缩小到一定程度之后，其后的差价波动会向相反的方向变化。从历史上的变化情况来看，这种差价在一定幅度内的来回波动是一个大概率事件。

（2）两种期货商品之间的价格波动必须具备一定的相关性和联动性。这一点可以从概率统计学角度计算并证明。实践经验表明，相关系数在 0.70 ~0.95 之间的期货品种套利效果比较好。如果相关性过高，风险固然很小，但套利空间太小，收益率较低；而如果相关性过低，套利空间会明显加大，收益率显著提高，但风险也大为增加。

（3）拟套利的期货合约应有足够的流动性和容量，并且互相匹配，以便于套利盘出入。

【案例 7－4——黄金和白银之间的跨商品套利】

在硬通货的投资者看来，黄金/白银的价格比率是再普通不过的话题。简单地说，黄金/白银比率就是每购买 1 盎司的黄金需要多少盎司的白银。听起来十分简单，但这个比率的用处远大于你所能够想象的，清楚了解这个比率将会让你获益良多。

黄金价格的波动主要受美元汇率、地缘政治、原油价格变动的影响。白银和黄金同为贵金属，在其价值属性上具有一定的趋同性，但是白银在其用途上以及其具有的可消耗性上，与黄金具有很大的不同，固然如此，经过对其历史数据的观察，发现白银的价格波动基本和黄金的价格波动具有一定的正相关性。所谓正相关性，即指白银价格的变动和黄金价格的变动在方向上与幅度上具有统计意义上的一致性，即当黄金价格上涨时，白银价格也相应上涨，黄金价格下跌时，白银价格也相应下跌，除了两次白银价格有了背离规律的巨大波动外，从整体平滑性上来讲，在变动幅度上也保持一定的稳定性。

从方向性上进行研究之后，再通过相关性分析，得出两者相关系数为0.75。在统计意义上讲，75%的概率不是很有说服力，但是，由于黄金和白银这两种产品自身的特殊性，0.75的相关性，对于实际的操作还是很有借鉴意义的（见图7-4）。同时也发现，约25%的背离现象，几乎均匀分布在每个月，且每年约有60~80个交易日发生这样的情况。这也说明，白银和黄金由于各自的价值属性和使用价值属性的差异性，对其价格变动的影响还是根深蒂固的。

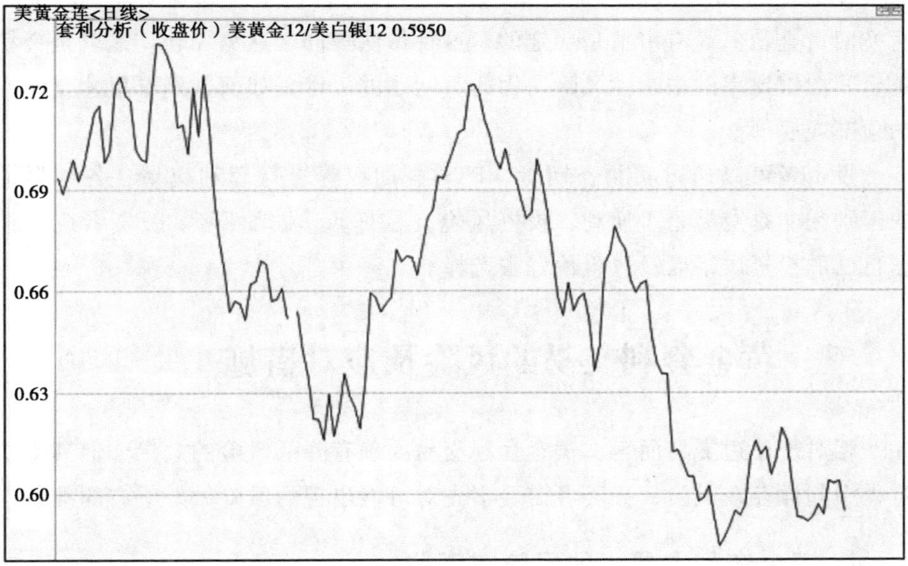

图7-4 黄金与白银相关性

近段时间，黄金与白银的走势或多或少出现同步，但这种同步存在周期性，比率的上升或下跌至“极端”（超买/超卖）区域时，这种“极端”的情况将会提供难得的交易（套利）机会。当投资者持有1盎司的黄金，他在黄金/白银比率达到100时卖出他的黄金，他将换得100盎司的白银。当这个比率跌到50时，这个投资者之前换得的100盎司白银可以换回2盎司的黄金。如此这般，按照这种套利方法，投资者可以不断让手上的黄金或白银增加。发现这种套利机会，可以让投资者手中的黄金或白银实现最大化。

另外，这种套利方法可以将美元的价值忽略掉，我们关注的仅仅是贵金属间的相对价值。对于货币贬值、通货紧缩、汇兑风险（货币）、战争等担心，这种套利方法完全可以在面对上述各种情况时保有自己的资产价值。对于各国的法定货币（纸币）来说，都难以抵抗上述的风险。

这项交易最明显的困难在于：如何识别多少才是比率的顶部/底部。假如比率在100时候，你将黄金换成白银，而比率继续上涨，在接下来的长时间里处于在120~150之间，那这笔套利交易就是失败的。

如果出现这种情况，那我们该怎么做？理论上可以继续持有白银持仓，甚至在120~150比率时增加白银的持有，并等待这个比率降回至100下方时换回黄金。但没有事情是一定的，这种做法等同于逆势加仓。这就是交易黄金—白银比率的根本性风险。因此，问题的关键是如何判别哪里才是比率的顶部或底部。

投资者可以通过实物、期货、ETFs、期权等进行套利交易。各种渠道的区别无非是交易是否便利、投资风险（杠杆）、流动性等。投资者应该根据自己的投资风格以及风险偏好去选择。

三、黄金套利交易的风险及应对措施

相对于单边交易而言，黄金套利交易的确有降低风险的效果，但其交易过程中同样存在风险，投资者需要事先对可能出现的风险做好应有的准备。

1. 黄金套利交易中的风险有哪些？

（1）资金风险。套利投资一般是双向持仓或持有对应数量的标准仓单，资金使用和投资收益率的提高是一对矛盾，如果在这方面处理不好，就容易遇到意外的资金风险。

发生这类资金风险的一种情况是：当交易所、期货公司为控制可能出现的市场风险，按规则规定对客户交易账户发出资金追加的通知时，双向持仓的套利账户由于未能得到政策规定的保护和照顾，同时持仓数量比较大，可能要被迫减持头寸，最终会影响套利交易的投资收益。

另一种情况是，行情正常发展，交易所和期货经纪公司都没有出台新的风险控制措施，但由于投资者进行套利操作的目标合约价格涨幅巨大，原来的保证金数量不足以填补价格上涨后的比例，必须追加资金或减持头寸，这也会对套利投资的收益产生负面影响。

应对该类风险要求持仓仓位必须控制在一定限度内，且有在紧急情况下补充资金的机制。

套利确实有降低风险的作用，有的交易所为了鼓励套利，套利的保证金数额比一般的投机交易低 25% ~75%。可是不要因为这样，就可以把交易数量扩大几倍。这样一来，如果价差并不像预期的方向发展，这时投资者面临的亏损额与他的合约数量是成正比的，无形中增加了自己的风险。

（2）交割资质风险。黄金期货禁止个人投资者进入交割环节，只有在进入交割月前平仓，只要平仓前期现价差没有与投资者预期的波动方向一致，就会导致套利亏损。机构投资者在进行交割时，买入的现货也必须符合上海期货交易所注册品牌的详细要求，否则不能交割，导致亏损。套利者准备进行套利操作时，应尽可能以企业法人的身份参与交易并应对上海黄金交易所、上海期货交易所黄金交割条款进行充分地研究，确保交割时能够符合两个交易所的要求。

2. 针对黄金套利交易中风险的应对措施有哪些？

（1）持仓时间不宜过长。套利机会一般来说是转瞬即逝的，即异常价差会在短期内得以修正，重回正常价差范围之内。从国内黄金期货上市以来的表现来看，黄金套利持仓时间不宜超过 5 个交易日，一方面异常价差在 5 个工作日内会恢复正常，在 5 个交易日内套利平仓时机基本都会出现，能够获取稳健的收益；另一方面，缩短持仓时间也能够达到减少资金占用、保证资金流动性的目的。

（2）要注意选择期货合约。一般情况下，黄金期货各个合约只有一个合约成交及持仓情况都是最大的，其余月份的合约成交及持仓较小，而成交及持仓最大的合约一般是在 6 月及 12 月两个合约之间轮换，在市场中被称为主力合约，其余合约则存在流动性不足的问题，可能会出现难以建仓或平仓的情况。因此，在套利交易中，必须注意期货合约的流动性问题，选择主力合约作为套利对象，以避免套利过程中无法及时建仓及平仓的问题。

（3）套利一定要坚持同时进出。在进行套利时，必须坚持同时进出的原则，即开仓时同时买入卖出，平仓时也要同时买入和卖出。一些套利者在开仓时能够同时买入卖出，但是在准备平仓的时候，一些套利者自以为是，先了结获利的那笔交易平仓，而继续持有损失的另一笔交易，寄希望市场能够出现反转。这样，套利行为就变成了完全的单边投机行为，失去了套利的初衷，风险也就自然扩大了。

还有些交易者在持仓存在亏损的情况下，由于不服输的心理使然，对其持有仓位反向建仓，采用"套利"来保护已经亏损的单边交易，寄希望后建的仓位可以弥补当初仓位的一部分损失。事实上，这些投资者最后虽然同时平仓，但由于建仓时间不同，并没有形成套利，后来建立的仓位只能起到已有损失不再扩大的作用，而先前仓位亏损已经客观存在，采用反向建仓补救为时已晚，不如认输退出市场。

在黄金期货与 Au（t+d）的套利操作中，由于两者交易时间存在一定的差异性，部分投资者对黄金价格进行预测，白天在期货市场建仓时没有同时在 Au（t+d）反向建仓，而是将 Au（t+d）的建仓在晚上进行，这也严重违背了套利操作同时进行的原则，当晚间 Au（t+d）与自我预测出现不一致的走势时，投资者将承担较大的风险。

（4）目前，上海黄金交易所及上海期货交易所黄金品种的流动性还有待提高，市场容量也相对较小，尤其临近期货合约交割月时更是如此，大规模资金的进出不太容易，预期套利利润不易实现。基于此，除了进行国内的"无风险"套利外，还应积极研究基于国内现货、期货市场与国外现货、期货市场的套利操作，拓展市场空间。

四、黄金套利交易中需要注意的问题

因为黄金兼具商品、货币和金融属性，所以黄金套利交易中也需要注意一些问题。

1. 黄金独特属性带来的特殊问题有哪些？

黄金具备极高的变现能力，隐性库存可以通过回收金、央行抛售等方式重新回到现货流通中来，也就是说，即使在黄金的矿产金量下降的情况下，因为大量隐性库存的存在，黄金市场不会像其他商品市场那样出现因供应的减少或现货需求的急剧加大而出现现货升水的现象，黄金市场长期处于一个贴水的格局之中，黄金现货的升水的现象几乎是不存在的。黄金自身的属性决定了黄金市场大多时候表现为正向市场（贴水市场）的事实。

在现货商品供应充足、库存量大的正常情况下，期货价格通常要高于现货价格，这是因为期货价格中要包含持仓费用。持仓费是指为拥有或是保留某种商品、有价证券而支付的仓储费、保险费和利息等费用的总和。从黄金市场来看，在一般情况下，黄金的仓储费、保险费等费用为固定的费用，唯一经常变化的是利息支出的费用，因为黄金以美元计价，可以直接兑换货币，持有黄金现货就相当于借入了货币，而借入货币的成本是其利息支出和机会成本，因此我们可以得出以下一个结论：黄金价差一般构成因素是持有黄金的资金成本，也就是利率的成本，而货币的机会成本就成为黄金价差变化的决定性因素。

前面我们解释过，现货升水是指现货或近月期约的价格高于远月期约的价格。远期价格一般高于现货价格，以反映未来交割的货物的仓储及保险成本。现货升水通常是现货需求急升导致供应短缺所致，但与此同时期货价格则因预期未来供应增加而保持平稳。

对于一般大宗商品来说，“现货升水”并非什么稀罕事，然而对于黄金来说，却是个“大事件”。黄金市场出现“现货升水”是极为不寻常的事情，与别的商品不同，黄金不是被消费掉，而是被人们储存起来，考虑到储存成本以及机会成本，期货价格对现货价格，远月合约对近月合约总是存在着升水。同时黄金供应一直以来都是比较稳定，可以说黄金这种商品很难出现真正短缺，那么一旦黄金出现了“现货升水”，投资者则可以轻易进行期现套利。期现套利的存在导致了黄金很难维持“现货升水”。从 1971 年黄金被允许在民间自由交易起，黄金出现“现货升水”仅仅三次而已。

【案例 7－5——黄金市场的现货升水】

1995 年 11 月 29 日，第一次发生了黄金市场现货升水，并且持续了一天，这主要是因为 Barrick 黄金矿业公司宣布回购套保头寸引起的；第二次发生在1999年9月29~30日，共持续了两天，这一次是因为华盛顿“央行售金协定”的签订；最近一次发生在从2008年12月2日开始的一段时期，这也是持续时间最长的一次，其背景就是金融海啸。由此可见，黄金出现“现货升水”非常罕见，而且每次必然伴随着黄金价格的大幅攀升。

为什么黄金市场会再次出现“现货升水”呢？当然，如果有特大金矿被发现也会引起期货价格或者远月合约价格突然下降，从而导致“现货升水”。很显然，现在可以排除这种可能性。对于黄金市场出现的“现货升水”，有一种解释是，当实物黄金遭遇抢购，因为黄金的纸面价格低于实物黄金价格，投资者将跑到期货市场购买“便宜黄金”，因而导致黄金现货价格，近月合约出现升水。从现在情况来看，这种解释有着大量证据支持。11月22日，伦敦金收盘价为1151.15美元/盎司，而全美最大的金币零售商BLANCHARD鹰洋金币的报价为1203.92美元/盎司，差价足足有50美元。其实在11月份之前，这个差价都在60美元以上，伴随着“现货升水”的出现，这个差价已经在缩小。

2. 国际黄金市场中的主导性市场和区域性市场有哪些？

前面我们曾经分析过，国际黄金市场有主导性市场与区域性市场之分，目前被全世界称为主导性市场的主要有美国纽约的黄金期货交易市场、伦敦黄金的现货交易市场，而其他的市场，例如中国香港的金银贸易场，苏黎世、迪拜、印度的黄金市场都是区域性市场，我国的上海期货黄金价格与现货黄金交易也都为区域性市场。通常，区域性市场的价格总是跟随主导性市场的价格，也就是说，国内黄金价格总是跟随美国黄金价格与伦敦黄金价格。投资者在做套利交易的时候，要密切注意区域性市场价格跟随主导性市场价格波动的这一特性。

3. 黄金与人民币汇率的关系是怎样的？

人民币汇率改革的逐步推进，使得中国黄金市场的进一步深入市场化改革和国际化开放的基础更为成熟，同时黄金市场改革的呼应也将对于人民币汇率改革的后续完善有所促进。由于黄金的特殊属性，其兼具货币黄金、投资黄金、商品黄金的三种功能，人民币汇率改革对于这些特性的影响各具重要的现实意义。

首先，对于货币黄金，在人民币汇率改革之后，人民币将参考一篮子货币逐步进行浮动，黄金作为最终货币与这一篮子货币应当具有合理的对应，从更为市场化、国际化的角度，从外汇储备（含黄金储备）的战略安全与优化的角度，如何评估黄金在外汇储备体系的权重尺度的再定位是我们值得思考的问题，譬如说在资产表中美国国债和黄金储备之间的份额结构需要进一步的战略优化。

其次，对于投资黄金，在人民币汇率改革之后，中国人民币黄金定价中心的地位必然会得到强化，如上海黄金交易所的定价平台作用会得到提升，而人民币汇率的浮动使得投资黄金的多样性、复杂性得到了丰富，围绕着黄金的美元标价，除了价格涨跌的绝对投资价值机会之外，人民币黄金价格的波动更具有个性，同时两个市场的组合投资就可以形成套利投资工具，并且非常有助于推动人民币与美元等外汇汇率机制的形成，黄金也就可以侧面形成一个汇率风险管理的工具，更多的创新如互换、远期等方法的引入，投资黄金的内涵与外延将得到更为完整与丰富的充实。因此，投资者做黄金套利的时候，特别是做跨市套利时，要密切关注人民币的走向。

一篮子货币

一篮子货币（Basket of Currencies）指作为设定汇率参考的一个外币组合，某一外币在组合中所占的比重通常以该外币在本国国际贸易中的重要性为基准。例如，如果某国的进出口有40%以美元计价，美元在该国的一篮子货币中所占的权重可能就是40%。国际上现行的汇率制度大约五种，包括以其他国家货币作为本国法偿货币的“美元化”制度；将本国货币与某一主要国际货币维持固定兑换关系的“联系汇率制度”；将本国货币汇率钉住某一特定货币或一篮子货币，并定期检讨国内外经济金融情势变化，重新订立固定汇率目标的“可调整钉住汇率制度”；央行可适当进场干预的“管理的浮动汇率制度”；以及日圆、美元、欧元区货币等“完全浮动汇率制度”。

套利交易经常被业内人士称为风险较小的投机，称其为投机的一种方式。在面对价格波动高度不确定性和金融交易复杂程度不断提高的背景下，套利交易成为大规模资金和稳健型投资者较为青睐的一种投资方式。

套利交易在期货市场中占据重要位置，发挥着积极作用。按照操作方式来划分，黄金套利交易可以大致划分为跨期套利、跨市套利、跨品种套利和期现套利等，其各自适用于不同类型的投资者。

相对于投机交易而言，套利交易对资金规模和操作者的专业素养具有较高的要求，开展套利交易需要对黄金市场进行长期的仔细跟踪和科学分析，对价差进行预测，同时还需要对黄金市场所特有的一些特点保持高度关注。

总之，黄金套利是基于国内黄金期货市场时而有不理性行为发生，这是套利的基础。随着市场的逐渐成熟，出现套利机会的次数会有所减少，但黄金独特的金融及金属属性决定了其价格的变化错综复杂，当世界黄金价格出现大的行情的时候，国内黄金期货市场很可能会对此作出过度的反应，这就可能带来黄金期现套利的机会。对于个人投资者来说，黄金套利固然是一种稳健获取收益的方式，但对于套利应该遵循的一些原则及纪律必须严格执行，否则，就会等同于具有较高风险的单边投机行为了，望广大黄金投资者保持清醒头脑。

自 测 题

一、单选题

1. 套利者在从事套利交易时(　　)。

A. 可以用套利来保护已亏损的单边交易

B. 必须同时以双脚踏入套利，退出时也必须同时抽出双脚

C. 不需要明确写明买入合约与卖出合约之间的价格差

D. 在准备平仓时先了结价格有利的那笔交易

2. 下列选项不属于黄金期货投资范畴之内的是(　　)。

A. 黄金套期保值交易　　B. 黄金无风险套利交易

C. 黄金 T + D 市场交易　　D. 高抛低吸价差交易

3. 与单向的普通投机交易相比，套利交易具有以下(　　)特点。

A. 风险较小　　B. 高风险高利润

C. 保证金比例较高　　D．成本较高

4. 某套利者在 1 月 16 日同时买入 6 月份并卖出 12 月份黄金期货合约，

价格分别为1234美元/盎司和1246美元/盎司，假设到了2月2日，6月份和12月份的黄金期货的价格分别变为1254美元/盎司和1276美元/盎司，则两个合约之间的价差(　　)。

A. 扩大　　B. 缩小

C. 不变　　D. 无法判断

5. 在正向市场中，熊市套利最突出的特点是(　　)。

A. 损失巨大而获利的潜力有限　　B. 没有损失

C. 只有获利　　D. 损失有限而获利的潜力巨大

6. 在正向市场中，发生以下(　　)情况时，应采取牛市套利决策。

A. 近期月份合约价格上升幅度大于远期月份合约

B. 近期月份合约价格上升幅度等于远期月份合约

C. 近期月份合约价格上升幅度小于远期月份合约

D. 近期月份合约价格下降幅度大于远期月份合约

7. 套利分析方法不包括(　　)。

A. 图表分析法　　B. 季节性分析法

C. 相同期间供求分析法　　D. 经济周期分析法

8. 以下选项不属于黄金套利交易范畴的是(　　)。

A. 利用黄金与白银比价关系套利

B. 利用国外黄金现货价格差异套利

C. 利用国内黄金期货与T+D市场套利

D. 利用黄金期货1006与1012合约套利

9. 黄金套利交易中涉及的成本包括(　　)。

A. 仓储费+交易佣金　　B. 交易佣金+交割费用

C. 增值税+利息成本　　D. 以上所有

10. 下列选项不属于黄金套利交易的基本原则的是(　　)。

A. 买卖方向相反数量相等原则　　B. 同时买入同一市场标的原则

C. 同时建仓和对冲原则　　D. 合约相关性原则

二、判断题

1. 套利交易与套期保值相比，在交易形式上相同，只是前者只在期货

市场上买卖和约。（　　）

2. 在进行套利时，交易者十分关注和约间的绝对价格水平。（　　）

3. 在正向市场上，如果供给不足，需求相对旺盛，则可能导致近期月份合约价格的下降幅度小于远期月份合约。（　　）

4. 在牛市套利中，只要价差缩小，交易者就能盈利。（　　）

5. 套利者利用同一商品在两个或更多合约月份之间的差价，而不是任何一个合约的价格进行交易。（　　）

6. 套利者往往先买进或卖出一份合约，再做相反操作，先后扮演多头和空头的双重角色。（　　）

7. 在正向市场牛市套利中，如果近期和远期合约价格均下降，则交易者绝对不可能获利。（　　）

8. 由于套利操作上的复杂性，在收取保证金时，往往高于一张合约。（　　）

9. 投资者在进行跨市套利时，应着重考虑两地间的运输费用和正常的差价关系。（　　）

10. 如果不同交割月份合约价格间关系不正常，无论价差过大还是过小，交易者都可以相机采取行动进行跨期套利。（　　）

三、填空题

1. 中国黄金期货正式挂牌交易首日是在（　　）。

2. 利用国内黄金期货和黄金 T + D 进行的套利交易属于（　　）套利。

3. 跨市套利中，通常决定同一品种在不同交易所间价差的主要因素是（　　）。

4. 在不同国家的市场进行跨市套利时，需要特别考虑（　　）因素。

5. 理论上，在反向市场熊市套利中，如果价差缩小，交易者（　　）。

6. 理论上，在正向市场牛市套利中，如果价差扩大，交易者（　　）。

7. 正向市场牛市套利的操作规则为（　　）。

8. 跨市套利中，决定同一品种在不同交易所间价差的主要因素是（　　）。

9. 某交易者在 3 月 30 日买入 1 手 6 月份黄金合约，价格为 252 元/克，同时卖出1手12月份铜合约，价格为257元/克，5月30日，该交易者卖出1手6月份黄金合约，价格为254元/克，同时以较高价格买入1手12月份黄金合约，已知其在整个套利过程中净亏损1000元，交易所规定：1手1000克，试推算5月30日的12月份黄金合约价格为(　　)元/克。

10. 某交易者在5月20日买入两手6月份黄金合约，价格为250元/克，同时卖出两手12月份黄金合约，价格为270元/克，两个月后的7月20日，10月份黄金合约价格变为260元/克，而12月份黄金合约价格变为275元/克，请问，5月20日和7月20日相比，两合约价差变化为(　　)元/克。

参考答案

一、单选题

1. B　2. C　3. A　4. A　5. A　6. A　7. D
8. B　9. D　10. B

二、判断题

1. 对　2. 错　3. 对　4. 错　5. 对　6. 错　7. 错
8. 错　9. 对　10. 对

三、填空题

1. 2008.01.09
2. 期现
3. 运输费用
4. 交易单位的差异
5. 获利
6. 亏损
7. 买入近期合约，同时卖出远期合约
8. 运输费用
9. 260
10. 缩小了5

第八章 黄金期货投资中的风险及防范

【本章要点】

本章将向投资者充分揭示黄金期货交易过程中可能出现的各类风险及问题。帮助投资者在进行期货交易前能够充分认识到可能面临的风险，对各种风险都有比较充分的心理准备，并了解相应的防范措施，避免遭遇高风险困境，并由此产生对整个期货市场的错误认识。

一、黄金期货投资中的风险

1. 黄金期货交易过程中的风险有哪些特点？

同其他投资方式一样，黄金期货投资过程也存在风险，投资者在进行投资之前需要对可能遇到的风险有所了解，才能实现资金的有效管理。

与现货市场风险相比，黄金期货市场的风险具有放大性的特征，主要有以下几方面原因：①黄金期货交易具有“以小博大”的特征，投机性较强，交易者的过度投机心理容易诱发风险行为，增加风险产生的可能性。②全球黄金市场是连续24小时持续运行，金价波动最为剧烈的时段往往出现在国内休市的时间段内，在突发事件导致国际金价大幅波动时，投资者往往难以有效控制风险。③黄金期货交易具有远期性，未来不确定因素多，影响市场的因素错综复杂，普通投资者面对黄金市场往往不知如何分析，难以把握。金价剧烈波动产生的市场风险见图8-1。

从系统的观点来分类，可以把黄金期货市场中的风险划分为系统性风险和非系统性风险。

（1）系统性风险。系统性风险是指风险的产生与形成不能由风险承担者所控制的风险，这类风险来自于期货市场之外，对期货市场的相关主体可能产生影响，具体包括两类：

一类是宏观环境变化的风险。这类风险是通过影响商品供求关系进而影响相关期货品种的价格而产生的。具体可分为不可抗力的自然因素变动的风险以及由于政治因素、经济因素和社会因素等变化的风险，这些因素的变动，影响交易者对价格的合理预期，尤其是突发事件或偶然事件的发生，会扰乱正常的商品供求规律，使期货市场产生剧烈震荡，带来很大风险，如异常恶劣的自然灾害及一个国家政局的动荡等等。

另一类是政策性风险。如管理当局根据期货市场发展的特定阶段通过制定、颁布、实施政策加强对期货市场的宏观管理。这些政策是否合理，在很大程度上取决于管理当局对期货市场的认识、经验与成熟程度，因此，政策的实施、变动带有很大的主观性，如果政策不合理，政策变动过频或者政策发布缺乏透明度等，都可能在不同程度上对期货市场的相关主体直接或间接的产生影响，造成不可预期的损失，进而引发风险。

【案例8-1　美联储降息低于预期导致金价大跌】

相对于大多数大宗商品而言，黄金价格的日内波动幅度较小，并且相对稳定，但突发事件往往会令金价在短期出现剧烈波动。

2008年3月贝尔斯登事件爆发，引发市场对美国经济的担忧，市场预期美联储将降息100个基点救市，但美联储宣布降息幅度为75个基点，尽管降息的目的是为了刺激经济，但因降息幅度小于市场预期，失望情绪和恐慌令市场反应强烈，纽约商品期货交易所（COMEX）金价单日跌幅超过 30 美元，其中 3 月合约下跌 58.5 美元/盎司。同样是美联储紧急降息，降幅同样是 75 个基点，但由于市场环境的差异和事先的预期不同，导致市场在获悉降息消息后产生了截然不同的反应。在投资者悲观情绪蔓延的背景下，甚至导致市场出现短期内的激烈反应。

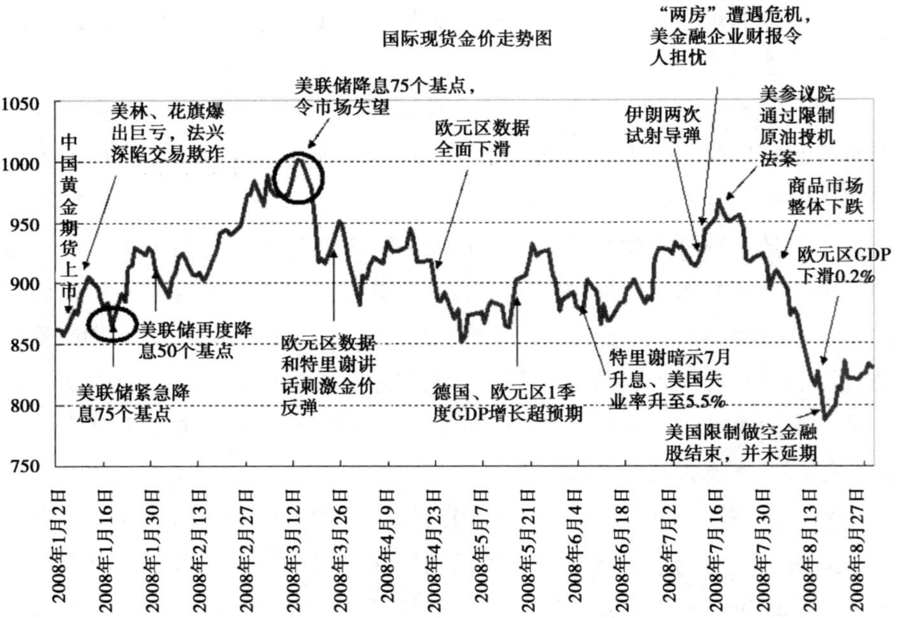

图 8－1 金价剧烈波动产生的市场风险

（2）非系统性风险。非系统性风险是指通过期货市场相关主体采取措施，可以控制或管理的风险。从风险的承担者来划分，可分为期货交易所的风险、期货公司的风险和市场参与者的风险。

①期货交易所的风险。主要包括交易所的管理和运营风险、履约风险和信用风险。

a. 管理与运营风险是期货交易所因为管理运行中的问题，例如风险管理制度不健全或者执行风险管理制度不严、交易者违规操作等原因造成的风险。主要包括：

第一，业务风险。因期货交易所在业务处理上失误引起的风险。这种风险随着交易所业务处理能力、人员素质和管理制度的提高和完善会不断降低。具体说起来，主要又可进行以下细分：一是技术风险，是期货交易所因为交易系统、结算系统、数据传输系统不完善或出故障而引起的风险；二是期货交易所因为交易、结算、交割等相关规则、条例不完善引起的风险；三是因为人员疏忽，导致业务处理上失误而引起的风险。

第二，违规风险。违规风险是期货交易所人员在业务处理上违反相关法律法规和有关规定导致的风险。它包括“内幕交易”、“私自修改规则”等，随着我国期货市场管理法规的不断完善，这类事件已经大大减少。

b. 会员履约风险。这种风险通常是当行情出现剧烈波动或大幅震荡时，交易所的会员因为无法履约而将风险转移给交易所引起的。随着我国保证金监控中心的建立和分级风险承担体系的建立，加上交易所监控管理体系的完善，会员履约的风险较之过去已经大大减少。

c. 信用风险。信用风险是期货交易所因为不能偿还期货交易所造成的巨额损失而被迫倒闭的风险。这是在管理和运营制度不完善、会员管理体系出现巨大漏洞的情况下可能发生的极端情况。

②期货公司的风险。主要可以分为两种，一种是由于公司自身的原因而带来的风险，如由于经纪公司管理不善、经纪公司从业人员缺乏职业道德或操作失误等原因给自身或客户甚至整个市场带来风险。另外一种风险是由于客户方面的原因而给期货公司带来的风险，如客户资信状况恶化、客户违规行为等。

③交易者的风险。交易者的风险是一种投资风险，是指交易者因为投资黄金期货而遭受损失的可能性，后面我们将进行详细分析。

2. 投资者在进行黄金期货交易过程中可能碰到哪些风险？

(1) 代理风险/法律风险。它是指客户在选择中介机构确立代理过程中所产生的风险。期货公司是投资者在进行黄金期货投资时选择的合法中介机构。客户在选择期货公司时应对期货公司的规模、资信、经营状况等对比选择，确立最佳选择后与该公司签订期货经纪合同，如果选择不当，就会给客户将来的业务带来不便和风险。

【案例 8－2 地下金交易风险巨大】

2008 年 3 月，江北市民梁先生接到这样一条短信：××公司是专业的国际现货黄金外汇网上平台交易商，拥有世界一流的现货金条远程交易平台，接到客户申请 24 小时内办理出入金。梁先生把短信拿给朋友刘先生看，懂行的刘先生一眼便认出这是地下炒金公司在揽客。刘先生称，今年 10 月，他也接到了类似的短信，而且还有非常诱人的收益率提示，结果让他在 5 天之内亏掉了 1 万元。

2006 年，号称“中国最大炒金公司”的上海联泰黄金制品有限公司宣称为上海黄金交易所二级会员单位和香港金银业贸易场“001 号会员”等名头，通过租用高档办公场所，配备高档电脑、手机行情预报、电子报价系统等堂皇的外表，骗取了许多普通投资者信任。案发前合同交易总额高达 108 亿元人民币，而客户平仓亏损高达 2000 余万元。

伴随着黄金牛市，地下炒金公司几乎遍布全国各地。从多数案例来看，诈骗者多采取三种手法行骗：一是曲解有关金融期货的注册内容；二是以高额的利润、极低的保证金为诱饵，拉客户进行交易；三是以黄金、金条的现货交易为幌子，实际通过特殊手段规避了客户进行实物交割的可能。

以“联泰案”为例，投资者在进行黄金买空卖空交易时，只需要交纳 5% 的保证金，便可参与这种将收益与风险放大 20 倍的交易，每个炒金交易单位高达 3110 克黄金，价值人民币 50 多万元。同时实行电话委托，买卖成立的依据便是电话录音，而录音全部由联泰掌管。所谓的黄金交易其实根本没有实施，投资者的资金 90% 以上都让联泰赚去了。

投资者通过非法渠道进行地下金交易，可能面临巨大风险：首先，资金风险。许多地下炒金公司瞄准了部分人的赌徒心理，为投资者给出 100 倍的高杠杆，吸引急于想“以小博大”的投资者。而一旦投资者把资金打到他们的指定账号时，地下炒金公司便可能携款“失踪”。其次，投资风险。也有部分地下炒金公司自己设立一个虚拟交易系统，自己躲在这个假交易系统背后坐庄。他们先会让投资者赚点钱，然后便持续套取投资者资金，最终让投资者血本无归。第三，违法风险。有的地下炒金公司组织投资者炒境外的贵金属，如此大的外汇流量根本不可能通过阳光途径跑到国外，只能借助地下钱庄进行操作，这样就涉嫌违反我国有关外汇方面的法律、法规，被相关部门查处以后会受到惩罚。

针对地下炒金活动，中国人民银行相关负责人表示，“地下炒金”是典型的非法黄金期货交易行为，央行将进一步强化黄金市场的风险管理制度。央行强调，目前在正规黄金市场可以进行的交易仅包括：通过商业银行进行的交易所实物黄金、商业银行的纸黄金、品牌金销售和回购、上海期货交易所黄金期货。央行还表示，目前我国黄金市场处于发展初期，黄金市场产品还不够丰富。进一步加大产品创新力度，仍然是推动当前我国黄金市场发展的一个重要任务。央行将继续引导和推动上海黄金交易所、商业银行创新产品，丰富黄金投资工具，拓宽投资渠道，为投资者提供必要的风险管理工具。同时，央行将进一步加强与黄金市场产品创新有关的制度建设，在推动黄金市场产品创新的同时，强化黄金市场的风险管理制度。

（2）交易风险。交易风险是交易者在交易过程中产生的风险。它包括由于市场流动性差，期货交易难以迅速、及时方便地成交所产生的风险，以及当期货价格波动较大，保证金不能在规定时间内补足，交易者可能面临强行平仓的风险。

在进行黄金投资过程中，流动性风险是投资者需要重点关注的问题。流动性通常可以在产品、市场和投资者三个层面上加以说明。产品的流动性是指黄金资产在正常的市场价格上变现的能力。市场的流动性是指通过该市场来出售和购买黄金产品的便利程度，通常由市场的交易量来衡量。而投资者的流动性是指通过将资产变现或对外融资来清偿到期债务的能力。对于投资者来说，流动性风险往往是指其持有的黄金资产流动性差和对外融资能力枯竭而造成损失的可能性。

从产品的流动性来说，由于我国黄金市场的发展还不完善，特别是实物黄金的回购渠道较少，产品要按照正常价格变现并不容易。回购的时间和成本都需要投资者事先进行评估。

从市场的流动性来说，在做市商模式下，如纸黄金交易，做市商，即银行承担按照所报价格与投资者成交的义务。每一位投资者的交易对象都是特定的，也就是银行，是否成交与有没有对手盘无关，因而不存在市场的流动性风险。而在撮合成交模式下，如黄金期货和上海金交所的 t + d 延期品种，投资者的买入/卖出指令能否成交取决于有没有另一位投资者的相反指令进入交易系统并撮合成功。在市场流动性不足的情况下，投资者很可能遇到无法建仓或平仓的情况。市场的流动性风险是我们参与黄金期货投资时首要考虑的问题。

从投资者的流动性风险来说，黄金期货交易采用的是保证金制度，如果投资者未能控制好仓位比例，并对市场趋势的判断产生错误，那么很可能会出现需要追加保证金的情况。这时候一旦投资者的资金管理不善，无法拿出足够资金，那么所持头寸可能就会被强行平仓，从而出现流动性风险。

（3）操作风险。操作风险一般是指投资者的操作失误、交易系统失灵、操作程序发生错误或控制失效等。操作风险的控制方法非常简单，但也是最容易被投资者忽视的。首先，投资者在决定参与黄金期货交易之前，一定要了解黄金期货的交易规则、具体操作流程，熟悉交易系统的操作方法。最好的办法就是尝试做模拟交易，通过一段时间的实际操作发现问题。

至于交易系统失灵和程序错误，投资者几乎是无法预料和加以控制的。最好的解决办法就是了解该投资品种是否提供备份的交易系统。在没有发生系统故障之前，每一次交易时尽量设好保护性的止盈和止损指令，也是规避操作风险的有效途径之一。

（4）市场风险。市场风险是投资过程中最常见的风险。狭义的市场风险仅指黄金价格波动带来的风险；而广义的市场风险则是指各种市场变量的变化而带来的风险，或被定义为资产价值相对于市场变量的敏感性。在黄金期货投资中，市场风险主要是根据这些市场变量的不同，市场风险又可以分为利率风险、汇率风险和价格风险等。在黄金期货投资中，市场风险主要是通过价格波动产生影响的。

控制市场风险的最好方法就是在专业投资机构的咨询指导下，运用合理的分析方法和手段，正确判断和预测未来的市场运动方向，作出正确的投资决策。然而，金融市场的巨大风险正是来源于其价格走向的不可预测性。无数经济学家和技术分析人士提出了各种各样的理论和方法，希望能够精确预测经济前景、商品价格的未来运行趋势，然而，事实证明，金融市场的变化只能说有一定规律可循，要做到完全准确的预测是不可能的。

对于投资者来说，在进入黄金市场之前应当充分学习和理解黄金的基本特性、影响因素、价格形成机制乃至具体交易品种的特点，这样才能保证从整体趋势上把握黄金市场的脉搏，至少避免出现最不应该犯的简单错误。例如，很多投资者在初入黄金市场时，由于影响价格的因素错综复杂，难以理清头绪，往往按照一些非专业的投资理念进行操作。由于美元与黄金价格往往呈负相关关系，有投资者就认为美元跌，黄金肯定涨，美元涨，黄金肯定跌。其实，上述结论只是在分析美元和黄金价格走势关系时在长时间区间内的一种表现，而不是美元和黄金价格波动的必然规律。事实上，在很多时候，黄金和美元可能出现同涨同跌的情况，而且即使美元和黄金走势相反，两者的涨跌幅也并非按照固定的规律来运行。在投资过程中，具体问题要具体分析，对于不熟悉黄金市场运行的投资者，应该首先寻求专业咨询机构的服务，在专业人士的指导下首先了解市场特点。

在具体实践中，规避市场风险的重要方法之一就是严格按照计划进行交易，在看错行情时及时止损。虽然止损是赚不了钱的，但毕竟每一位投资者都是人而不是神，做错方向是难免的，止损的意义就在于承认自己的错误，将可能发生的损失降到最低。止损是在不得已的情况下才作出的选择，其目的是保存实力，提高资金的利用率和效率，避免小错铸成大错。所以，投资者在参与黄金期货这样的高风险品种时一定要学会止损。

二、投资者如何进行风险管理

1. 投资者在投资黄金期货前应该注意哪些问题？

（1）选择合法的期货公司。投资者只能通过期货公司的代理参与期货交易，因此期货公司的选择正确与否与客户的利益紧密相关。首先，客户在选择期货公司时，一定要审查清楚其是否具有从事期货交易代理的主体资格。在我国具体来说，也就是看它是否取得中国证监会颁发的《期货经纪业务许可证》，并在工商局登记注册领取营业执照。

（2）明确投资主体，提高风险意识，遵纪守法。投资者是期货市场的最基本的交易主体，直接承担着因价格变化可能带来的风险。期货市场是市场经济的产物，它要求市场参与者也应当是市场化的，投资主体必须独立经营、自负盈亏，这样才会有规避现货市场价格风险的动机以及根据风险状况理性投资的交易者。

了解黄金期货交易的相关法律和规则，有助于投资者明确自己的权利和义务，知道哪些应该做、哪些不应该做，从而更好地遵守法律、法规及交易的各项规章制度，规范自身行为，尽量避免违法、违规行为的发生。此外，有些期货交易法律及规则是针对客户而规定的保护性的条款，这将有助于客户利用法律武器保护自身的合法权利不受侵害，同时防止因违规违法给期货市场和客户自身带来风险。

（3）熟悉黄金期货业务知识。期货业务的特殊性要求投资者在进行交易前应熟悉期货业务的主要流程、运行机制、投资技能，充分认识期货交易的高风险性，了解黄金市场的诸多影响因素及现状，对黄金市场的特殊性和黄金市场的历史价格走势，波动幅度，市场交易活跃程度，市场参与者基本结构及交易特点进行分析、判断，只有这样才能做到心中有数，不盲目入市，防止市场风险超出自身承受能力。

2. 投资者在投资黄金期货过程中应该注意哪些问题？

了解市场规则，选择合法的投资渠道只是投资者成功投资的第一步，成功投资不仅需要正确的市场分析，还需要科学的风险管理和良好的心理控制。在投资过程中，良好的心理控制是最为重要的，也是决定投资成败的关键。

（1）不要把黄金期货投资当作赌博。很多投资者虽然不肯承认，但在投资过程中却往往把黄金期货投资当作赌博。他们没有耐心自己去了解黄金市场，却热衷于打听其他人对市场的看法，看到什么就人云亦云，而不去仔细分析。事实上，这是懒惰心理在作祟，任何一个时点，我们打开互联网或者其他媒体，可以看到成千上万的黄金市场分析和评论，还有来自不同渠道的新闻和消息，这些免费获得的信息良莠不齐。如果不了解黄金市场运行情况，投资者往往容易盲目冲动，要么根据只言片语作出错误解读，要么在自己作出判断后寻找支持自己观点的信息。这样做的结果往往会导致巨大的风险，操作越多，错误越多。投资者在进行黄金期货投资前应该做好相应的准备，没有付出，就不可能从市场上得到相应的回报。

（2）投资过程中要保持理性态度。在投资过程中，很多投资者往往因为自身的非理性思维而蒙受损失。

①从自己的利害得失出发，对市场走势有一种主观上的期盼，因而特别愿意得到对自己有利的小道消息。实际上，经验丰富的投资家都知道，市场上的绝大多数所谓“新闻、消息”都是为了某个特别的利益集团的利益而散布出来的。一厢情愿的心态之所以是失败者的心态，就在于它是着眼于眼前的事物，而市场永远是只关心未来的。投资人对市场的观察如果不能客观，便已经输了先手。

②输了不认赔，还要加码。不少投资人在明知道已经错了以后还不愿认错，而是在所谓“套牢”的借口下苦苦期盼。这些人犯的错误就是不尊重市场。当一个人输了的时候，就是市场明确告诉你犯了错误的时候。市场是客观的，对抗市场有可能面临巨大风险，尊重市场是一个投资人必须要意识到的。

③逃避理性选择。人的本性有一种倾向。只愿意相信自己潜意识中愿意相信的事，而不是真实的事；只愿意听到自己潜意识中感到舒服的话，而不是真实的话。有经验的投资家都知道，一个成功的投资决策往往是决策时内心感到很不舒服的决策。投资决策过程经常就是一个选择过程。在多种可供选择的方案中，总有一个让你最难受的方案。在绝大多数情况下，这个方案往往事后证明是最成功的方案。

④不遵守交易纪律。黄金期货实行保证金交易机制，具有杠杆效应，投资者不遵守事先制定的交易纪律，往往容易导致风险放大。绝大多数投资人在黄金期货市场上失败的首要原因，往往是仓位过重，他们往往存在一夜暴富的心理。在这种巨大利益的遣使下，他们会忽略相对应的巨大风险的一面，铤而走险。严格遵守交易纪律是很难坚持的原则，但却是成功投资必不可少的。

（3）检查交易真实情况。期货公司代理客户进行交易，应当及时、准确地执行客户的指令，并提供详细资料以备客户的核查。但是，也存在一些期货经纪公司不遵循期货交易规则，采取私下对冲的方式将客户的交易指令中途截留，或者向客户提供虚假的成交价格，以获取真实价格与虚假价格之间的差价。

为了防止这些损害客户利益的行为发生，投资者应当及时通过保证金监控中心等渠道检查交易是否符合规范的程序，是否将客户的指令准确及时地下达到交易所场内，成交回报是否及时、成交价格是否正确，并且在当日交易结束后，查看经纪公司向客户提供的成交清单及结算单，无误后才在上面签字确认，如有疑问一定要及时提出。只有这样，客户才能有效防止因期货经纪公司运作不规范或其从业人员欺诈、过失带来的风险。

（4）通过合法途径，维护自身合法权益。当投资者发现期货公司有侵权下单、允许客户透支交易、挪用客户保证金等违法、违规行为，导致自身利益受到损害时，可以向中国证监会投诉，反映真实情况，以便通过行政程序解决问题。我国工商行政管理机关对期货交易所、会员及期货经纪公司具有审查、登记注册的职能，对其行为有一定监督、管理的权利，以保证市场的正常秩序。它有权对于违反工商行政管理法规的期货交易所、期货经纪公司及会员进行查处，有权依法取缔非法期货经纪公司。如果客户发现不具有期货交易代理主体资格或者超越经营范围从事期货经纪业务的经纪机构，或者发现期货经纪公司有以虚假的广告宣传，诱骗、误导投资者而给投资者带来重大经济损失等行为时，可以向工商行政管理机关及时反映，维护自身的正当利益。

黄金期货市场的基本功能之一就是为了规避现货市场的风险，提供风险管理的工具和场所，但基于期货市场特有的交易制度，黄金期货市场中高风险与高收益并存，投资者在进入黄金期货市场前应了解黄金期货市场的风险究竟是什么，黄金期货市场中有哪些风险，各类不同的主体又是如何进行风险管理的。尤其是投资者在进行黄金期货交易之前，必须了解和熟悉投资者自身的可能碰到的风险。

自 测 题

一、单选题

1. 下列事件中哪一个不属于系统性风险对黄金市场产生的影响？（ ）

A. 中国黄金期货上市首日，投资者买新热情推动国内金价大涨

B. 2008 年 3 月贝尔斯登事件爆发，引发市场对美国经济的担忧，美联储降息幅度小于市场预期，失望情绪和恐慌令市场反应强烈，打压金价大跌

C. 伊朗试射导弹引发地缘政治动荡情绪，推动金价上涨

D. 印度和俄罗斯买入黄金增加黄金储备的消息推动金价上涨

2. 投资者选择地下炒金公司交易黄金，导致资金全部亏损殆尽，权益无法得到法律保护，这属于(　　)风险。

A. 技术风险　　　　B. 系统性风险

C. 非系统性风险　　　　D. 价格风险

3. 投资者小王在进行黄金期货交易的过程中，因为电脑出现故障，未能及时将已经报入的指令撤销，导致市场出现反向变动时未能及时撤销指令，蒙受损失，这属于黄金期货交易中遇到的(　　)。

A. 操作风险　　　　B. 法律风险

C. 市场风险　　　　D. 交易风险

4. 下列关于投资者风险管理的描述，错误的是(　　)。

A. 投资者在选择期货公司时，一定要审查清楚其是否具有从事期货交易代理的主体资格

B. 交易前应该充分了解黄金期货交易的相关法律和规则

C. 投资者应主要根据自己的判断进行操作

D. 投资者在进行交易前应熟悉期货业务的主要流程、运行机制、投资技能，充分认识期货交易的高风险性

二、判断题

1. 黄金期货交易具有“以小博大”的特征，投机性较强，交易者的过度投机心理容易诱发风险行为，增加风险产生的可能性。(　　)

2. 全球黄金市场是连续 24 小时持续运行，金价波动最为剧烈的时段往往出现在国内休市的时间段内，在突发事件导致国际金价大幅波动时，投资者往往难以有效控制风险。(　　)

3. 投资者选择不合法的地下炒金公司交易黄金，由此遭受的损失难以得到法律保护。(　　)

4. 黄金期货的流动性不如实物黄金交易。(　　)

三、填空题

1. 投资者只能通过(　　)的代理参与期货交易，因此期货公司的选择正确与否与客户的利益紧密相关。

2. 系统性风险是指风险的产生与形成不能由风险承担者所控制的风险，这类风险来自于(　　)，对期货市场的相关主体可能产生影响。

3. 非系统性风险是指通过期货市场相关主体采取措施，可以控制或管理的风险。从风险的承担者来划分，可分为(　　)的风险、(　　)的风险和(　　)的风险。

参考答案

一、单选题

1. B　　2. C　　3. A　　4. C

二、判断题

1. 对　　2. 对　　3. 对　　4. 错

三、填空题

1. 期货公司
2. 期货市场之外
3. 期货交易所　　期货公司　　市场参与者

附录

上海期货交易所黄金期货交易增值税征收管理办法

第一条 根据《中华人民共和国税收征收管理法》及实施细则、《中华人民共和国增值税暂行条例》及实施细则、《财政部、国家税务总局关于黄金期货交易有关税收政策的通知》（财税［2008］5号）等规定，制定本办法。

第二条 本办法所规定的“黄金”是指标准黄金，即成色与规格同时符合以下标准的金锭、金条及金块等黄金原料：

成色：AU9999，AU9995，AU999，AU995。

规格：50克，100克，1公斤，3公斤，12.5公斤。

非标准黄金，即成色与规格不同时符合以上标准的黄金原料，不适用本办法。

第三条 上海期货交易所黄金期货交易增值税的征收管理按以下规定执行：

（一）上海期货交易所应向主管税务机关申请印制《黄金结算专用发票》（一式三联，分为结算联、发票联和存根联）。

（二）上海期货交易所会员和客户，通过上海期货交易所进行黄金期货交易并发生实物交割的，按照以下规定办理：

1. 卖方会员或客户按交割结算价向上海期货交易所开具普通发票，对其免征增值税。上海期货交易所按交割结算价向卖方提供《黄金结算专用发票》结算联，发票联、存根联由交易所留存。

2. 买方会员或客户未提取黄金出库的，由上海期货交易所按交割结算价开具《黄金结算专用发票》并提供发票联，存根联、结算联由上海期货交易所留存。

3. 买方会员或客户提取黄金出库的，应向上海期货交易所主管税务机关出具期货交易交割结算单、标准仓单出库确认单、溢短结算单，由税务机关按实际交割价和提货数量，代上海期货交易所向具有增值税一般纳税人资格的买方会员或客户（提货方）开具增值税专用发票（抵扣联），增值税专用发票的发票联和记账联由上海期货交易所留存，抵扣联传递给提货方会员或客户。

买方会员或客户（提货方）不属于增值税一般纳税人的，不得向其开具增值税专用发票。

（三）上海期货交易所应对黄金期货交割并提货环节的增值税税款实行单独核算，并享受增值税即征即退政策，同时免征城市维护建设税、教育费附加。

第四条 会员和客户按以下规定核算增值税进项税额：

（一）上海期货交易所会员或客户（中国人民银行除外）应对在上海期货交易所或黄金交易所办理黄金实物交割提取出库时取得的进项税额实行单独核算，按取得的税务机关代开的增值税专用发票上注明的增值税税额（包括相对应的买入量）单独记账。

对会员或客户从上海期货交易所或黄金交易所购入黄金（指提货出库后）再通过上海期货交易所卖出的，应计算通过上海期货交易所卖出黄金进项税额的转出额，并从当期进项税额中转出，同时计入成本；对当期账面进项税额小于通过下列公式计算出的应转出的进项税额，其差额部分应当立即补征入库。

应转出的进项税额 = 单位进项税额 × 当期黄金卖出量

单位进项税额 = 购入黄金的累计进项税额 ÷ 累计黄金购入额

（二）对上海期货交易所会员或客户（中国人民银行除外）通过上海期货交易所销售企业原有库存黄金，应按实际成交价格计算相应进项税额的转出额，并从当期进项税额中转出，计入成本。

应转出的进项税额 = 销售库存黄金实际成交价格 ÷（1 + 增值税税率）× 增值税税率

（三）买方会员或客户（提货方）取得增值税专用发票抵扣联后，应按发票上注明的税额从黄金材料成本科目中转入“应缴税金——进项税额”科目，核算进项税额。

第五条 增值税专用发票的单价和金额、税额按以下规定确定：

上海期货交易所买方会员或客户（提货方）提货出库时，主管税务机关代开增值税专用发票上注明的单价，应由实际交割货款和提货数量确定，但不包括手续费、仓储费等其他费用。其中，实际交割货款由交割货款和溢短结算货款组成，交割货款按后进先出法原则确定。具体计算公式如下：

税额 = 金额 × 增值税税率

金额 = 数量 × 单价

单价 = 实际交割价 ÷（1 + 增值税税率）

实际交割价 = 实际交割货款 ÷ 提货数量

实际交割货款 = 交割货款 + 溢短结算货款

交割货款 = 标准仓单张数 × 每张仓单标准数量 × 交割结算价

溢短结算货款 = 溢短 × 溢短结算日前一交易日上海期货交易所挂牌交易的最近月份黄金期货合约的结算价

其中，单价小数点后至少保留 6 位。

第六条 会员和客户应将上海期货交易所开具的《黄金结算专用发票》（发票联）作为会计记账凭证进行财务核算；买方会员和客户（提货方）取得税务部门代开的增值税专用发票（抵扣联），仅作为核算进项税额的凭证。

第七条 卖方会员或客户应凭上海期货交易所开具的《黄金结算专用发票》（结算联），向卖方会员或客户主管税务机关办理免税手续。

第八条 上海期货交易所会员应分别核算自营黄金期货交易、代理客户黄金期货交易与黄金实物交割业务的销售额以及增值税销项税额、进项税额、应纳税额。

第九条 本办法所规定的“提取黄金出库”，是指期货交易所会员或客户从指定的金库中提取在期货交易所已交割的黄金的行为。

第十条 本办法由国家税务总局解释。

第十一条 本办法自2008年1月1日起执行。

附录

中国银监会办公厅关于商业银行从事境内黄金期货交易有关问题的通知

各银监局，各政策性银行、国有商业银行、股份制商业银行，邮储银行：

为规范商业银行从事境内黄金期货交易业务，有效防范风险，现就有关问题通知如下：

一、商业银行从事境内黄金期货交易业务，应遵守《银行业监督管理法》、《商业银行法》、《期货交易管理条例》、《金融机构衍生产品交易业务管理暂行办法》、《商业银行市场风险管理指引》等规定。

二、商业银行从事境内黄金期货交易业务应具备以下条件：

（一）资本充足率达到8%。

（二）具有衍生产品交易资格。

（三）具有黄金现货交易资格。

（四）具有完善的市场风险管理能力，符合《中国银监会关于进一步加强商业银行市场风险管理工作的通知》（银监发［2006］89号）有关要求。

（五）具有董事会或由董事会授权的机构或高管人员批准同意本行拟从事境内黄金期货交易的证明文件。

（六）完成相关可行性研究分析报告，报告至少要包括市场趋势、业务目的、业务需求、操作流程、风险管理方法、盈利前景等内容。

（七）具有完善的黄金期货交易内部业务管理办法，管理办法至少要包括内部控制制度、风险管理制度、保证金管理制度、每日结算制度、持仓限额及止损平仓制度、应急情况处理制度等内容。

（八）具有开展黄金期货交易业务所需的业务处理系统，至少要包括交易系统、风险管理系统、结算系统、会计核算系统、数据备份系统、应急处理系统等。

（九）通过我国期货行业认可的从业资格考试合格人员不少于 4 人，其中交易人员至少 2 人、风险管理人员至少 2 人，以上人员相互不得兼任，且无不良从业记录。

三、商业银行从事境内黄金期货交易应取得期货交易所会员资格。商业银行在向期货交易所正式申请从事黄金期货交易业务的会员资格前，应就本通知第二条的准备与落实情况、自我评估报告完成情况与中国银监会进行沟通交流，并取得《无异议函》。

四、商业银行在向期货交易所正式申请从事黄金期货交易业务的会员资格后 3 日内，应将能够证明本行已具备本通知第二条规定条件的文件材料、相应的具有从事黄金期货交易业务的风险控制能力与内部控制能力的自我评估报告一式两份书面报送中国银监会。

五、商业银行开展境内黄金期货交易业务后，应每年至少一次就此项业务的风险控制能力与内部控制能力进行自我评估，并将评估报告书面报送中国银监会。

六、商业银行从事黄金期货经纪业务应取得相应资格，不得利用自有的黄金期货交易资格代理客户从事黄金期货经纪业务。

七、商业银行从事境内黄金期货交易，应建立必要的业务隔离制度，不得利用其黄金期货指定结算银行及指定交割金库的信息优势，为其黄金期货交易谋取不当利益。

八、其他银行业金融机构从事境内黄金期货交易适用本通知要求，未设立董事会的银行业金融机构由其经营决策机构履行本通知规定的董事会有关职责。

请各银监局将本通知转发至辖内各法人银行业金融机构与参照法人管理的相关银行业金融机构。

2008 年 3 月 7 日

附录

中国人民银行　发展改革委
工业和信息化部　财政部　税务总局
证监会关于促进黄金市场发展的若干意见

银发［2010］211号

中国人民银行上海总部；各分行、营业管理部；各省会（首府）城市中心支行，各副省级城市中心支行；各省、自治区、直辖市、计划单列市发展改革委、工业和信息化主管部门、财政厅（局）、国家税务局、证监局；上海黄金交易所，上海期货交易所；各国有商业银行、股份制商业银行：

为促进黄金市场健康发展，进一步完善金融市场体系，发挥黄金市场在促进黄金产业发展中的重要作用，现提出如下意见：

一、充分认识促进黄金市场健康发展的重要意义

黄金市场是金融市场的重要组成部分。黄金兼具金融和商品两种属性，大力发展黄金市场，有利于发挥黄金不同于其他金融资产的独特作用，形成与其他金融市场互补协调发展的局面，进一步完善我国金融市场体系，扩大金融市场的深度和广度，深化金融市场功能，提高金融市场的竞争力和应对危机的能力，维护金融稳定和安全。

黄金产业的发展，既有利于提高我国黄金产业竞争力，也有利于带动其他矿产资源的发展。改革开放以来，我国黄金产业稳步发展，形成了黄金勘探、开采、选冶、交易、投资、加工和零售完整的产业链条，黄金生产能力、加工能力和消费水平不断提高。功能完善的黄金市场能够满足产业的融资需求和规避风险的需要，降低企业生产成本，向企业提供市场信息，有利于企业制定合理的生产经营计划，促进产业结构调整和升级，提高产业竞争力。

我国居民有消费和投资黄金的文化传统，随着国民经济健康快速的发展和人民生活水平的提高，居民对黄金首饰、金币和投资性黄金的需求稳步增长。品种丰富的黄金市场，有利于拓宽投资渠道，满足投资者多样化的投资需求，帮助投资者合理配置资产，提高投资收益，保障资产安全。

二、进一步明确黄金市场发展定位

统购统配政策取消后，我国黄金市场发展迅速，初步形成了上海黄金交易所黄金业务、商业银行黄金业务和上海期货交易所黄金期货业务共同发展的市场格局，形成了与黄金产业协同发展的良好局面。未来黄金市场的发展，要服务于我国黄金产业发展大局，立足于提高我国金融市场竞争力，着力发挥黄金市场在完善金融市场中的重要作用。要加大沟通协调力度，建立上海黄金交易所和上海期货交易所合作协调机制。要切实加大创新力度，积极开发人民币报价的黄金衍生产品，丰富交易品种，完善黄金市场体系，进一步深化市场功能，提高市场的规范性和开放性，促进形成多层次的市场体系。

上海黄金交易所要尽快明确未来发展方向和市场定位，改善和加强服务体系建设，完善各项制度，保障市场规范运行。要围绕市场需求开发新的产品，丰富交易品种。按法规规章和市场需要调整会员结构，扩大参与主体范围。要认真听取会员的意见和建议，切实做好对会员的相关服务工作。要加强和改善交易、黄金和资金清算、合格金锭认证、黄金仓储及运输服务。要深入研究国内国际黄金产业和黄金市场的发展变化规律，切实发挥上海黄金交易所在促进产业发展，完善黄金市场体系建设中的重要作用。

上海期货交易所要充分利用期货市场价格发现和管理风险的功能，不断加强市场基础性制度建设，稳步推进我国黄金风险管理市场健康发展。要围绕着市场功能发挥，不断完善黄金期货合约与业务规则，做深做细黄金期货，提升服务国民经济发展的能力。要不断提高市场风险控制能力，加强对会员的自律管理，有效防范和化解市场风险。优化黄金市场投资者结构。支持黄金企业积极参与和利用期货市场进行套期保值，积极引导金融机构运用黄金期货管理风险。

商业银行要围绕黄金开采、生产加工和销售等整个产业链条，切实创新金融产品，着力改善金融服务，努力提高服务成效，向黄金产业提供多方位的金融服务。结合产业和市场发展需要，加大产品创新力度，开展实物金销售、黄金租赁、黄金远期和黄金期权等业务，丰富市场品种，满足企业融资需求和规避风险的需要。鼓励和引导商业银行开展人民币报价的黄金衍生品交易。引导更多的金融机构参与黄金市场，扩大黄金市场的广度和深度。

三、切实加强黄金市场服务体系建设

加强黄金市场系统建设。上海黄金交易所要进一步加强交易系统建设，加大创新力度，完善黄金市场体系。丰富市场交易模式，引入做市商制度，提高黄金市场流动性。要加快灾备系统建设，完善备份系统。要进一步完善资金管理系统，保障客户资金安全。

健全完善黄金市场标准认定体系。结合我国黄金产业和市场发展实际，借鉴国际主要黄金市场经验，进一步完善我国黄金市场合格金锭申请、认定、鉴定和检查制度，提高我国黄金市场认定体系的影响力，推动建立我国黄金市场标准认证体系。综合考虑国家资源战略，结合黄金产业特点，合理确定合格金锭金条入库企业。

完善黄金市场仓储运输体系。综合考虑我国黄金生产和消费实际及黄金市场发展等因素，合理布局黄金交割库。统筹考虑商业银行和会员的经营成本，合理设定出入库费用和仓储费用。完善黄金运输服务体系，向市场提供快速低成本的运输服务。

完善黄金市场清算服务体系。根据黄金市场发展需要，切实加强黄金账户服务体系建设，向市场提供更便捷的黄金账户和黄金实物清算服务，进一步完善黄金实物清算服务体系。借鉴国际经验，研究推动多种黄金账户服务。完善黄金市场资金清算服务。

四、完善黄金市场法律法规和相关政策支持体系

加快黄金市场法律法规制度建设。推动出台《黄金市场管理条例》。制定出台黄金及其制品进出口管理办法。加强对金融机构黄金业务的管理，引导并推动金融机构黄金业务稳步规范发展。

落实黄金市场相关税收政策。对上海黄金交易所和上海期货交易所黄金的税收政策继续按现行规定执行。研究推动完善投资性黄金和商业银行黄金业务税收政策。

研究扩大黄金市场实物供给渠道。结合我国黄金市场发展实际，根据市场需求状况，扩大有进出口黄金资格的商业银行数量，推动市场创新，提高市场流动性。在市场化原则基础上，进一步发展黄金租借市场。

切实做好黄金市场融资服务。对符合黄金行业规划和产业政策要求的大型企业，商业银行要按照信贷原则扩大授信额度。要重点支持大型黄金集团的发展和实施“走出去”战略，切实做好支持大型黄金集团“走出去”的相关金融服务工作。支持大型企业集团发行企业债券、公司债券、中期票据和短期融资券，拓宽企业融资渠道，降低企业融资成本。为具备条件的企业发放并购贷款，促进产业整合，实现集约化经营。结合黄金加工企业和零售企业的产业特点、生产加工周期，形成从流动资金贷款到货物销售等一系列的金融服务体系。通过应收账款质押和存货抵押等方式，创新信贷产品，改善服务。鼓励金融机构开展黄金质押融资服务。对黄金加工企业和零售企业遇到的信贷问题，银行要结合实际情况，认真研究，提出具体的解决办法。

完善外汇政策。进一步完善当前黄金市场外汇管理政策。为鼓励引导商业银行开展人民币报价的黄金衍生品交易，结合上海黄金交易所询价系统建设，允许开展黄金衍生品人民币报价的商业银行，在没有真实贸易背景下，在境外对冲境内黄金交易头寸，并研究将开展黄金衍生品人民币报价交易所涉汇率敞口头寸纳入结售汇综合头寸进行境内平补的可行性。

推动黄金市场对外开放。稳步增加上海黄金交易所外资类会员数量。研究推动允许境外合格金锭提供商向上海黄金交易所提供合格金锭。研究推动境外机构参与上海黄金交易所进行交易。

五、切实防范黄金市场风险

加大黄金市场监管力度。各相关部门应认真履行监督管理黄金市场相关职责，加大沟通协调力度，形成合力，切实维护市场主体利益，促进市场规范协调发展。

商业银行要加大风险控制力度。要制订相关业务规划，保证合规开展业务。要加强相关系统建设，切实保障交易安全。要根据各种业务特点和风险特点，采取相应措施，防范风险。

中介机构要加强自律性管理。上海黄金交易所和上海期货交易所要结合产品上线和系统建设等情况，完善交易、交割、清算和黄金账户服务等制度，保证各项服务的安全性。规范会员行为，维护市场秩序。要根据市场变化情况，及时采取应对措施，防范市场风险。

六、切实保护投资者利益

采取多种形式，切实加强对投资者的教育，培育成熟的黄金市场投资群体。加大对黄金市场从业人员的培训力度，提高从业人员素质。切实加强黄金市场的风险教育，提高市场参与主体的风险意识。市场主体要从维护投资者利益和维护黄金市场健康发展的大局出发，发现问题及时报告。规范黄金市场参与者行为，严禁参与地下炒金活动。对参与地下炒金活动的市场主体，相关部门应予以严惩，并将相关信息录入征信系统。

2010 年 7 月 22 日

后 记

本书是以黄金投资者，特别是黄金期货投资者为主要服务对象的普及性读物，为黄金行业的相关企业和机构投资者提供了在不断变化的市场条件下如何根据自身需求参与黄金期货套期保值和套利的思路和可供借鉴的应用性案例，也供期货从业人员和企业投资决策者参考。

本书遵循基础性、通俗性、实用性、规范性原则，力图用通俗易懂的语言与案例将国际和国内黄金市场的现状和分析方法展现给广大投资者，因此主要以黄金投资过程中可能遇到的问题为线索，用案例说明问题，尽量避免深奥晦涩的理论性介绍。书中内容涵盖了国内外黄金市场的发展、影响黄金市场的主要因素、黄金市场的基本分析方法和交易手段以及黄金市场投资的风险防范等内容，为投资者了解全球黄金市场，熟悉黄金市场的基本分析方法，选择适合自身的黄金投资工具提供了详尽的指导，为机构投资者参与黄金期货市场，利用黄金期货规避价格风险，完善风险管理提供了实际操作方面的思路和方法。本书力求深入浅出地为投资者提供黄金投资指导，突出了通俗性与实用性，兼顾理论学习和实际操作。

与其他商品期货相比，黄金兼具商品和金融两种属性，黄金期货市场投资需要具备一定的金融和期货方面的知识，还需要在资金和风险管理等方面进行充分的准备。“期市有风险，入市需谨慎！”选择黄金期货作为投资工具，投资者需要首先对黄金市场的运行特征、影响因素、分析方法进行必要的学习和了解，同时还应选择合法的投资渠道，在专业机构的服务和指导下理性参与，这样才能真正保护自身的合法利益。普通投资者在决定参与黄金期货交易前应审慎评估自身能力，尽可能熟悉并掌握黄金市场特点和操作技能；机构投资者应结合市场变化和自身需求，制定符合自身经营特点的交易策略，并严格进行风险管理，避免产生超过自身承受能力的风险。

作为《期货投资者教育系列丛书》之一，本书由中国期货业协会组织编写，具体编写人员通过公开遴选，并经专家评审最终决定。本书由经易期货经纪有限公司和经易金业有限公司的林海、邱菡仪、顾海鹏承担编写工作，于君星、白萌、谭彬、廖哲、冉守强、李文耀等同志参与了数据收集和资料整理工作。本书在编写过程中得到了中国证监会投资者教育办公室、期货二部、上海期货交易所、上海黄金交易所和经易期货公司领导的指导和帮助，在此表示衷心的感谢！书中错误之处，敬请批评指正。

中国期货业协会
《期货投资者教育系列丛书》编委会
2010 年 11 月 8 日

中国期货业协会
China Futures Association

中国财经出版传媒集团
中国财政经济出版社

书单
FUTURES

一、系列

序号	系列
（一）	期货交易者教育系列图书
（二）	金融衍生品系列丛书
（三）	中国期货业发展创新与风险管理研究
（四）	中国期货市场年鉴
（五）	“讲故事　学期货”金融国民教育丛书
（六）	全国期货从业人员资格考试参考用书
（七）	服务实体经济系列
（八）	期货投资者保护丛书
……	……

二、明细

（一）期货交易者教育系列图书

序号	书名	书号
1	铜期货	978-7-5223-0293-5
2	精对苯二甲酸（PTA）期货	978-7-5223-1405-1
3	玉米期货	978-7-5223-2467-8
4	铝期货	978-7-5223-2980-2
5	小麦	978-7-5095-3183-9
6	锌期货	978-7-5223-3913-9
7	线型低密度聚乙烯、聚丙烯和聚氯乙烯期货	978-7-5223-2982-6
8	早籼稻	978-7-5095-3076-4

续表

序号	书名	书号
9	棉花期货	978-7-5223-2276-6
10	燃料油期货	978-7-5223-2659-7
11	棕榈油期货	978-7-5223-2981-9
12	黄金	978-7-5095-2532-6
13	白糖期货	978-7-5095-8814-7
14	豆类期货	978-7-5095-8815-4
15	焦煤焦炭期货	978-7-5223-2286-5
16	乙二醇期货	978-7-5223-1645-1
17	铅	978-7-5095-4086-2
18	鸡蛋期货	978-7-5095-5803-4
19	铁矿石期货	978-7-5095-5809-6
20	纤维板、胶合板期货	978-7-5095-5810-2
21	石油沥青期货	978-7-5095-5816-4
22	菜籽系期货	978-7-5095-5743-3
23	白银期货	978-7-5095-5955-0
24	玻璃期货	978-7-5095-5697-9
25	动力煤期货	978-7-5095-5802-7
26	稻谷期货	978-7-5095-5826-3
27	原油期货（第二版）	978-7-5223-2342-8
28	苹果期货	978-7-5223-0455-7
29	花生期货	978-7-5223-0967-5
30	生猪期货	978-7-5223-0851-7
31	天然橡胶期货	978-7-5223-1184-5
32	钢材期货	978-7-5223-1175-3
33	甲醇期货	978-7-5223-1295-8
34	纸浆期货	978-7-5223-1277-4
35	纯碱期货	978-7-5223-2285-8
36	镍与不锈钢期货	978-7-5223-2488-3
37	锡期货	978-7-5223-2660-3
38	液化石油气期货	978-7-5223-2931-4
39	工业硅期货	978-7-5223-3776-0
……	……	……

（二）金融衍生品系列丛书

序号	书名	书号
1	股指期货（第二版）	978-7-5095-9432-2
2	场外衍生品（第二版）	978-7-5095-9596-1
3	国债期货（第二版）	978-7-5095-9601-2
4	金融期权（第二版）	978-7-5095-9598-5
5	外汇期货（第二版）	978-7-5095-9597-8
6	结构化产品（第二版）	978-7-5095-9600-5
7	金融衍生品习题集（第二版）	978-7-5095-9599-2

（三）中国期货业发展创新与风险管理研究

序号	书名	书号
1	中国期货业发展创新与风险管理研究（8）	978-7-5095-6907-8
2	中国期货业发展创新与风险管理研究（9）	978-7-5095-7523-9
3	中国期货业发展创新与风险管理研究（10）	978-7-5095-8144-5
4	中国期货业发展创新与风险管理研究（11）	978-7-5223-0213-3
5	中国期货业发展创新与风险管理研究（12）	978-7-5223-1483-9
6	中国期货业发展创新与风险管理研究（13）	978-7-5223-2215-5
7	中国期货业发展创新与风险管理研究（14）	978-7-5223-2819-5
……	……	……

（四）中国期货市场年鉴

序号	书名	书号
1	中国期货市场年鉴（2015）	978-7-5095-6924-5
2	中国期货市场年鉴（2016）	978-7-5095-7503-1
3	中国期货市场年鉴（2017）	978-7-5095-8331-9
4	中国期货市场年鉴（2018）	978-7-5095-9079-9
5	中国期货市场年鉴（2019）	978-7-5095-9869-6
6	中国期货市场年鉴（2020）	978-7-5223-0640-7
7	中国期货市场年鉴（2021）	978-7-5223-1500-3
8	中国期货市场年鉴（2022 中文版）	978-7-5223-2380-0
9	中国期货市场年鉴（2022 英文版）	978-7-5223-2381-7
10	中国期货市场年鉴（2023 中文版）	978-7-5223-2837-9
11	中国期货市场年鉴（2023 英文版）	978-7-5223-2836-2
……	……	……

（五）“讲故事 学期货”金融国民教育丛书

序号	书名	书号
1	走进期货	978-7-5095-7095-1
2	如何进行期货交易	978-7-5095-7092-0
3	期货的套保和套利	978-7-5095-7093-7
4	期货交易中的“规矩”	978-7-5095-4355-9
5	金属期货	978-7-5095-7087-6
6	农产品期货	978-7-5095-7104-0
7	能化期货	978-7-5095-7088-3
8	金融期货	978-7-5095-7094-4
9	期权	978-7-5095-7217-7
10	场外衍生品	978-7-5095-7091-3

（六）全国期货从业人员资格考试参考用书

序号	书名	书号
1	期货及衍生品基础（第三版）	978-7-5223-1005-3
2	期货法律法规与职业道德（第二版）	978-7-5223-2897-3
3	期货及衍生品分析与应用（第四版）	978-7-5223-0998-9

（七）服务实体经济系列

序号	书名	书号
1	期货行业助力复工复产案例集	978-7-5223-0168-6
2	期货服务实体经济案例集	978-7-5095-8029-5
……	……	……

（八）期货投资者保护丛书

序号	书名	书号
1	期海导航——期货投资常识与基础知识	978-7-5223-1045-9
2	期海护航——期货交易者合法权益保护	978-7-5223-1531-7

咨询电话：010-88190912

咨询邮箱：jiayanping@cfemg.cn